政协委员履职风采

ZHENGXIE WEIYUAN LVZHI FENGCAI

廖奔

廖 奔 著

中国文史出版社

《政协委员履职风采》丛书
编辑委员会

廖　奔（2007 年）

翰墨留香

黄河夕晖

瑞金金泽

伟人青痕

古村旧影

龙胜山居

红花玉树

留住广袤

芳草天涯

根深叶茂

目 录
contents

自述：我的学术生涯

建言献策　尽责履职

调研·随感

自述：我的学术生涯

朦胧追寻

一个甲子以前，我出生在黄河北岸一座风沙肆虐的城市——开封。那时，父亲在河南大学中文系做讲师，母亲在黄河水利委员会任技术员，我是他们的第一个孩子。不到一年，黄河水利委员会随河南省会机关从开封迁到郑州，母亲就一个人带着我到了黄河岸边的另一座小城，租住了小巷里的半间破旧平房，另半间是一个工人家庭居住。毫无阅历和经验被新工作和新生婴儿弄得手忙脚乱无所适从的24岁的母亲，看到我长得像一只营养不良的小猫，只好从湖南平江请来了外婆帮忙。小家碧玉出身的外婆虽然裹着小脚，做活却清爽麻利，做得一手鲜美的湘菜，从此生活稳定下来，我也开始顺利发育。几年以后，父亲参与筹建郑州大学中文系，解决了和母亲两地分居的问题。但他住在学校，周末才骑着他那辆烟台产的金鹿牌倒蹬闸自行车回家待一天，带一支用扁平水果糖粒码成的小圆棍来笼络我一下，却又没有什么话跟我讲，我因此一直对他很怯生。

现在需要叙叙家谱了。我母亲一支显然比父亲家庭稍微荣显一些，让我从母系说起。母亲姓向，向家是当地大户，乾隆六十年曾有向曾贤进士及第，后来做了嘉庆帝师，大革命时期向家因出了向钧烈士并系杨开慧娘家而知名。前两年我去湖南平江向家镇寻祖，瞻仰了前房后山的向家祖居“砖屋”群落和向钧烈士纪念馆。这里是杨开慧母亲向振熙出生和长大的地方，族人说1927年大革命失败，为躲避反动派何键追捕，杨开慧带着毛岸英等三个孩子曾隐匿在向家“砖屋”一年多，后来看局势似乎平稳，回到板仓杨家居住而被捕牺牲，毛泽东曾无限惋惜地说开慧如果住在“砖屋”就不会被抓。向钧是杨开慧表弟，1923年加入中国共产党，先后担任湘潭县委书记、安源县委书记、湖南省委农民部长和组织局负责人、湘鄂赣军委委员，声势浩大的衡山农民运动组织者和领导者，22岁被反动派杀害。但是我外公家却是败落的一支，已经从“砖屋”搬离分住月亮湾。他是靠了带田出嫁的外婆资助才得以留日读完矿山机械学，后来信奉“实业救国”在湖南黄金洞金矿当了工程师，家境稍稍好转，却又很快被运动整死。外婆生了9个子女，4个舅舅全部夭折，5个女儿中母亲读书读得好，这时都失去了经济支撑，母亲靠人民助学金读完河南大学。我不知道母亲家和杨开慧、向钧沾亲，一直以为其家族历史中只有灰色，直到近年当地修“砖屋”史前来接洽。

与母亲家族相比，父亲家就只是个提不起的土包子了。爷爷继承了几亩地，整天吊儿郎当游手好闲，倒是奶奶勤劳肯干，一分钱一分钱积攒着置地，土改前终于也置办了几十亩，后来划为地主成分。父亲性格承袭了南阳盆地的狷直民风，在家里一直和爷爷争斗不已，于是常年在外读书不回家。上了河南大学，他读马列而寻求理想加入中共地下党，为家族抹上一缕红色。1947年特务抓捕时逃脱，组织安排他到解放区当了叶县中学教导主任，新中国成立后又调到河南大学中文系任党支部书记、副系主任。其间与水利系毕业的母亲发生恋爱。母亲当时背着外公的政治黑锅凄楚无援，父亲不顾组织劝阻与之结婚。土改时父亲写信回家劝导爷爷奶奶交出土地，但是1958年“浮夸风”中爷爷奶奶却受虐待而双双成为饿殍，父亲竟不敢前去送葬，这成了他心底的不言之痛。

我是在黄河水利委员会机关大院里长大的，在那里上幼儿园、小学，中学进了郑州八中，每日放学仍回家住，人称“黄委会子弟”。没承想，后来下乡也在黄河边，最初就安营扎寨在黄河水务局修防处院内，在黄河边度过了“战天斗地”的八年时光，我因此与黄河结下不解之缘，这是后话。小学中学时喜欢读小说，想尽办法四处借着看租着看，却不知道住校的父亲因为教文学宿舍书架上满满都是这些书。后来想想父亲大约当时只顾忙自己的工作和教学，有外婆母亲照顾我和弟妹他也就不问了，等我后来自己做学问积攒书籍才又想到，业务藏书是不愿意让人拿走的，以防用时找不着。“文革”开始，小学毕业的我成了“狗崽子”，家庭红色印痕不被承认，灰色“历史问题”却如乌云罩顶永远悬在头上，使长得像豆芽菜一样黄瘦的我长期因心理压抑而蜷缩。但我因为写字好被造反派发现，经常被拉去抄大字报、刷标语，因为有成就感并能挣饭吃，我乐得有这点事情做。当然，我也为小学所谓的红卫兵组织刻钢板、油印传单。两年后，复课“闹革命”又把瘦得跟麻秆似的我送进中学混日子，没少为学校和班级办墙报、壁报、大字报栏。这期间父亲挨整、母亲下放，他们的忧虑都瞒着我们兄妹三人。我们也就没心没肺地跟着提心吊胆的外婆过日子，反正不愁吃穿，毕竟父母工资照发，六级讲师和一级技术员的月工资加在一起210来元还可以经常吃到带鱼和黄花鱼，只在遇到家庭出身阻挡前途的事情时才发一下愁。

又两年后，我怀着青春激情和心底的不明忐忑，随着上山下乡洪流来到黄河边，开始奠基花园口五七青年农场的开荒造田、拉砖盖房。父亲曾来驻地看我，留下一句无奈而伤感的话：“咱家出个农民也好。”然后回去应对他自顾不暇的时态了。在慈祥的外婆与母亲精心呵护下长大的我最初几乎没有生活自理能力和劳动能力，然而我咬牙坚持着，希望用吃苦和流汗洗刷自己的家庭灰色。经过了长久炼狱般的磨炼，我终于身体强壮起来，高大威猛得一顿饭吃8个馍，所有农活也拿得起放得下了，生产技术成为全能，政治上第一批加入中国共产党，并一步步从班长、排长、连长、民兵营长干到副场长、党总支副书记，几次率领知识青年几十个连队的千军万马举着红旗带着大喇叭转战黄河堤防和开挖河渠工程。

这期间，我认识到自己知识的匮乏，开始拼命读书。最初读的是那个时代干部家庭里容易见到的书：《马克思恩格斯选集》《毛泽东选集》《联共布党史》《哲学大纲》之类，也旁及整套的《十万个为什么》和众多历史文化读本。记得假日啃《反杜林论》《自然辩证法》曾经啃得昏天黑地目眩睛迷而弄不懂内容，放下书本抬头望只剩下情绪怅惘天荒地老。比较易读而论述逻辑、行文气势和诗意激情颇为吸引人使得我写文章一直效仿的是《共产党宣言》和《社会主义从空想到科学的发展》。这段经历使我自以为还有些哲学知识积累，因此恢复高考时第一志愿报考的是哲学系。当然我后来读中文系是歪打正着，因为下乡后长期办板报、墙报、油印小报，不断要应付写些文章和诗歌，于是渐渐迷上了写诗。那时候小靳庄农民诗歌运动风行，但我不满当时诗歌的“文革”腔调而本能寻找诗歌正途，偶然在父亲大学宿舍床底下的书箱里“偷”到一批真正的现当代诗集：艾青的《大堰河》、李季的《王贵与李香香》、阮章竞的《漳河水》、贺敬之的《放歌集》、李瑛的《枣林村集》等。我如获至宝，立即影写临摹，反复琢磨吟哦，从此诗风一变，脱离了当时流行的“工农兵体”。1974年《河南文艺》杂志从农场油印报纸上转载了我的小诗《风雨护秧》，尽管连本样刊也没给我，更别谈稿费，我只是偶尔听人讲起到处去找才找到一本杂志，但它燃起了我心中的激情，从此到处拜师访贤学习写诗之道。这时，我想到了教中文的父亲，长途跋涉找到他，求他帮我找个老师，谁知他说了一句：“诗人……是个什么东西……”我愣了一下，气得扭头就走，几年不理他。多少年后回想起来我才理解：当时他正因为是“臭老九”而长期遭揪斗，又看到多少作家诗人成为批判对象，社会上也确实没有“诗人”这个糊口职业，他本能地对我进行道路劝阻，说出来却不是句话。但我写诗的意志坚定，虽九死而不悔，左冲右突反复实践，倒也弄出不少篇幅来，而练笔成就了我后来的大学梦。

大学梦我是一直都在做的，只是最初很朦胧，毕竟那个时代价值取向不同，大学又中断了招生好些年。每每在我头顶黄土背朝天辛勤劳作的当隙，伸直腰喘一下气，眺望到远山的轮廓，心底总会无端泛起一缕愁绪：不能看看远方的世界，难道我一生就如此终老？平日发愤读书写作的举动，也说明我心底存着一个朦胧的向往。下乡两年后，一个机会来了。大学开始招收工农兵学员，我的连队给了一个名额，先群众推荐七个人，我有幸中标。然后是考试，我笔试面试都轻拿第一，在兴奋等待录取通知书的过程中忽遭晴天霹雳：张铁生反潮流成为白卷英雄，所有考试成绩作废！最后是按照政治条件第一录取，我名落孙山。后来又有过几个推荐上大学的名额都和我无缘了，看着个别缺乏读书材质的战友也高高兴兴去上大学，我心里泛起的委屈和不服倒是强忍住没有流露。再后来我产生了大学不值得上的认识，也就心安理得扎根农村“闹革命”了。事情的缘起是这样的：一次开封师院中文系有一个班要到我们连来开门办学，因为我连群众诗歌运动搞得好，而我是其中的旗帜性人物，所以请我给他们上课讲如何写诗。由此我认为工农兵大学生许多人起点不高，并且两年学习时间还有一半要开门办学，还要请我这样的二半吊来讲课，学不到什么东西，这样的大学，不上也罢，从此打消上大学念头。

然而，时代机遇又让我的理想死灰复燃。下乡已临近第八个年头的1977年冬天，高等院校全面恢复考试招生的消息传来，我正在知青农场挖河工地上召开动员大会，于是向知青战友们宣称：距离高考时间只剩下一个月，我们必须完成工程才有可能参加考试，早完工一天，就多一天复习时间，请大家努力。那次河工是大家最卖力干的一次，20天后全面完工，立刻放假赶回城去。最终我拿着河南大学中文系的录取通知书，想到全农场4800名知青战友里只有寥寥几个人通过高考被大学录取，心底升腾起攻占无名高地之后战友尸横满坡的强烈悲壮感。这时领导找我谈话，说组织上正在培养你，你难道要放弃光明前途、辜负上级的期望？尽管天性极不愿意辜负别人，但实现心底理想的机会真的太难得太珍贵了，我还是委婉而坚定地说："我还是……想读些书……"到这时我才明白，父母亲和家族早已给我种下了根深蒂固的文化基因。

从学士到硕士、博士、留美博士后

1977级大学生是中国教育史上最为饥渴从而读书最为勤奋用功的一届，25岁才进入大学校园的我立即开始把失去的时间夺回来的冲刺，启动了从《诗经》《楚辞》《史记》《战国策》《论语》《老子》《庄子》《孟子》到汉赋、唐诗、宋词、元曲、明清传奇的恶补。宿舍、食堂、教室、图书馆之间的连线是每天的跑步路途，一日7个小时除吃饭睡眠之外的时间全部投入心无旁骛的阅读。为此我平生唯一一次求父亲向他熟识的系领导开口，请求不要让我担任学生干部，好腾出时间来多读些书。领导说：本想让他做学生会主席的……既然如此……但是学生党员太少，一点工作不做是不可能的。最终我还是当了中文系本届240名学生6个班中的五班班长。中间在系里组织的单科竞赛里，我夺得古典文学第一名，却发现答不出的考题出自我没有读过的《尚书》，回过头来又重新埋头读坟典。书一读起来就一发不可收了，又遇到时代机遇连连，于是本科、硕士、博士、博士后一路走了下去，此生终于过足了读书瘾。

硕士读的是中国艺术研究院研究生部戏剧戏曲学，这是奠定我一生专业和事业的基础课程。最初之所以选择了这个方向，除了招生专业设立的偶然性之外，也有家庭影响的必然性。我小时候外婆喜欢看戏。黄委会大院旁边就是郑州戏校，每天听得到那里传出的金石丝竹之声。戏校排戏时欢迎人们观看，于是我经常拿着小凳子去戏校排练厅给外婆占座。每当外婆津津有味地沉浸在委婉唱腔里时，我却往往抵不过睡魔的侵袭，沉沉入梦。其间时或被打出手的加急锣鼓闹醒，强撑会儿眼皮，终究还是堕入黑甜乡，直到散戏了被外婆拉着稀里糊涂回家上床。然而就是这样醒里梦里地熏染，地方戏的旋律深深印入了我的大脑皮层。上中学时爱唱歌，偶然加入学校歌咏队，一次曾被省歌舞团"星探"看中，通过校领导找来，拉着我半天问长问短，内向腼腆先天抵触演艺生涯的我带着心理排拒回答他的每一个问题，最后一个问题是：什么家庭出身？忐忑回答：地主。他再没有问别的，我也就心里一块石头落地，虽然留下长时间的怅然若失。后来在下乡田间、挖河工地，每天十几个小时大喇叭里放的都是豫剧《朝阳沟》，边干活边跟唱，千人唱万人和，熟稔了它激越的旋律和唱腔。大学期间因而读了不少元明清戏曲本子，也与专攻元杂剧明清传奇的李春祥教授过往甚密，所以当报考研究生时，一眼就看中了戏剧戏曲学专业。

全国统一研究生考试进行得很顺利，然后是专业面试。面对崇高而威严的导师群提出的刁难性问题，天生怯场的我嗫嚅了，最终狼狈逃离考场后，我气馁地明白自己彻底失败了。然而一个月后，录取通知书却寄到了我手中。后来才知道，抗战时期担任过延安鲁迅艺术学院戏剧系主任、现任中国艺术研究院副院长的张庚老师在看了我的报考材料之后，曾经表达过一个担忧：他曾经担任过这么多职务，是个社会油子吧，读书能坐得住吗？祸兮福所倚，我考场中天性弱点的自然流露，赢得了张庚老师一句肯定性评价：嗯，他还是个老实人。

三年延伸学习一瞬即逝，仍然保持了本科时的发愤与勤勉，当然，也还是承担了研究生部学生会主席的工作。其间需要确立论文选题时，班主任吴书荫先生希望我们5个同学各自选一位明清传奇作家作为对象，写一篇有关剧作家的研究，并校点一部其传奇作品，后者交由中华书局出版。我本能抵触这种小格局的专业基础限定。此前我曾经想整理朱有燉的31部杂剧作品并已开始相关资料的积累，但那不是硕士学习期间能够完成的项目。我还有另外一个更为感兴趣的关注点，那就是当时河南、山西出土了不少宋金墓葬，里面有着杂剧演出的雕砖和壁画，各地也发现了一些宋元戏曲文物和戏台，于是我把它们选定为自己的主攻方向，并得到了张庚老师的认可，邀戏曲文物专家刘念兹老师来辅导我的论文写作。由此我开始了大量的田野踏勘和调查工作，足迹遍布黄河两岸的晋豫腹地。论文通过并毕业后，我被分配到中国艺术研究院戏曲研究所工作，继续补充完善上述选题，最终成果形成了我的第一本学术专著《宋元戏曲文物与民俗》。

张庚老师的本意是希望我继续跟从他攻读博士学位的，但他为前面在读的孟繁树、周传家两位师兄指定的博士论题是戏曲声腔研究，这使中文系出身的他们论文写作难度加大，致使久久脱期不能杀青，而我不久即担任了戏曲研究所副所长，忙碌起来，失去了再脱产读博的可能性，张庚老师就停止了招收博士生。这期间我眼界大开，除了专业深入以外，还积极投身到20世纪80年代极其活跃的学术思潮中，在报刊喷涌式地发表文章，并参与主持编撰了大型传统文化反思丛书"蓦然回首"系列，引起社会广泛关注。一个偶然的机会，让我有幸进入美国伯克利加州大学中国中心的博士后研究项目。那时，一份伯克利中国中心民间戏曲研究的博士后招生简章在中国戏曲博士中间流传，大家试投档案都没中标。一天，中山大学中文系博士黄仕忠来访，"机会不错，你应该试试。"他说。"可是我没有博士学位呀？"我忐忑。他说"对方要的是民间戏曲研究人才，你做的正好和他们对路，而我们都是搞文学案头的，你试试也不失去什么。"我拿过招生简章来研究，发现申请截止日期已经超过了4个月，于是随便寄去一份档案，然后就忘记了这件事。10天以后，一个越洋长途电话打到戏曲研究所，办公室小王连跑带颠来喊我接电话。对方是博士后项目的主持人David Johnson教授："请你马上来伯克利报到。"

隐藏在旧金山海湾对面浓密红杉林中幽静的伯克利大学中文图书馆藏书十分丰富，其中一个书架上竟赫然站立着我的《宋元戏曲文物与民俗》以及《中国戏剧的蝉蜕》《爱的困惑——现代性爱观与东方伦理传统的冲突》三本著作。David Johnson教授是明清史专家，辅助他的Stephen West教授干脆就是著名的元杂剧学者，他们已经熟知了我的专工与特长。4名参与者有普林斯顿大学的Marry Scott博士、华盛顿大学的Daniel Ferguson博士和来自我国台湾地区的巴黎第七大学邱坤良博士，唯独我没有博士学位。我感到压力很大，于是拼命工作，想弥补差距，这时我发誓今生一定要获取博士学位。我不时向同伴和导师请教博士后项目怎么做，他们都很随便地敷衍我几句，让我心中更加没有底。但有一点我弄清楚了：不需要做集体项目，只要完成自己的计划就可以了。我想，不能丢人，我写部著作总是可以的吧！我当时已经从戏曲文物研究扩展向中国戏曲史的纵深，因而根据伯克利藏书的便利条件和我的积累准备，我在一年时间里写出了《中国戏曲声腔源流史》一书。当我捧着厚厚一摞书稿交给David Johnson教授时，他吃惊地"嗷"出了声。原来项目所要求于成员的，只是最后每人提交一个20分钟的英文报告而已，其他几人都利用这个时段修改完善自己的博士论文了。在David Johnson教授主持的先后四期中国民间文化博士后项目里，我是唯一提交了专著成果的。

我深切感受到，在国际学界交往中博士学位是一个基本的门槛，我心中暗暗企盼机会的降临。回国后，在写出纪实文学《美利坚的诱惑》的同时，我锲而不舍地继续自己戏曲文物研究的延伸项目——古戏台的考察和研究。这期间，中山大学黄天骥教授接收我在职攻读该校中文系的博士学位——这是教育机制新开的一个口子，条件是三年内每年要有四个月时间待在广州。而我在北京有自己的工作单位，无法长期请假，只好万般遗憾地放弃了这个可能一生再也无法失而复得的珍贵机会。我完成了《中国古代剧场史》著述之后，向全国古籍整理小组申请出版基金，小组把书稿送交匿名专家审阅。通过后，一天，我接到了后来才知道他就是匿名审稿专家的邓绍基老师电话："你愿不愿意读我的在职博士？"

邓绍基老师是中国社会科学院文学研究所资深研究员、学部委员，戏曲与小说研究专家，那年是他刚刚得到招收在职博士生的资格和第一个也是他唯一一个名额，人生幸运再次临幸到我的头上。于是我又开始了没有周末和节假日的三年勤奋攻读，经常骑自行车往返于望京、晋京的路途之中。好在留美经历使我轻取英语关隘，而东西方宏阔视野的确立让我轻松圈定了比较戏剧的博士论题。其间我又出版了《中华文化通志·戏曲志》《中国戏曲图史》等著作，并顺利完成博士论文。我的博士论文答辩导师陈毓罴、刘世德、曹道衡等先生给了很好的评价，最终论文出版成《东西方戏剧的对峙与解构》一书。美人迟暮的我夹在一堆头戴冕旒、身披黑红大氅的年轻学子中间参加了中国社会科学院的博士学位加冕仪式，感慨地写出散文《迟到的博士授衔典礼》以示纪念。

戏剧研究与评论、文化遗产保护、文艺创作

不断攻读学位只是一种形式和一个途径，实质在于我从此走上学术研究的道路。早在报考硕士研究生复习时，我已经对当时的中国戏曲史研究产生强烈兴趣，并对其时代高度及缺陷了如指掌。选择戏曲文物研究作为我的突破点，一是兴趣使然，二是也想抢占新学科新起点，从而形成中国戏曲史研究的新突破。于是就有了我后来从剧场舞台、声腔剧种、戏剧起源、宗教戏剧、民间戏剧文化、戏曲批评史各个方面对戏曲史的完善和开拓，其最终目的，就是想构造起自己独立的中国戏曲史大厦。当我把戏曲史所覆盖的各个领域一块块攻占下来以后，正面写作中国戏曲史的攻坚战就打响了。这个写作持续了多年，是对功力、毅力和耐力的长久考验，最终形成四卷本150万字的《中国戏曲发展史》（与刘彦君合作，她负责戏曲文学部分），成为20世纪中国戏曲史研究的全面总结。

就在我用新的观念引领、从新的视角入手重写戏曲史，埋头伏案于一摞摞的稿纸之中时，学界掀起了应该以及如何重写戏曲史的讨论热潮，坐而论道的方向都指向了我正在从事的目标。我默不作声，只暗暗加紧自己的实在耕耘。社会讨论尚方兴未艾，《中国戏曲发展史》已然出版，给了大家一个惊愕。经过了一段时间的慎重审视之后，学界开始纷纷给它好评，前辈学者陈多、台湾地区学者林鹤宜各自发表了两万多字的长篇评论，认为它解答了讨论的问题，满足了时代的要求，并充分昭示了它开拓与突破的方面，当然，也指明此后研究应该继续深入的方向。我心中一块石头落地。后来听说，全国至少有三个研究中心准备组织力量进行戏曲史的集体攻关写作，见到我们的成果以后都放弃了，我一方面有些内疚，一方面又感到欣慰：当时代提出命题时，总要有人去完成。过后见到台湾地区资深戏曲学者曾永义先生，他也曾设想领衔

一批台湾地区学者重写戏曲史而中止，我向他致歉并说其实大家各写各的也没什么不可以，他直率地回答说你从戏曲文物和田野考察入手，掌握了中国大陆近年新发现的许多第一手材料，我们重写也只能引用你的材料，已经没有太大价值。

戏曲史的浩大工程即将完成时，上级忽然发出命令，调我到中国戏剧家协会工作。我从此失去了潜心科研的环境，庆幸自己一直“时不我待”的内在动力促使我及时甚至可以说是恰到好处地抢完了这一学术工程。俗话说：上帝在为你关上一扇门的同时，又会为你打开另一扇窗。剧协工作为我提供了进行戏剧评论的新天地，我又兼任《剧本》月刊主编，从此开始了看戏、读戏、评戏、评比戏、推动戏剧发展的新经历。剧协工作是极其繁忙但又十分充实的，除了为会员服务的大量任务以外，一年到头几乎每天都在看戏，有时还一天看几场戏，还要阅读大量的当代剧本，尤其是在评曹禺剧本奖期间，它使我在过去几百部传统剧本阅读量的基础上，迅速膨胀了过眼经手的当代剧目积累，极大提升了对戏剧的品鉴力。这期间，文人一杆笔，我马不停蹄、手不停书，写出众多的评论文章，也留下大量的观剧日记，后来都汇集成文集出版。由于对戏曲历史和东西方戏剧进程的熟悉与整体把握，我的戏剧批评文字能够高屋建瓴，超越就事论事层次，探究到戏剧潮流发展与审美趋势变迁中去，对创作形成了有效引领，因此得到众多剧作家、导演和演员的真诚反馈与友谊，成为他们称道的良师益友，这使我十分欣慰。

长期的接触、熟悉和深入研究，使我对中国传统戏曲及众多的戏曲剧种产生深厚情感，基层民众对于戏曲那种火爆狂热的迷恋和情感家园式的留恋，更让我看到它的超常价值。然而，戏曲生态的一天天恶化，剧团和从业者生存条件的一天天恶化，让我痛心疾首。我写出《中华戏曲文化美学及其现代转型》《戏曲生态八论》《论地方戏》等重要论文肯定戏曲的价值，并在各种场合不断为戏曲呐喊和呼吁，希望能够改变现状。恰值有机会参加了联合国教科文组织的世界文化大会，我感受到国际社会对于传统遗产和异质文化的珍视与重视，从而坚定了中国传统戏曲是有价值的人类文化遗产的认识。我利用各种机会呼吁国际社会关注中国戏曲，并呼吁中国政府像日本和韩国那样对自己的传统戏曲进行有效保护，采取特殊鼓励政策和扶助措施，以延续和张扬其艺术生命。联合国教科文组织形成新的认识基点后，开始进行人类非物质文化遗产的保护工作，中国昆曲首先被列入其名录，然后是粤剧、藏戏、京剧和皮影戏，中国政府随之也开始制定自己的非物质文化遗产名录和加强保护措施，众多民间戏曲剧种被纳入其中，日益受到有效重视和保护。今天，戏曲是中国国粹艺术的代表已经成为社会共识，这期间有着我多年的努力隐藏其中，想到这里我可以感到欣慰了。

事实上我在对民间戏曲进行常年考察调研的过程中，研究兴趣和视野早已扩大到广义的民间文化。早在我进行戏曲文物研究时，眼光就已经覆盖了戏曲砖雕、石刻、泥塑、壁画、年画、绘画、剪纸、织绣、陶塑、瓷器和器物装饰、戏台建筑，等等，这些今天都属于人类物质与非物质文化遗产的范畴。当联合国提出非物质文化遗产概念以后，我开始进行其理论构架，写出《中国非物质文化遗产特性论》等重量级论文。同时我也在四处行走的过程中，用考察报告、文化散文的形式表达我对文化遗产保护的强调和担忧，体现在《千年丽江》《梯田中国》等作品中。

这期间我的工作又发生变化，登上中国文学艺术界联合会和中国作家协会这样更高更加广阔的平台，它使我能够站在中国文学艺术的整体基点来观察和思考问题，接触到不同的文艺领域也使我越发开阔了眼界，我的学术生涯于是进入另外一重天地。我开始更多撰写文艺评论方面的文章，同时也发扬和培养起更宽泛的创作兴趣。过去我曾尝试写过京剧《胡笳十八拍》等，这以后更加频繁地开始了影视剧的写作，涉及的种类有戏曲、话剧、舞剧、音乐剧、儿童剧、电影、电视剧等。我同时也爱好诗词歌赋、散文杂文的写作，对诗歌的新诗和古典诗都有涉猎，赋体的代表作品则有《北京赋》《昌平赋》等。我自幼的书法爱好得到更多的实践和展现，也得到更多与书界前辈请教，与同道切磋的机会。至于频繁的文化采风，又为我从戏曲文物考察中培养起来的摄影爱好追加了温度。总之，工作环境使我如鱼得水，得以全面充实与发挥自己的兴趣与爱好。

我生是幸运的。与父辈比，我没有遭遇战争、瘟疫、饥荒和逃难，也没有经历一次又一次的政治运动，得以在和谐平稳的社会发展中施展自己的人生抱负，并亲眼见证了伟大祖国的迅速和平崛起和真正屹立于世界民族之林。伟人毛泽东领导的中国的独立解放，邓小平推行的长期的改革开放政策，我是直接受惠者。我受到最好的教育训练，一生能够凭自己兴趣、爱好和目标读书并从事文化研究和著述，出版了几十种著作，也发展和延伸了自己的文艺创作兴致。记得我第一本著作《宋元戏曲文物与民俗》问世时，曾遇社会极端思潮开始酝酿，我不知道稳定局面能否保持住，自己的学术生涯是否也会像父辈那样被无情打断，因此在该书"后记"里不无担忧地说了一句话："这本书将是我学术与人生路途上的第一块阶石。但愿以后能够屡屡铺下去。但愿……"这个带着长长省略号的"但愿"，我在后来的30年实践中实现了。我感恩于时代，感恩于国家，感恩于一切给了我这种条件和机会的人们。

由以上叙述应该可以看出，我主要是一个文化学者，重点从事戏曲研究和文艺批评，同时钻研传统文化。担任第十二届全国政协委员后，除了出席每年一次的全委会和平时的双周座谈会外，我还经常性地参与了有关界别和专业委员会组织的许多考察、调研、参观、座谈，主题有呼唤和谐社会、提倡绿色发展、维护自然生态、发展文化多样性、保护非物质文化遗产、繁兴民族文化、促进文艺繁荣、振兴民间戏曲，等等，颇多收获。这期间我写出不少委员提案、会议发言稿、调查报告、研究论文、散文随想等不同类型的文字，有的上报，有的见诸报刊，有的曾在全国政协双周座谈会、界别会、联组会、小组会上发言宣读，为参政议政提出建议。

文人多愁善感，尤其是到了耳顺年龄，我特别喜欢习近平总书记"留住乡愁"那句话，因为我们所有有关唐诗宋词的记忆，有关祖国大好河山的感慨，有关乡关何处的眷恋，有关乡音乡情的温馨，都和传统、和乡村、和田园、和儿时环境联系在一起，我因此热衷于传统文化和自然遗产、物质与非物质文化遗产保护。全国政协为我展开这些工作提供了一个新的平台，我在其间如鱼得水，凭着勤奋和兴趣，颇有思考成果。

收在这本集子里的文字，就是上述成果的大概。

2016年8月3日于北京紫竹公寓

建言献策　尽责履职

【提案】

关于提高稿酬个税起征点的建议

1980年9月公布的《中华人民共和国个人所得税法》规定，“工资、薪金所得，以每月收入额减除费用800元后的余额，为应纳税所得额”，稿酬“每次收入不超过4000元的，减除费用800元；4000元以上的，减除20%的费用，其余额为应纳税所得额”。在近30年的时间里，我国的工资、薪金个税起征点上调了两次：2006年1月起由800元提高为1600元，2008年3月起由1600元提高到2000元。但稿酬的个税起征点一直停留在800元。30年间，国民经济飞速发展，人民生活水平大幅提高，物价上涨，诸多因素促使工资、薪金的个税起征点一再调整。而同样作为劳动收入的稿酬的个税起征点却没有调整，这无形中降低了以稿酬为主要收入的作家的生活水平，制约了作家的创作积极性。对此，曾有委员连续几年提出提高稿酬个税起征点的提案，至今未有实质性的解决，作家们意见很大。

从劳动周期来看，创作作品是一种特殊劳动，要经历查阅资料、收集素材、采访创作、修改润色、定稿交稿、出版印刷、获得稿酬等多个过程，其间需花费大量时间和精力。作家不同于普通劳动者，不能以年、月、日简单计算劳动周期。目前2000元的工资、薪金的个税起征点是以月为时间周期的，而通常一本书的写作很少在一个月内完成，稿酬的个税起征点不仅未与月薪的起征点拉平，而且远远低于后者。这种状况显然不合理。

另外，根据我们对自由撰稿人状况的调查发现，我国目前的作家群体中有相当一部分的自由撰稿人，他们没有工资、薪金等收入，只有稿酬所得一个收入来源。对于他们来说，800元的个人所得税起征点显然太低。尽快调高稿酬的个税起征点已经关系到很多作家的温饱与生存问题。

提高稿酬的个人所得税起征点，是稳定作家队伍、繁荣文艺创作的需要，有利于维护社会公平、推动社会和谐发展。为此，我再次建议尽快修改现行税法，将稿酬的个人所得税起征点提高至2000元，原来4000元的标准也相应提高至10000元。

关于制定广播电台电视台播放文字作品付酬办法的建议

我国《著作权法》第四十二条及第四十三条规定："广播电台、电视台播放他人已发表的作品，可以不经著作权人许可，但应当支付报酬。""广播电台、电视台播放已经出版的录音制品，可以不经著作权人许可，但应当支付报酬。当事人另有约定的除外。具体办法由国务院规定。"但有关广播电台电视台播放他人已经发表、出版的文字作品、录音制品的付酬标准一直没有国家统一规定，通常由使用者与权利人自行约定。

《广播电台电视台播放录音制品支付报酬暂行办法》（以下称《付酬办法》）早在2010年1月1日就开始施行。《付酬办法》规定了三种计酬方式：一是由广播电台、电视台与相关著作权集体管理组织约定每年向著作权人支付固定数额的报酬；二是按广播电台、电视台广告收入的一定比例计酬；三是按广播电台、电视台播放录音制品的时间多少计酬。但《付酬办法》只适用《著作权法》第四十三条规定的广播电台电视台播放录音制品的情形，并未涉及《著作权法》第四十二条第二款规定的广播电台电视台播放文字作品的计酬方式。

据我们了解，广播电台电视台每年播放文字作品数量庞大，由于没有国家统一付酬标准，文字作品被播放后，作者常常遇到拿不到稿酬、稿酬太低的困境。

因此，我建议，国家版权局应尽快制定并出台广播电台电视台播放文字作品的付酬办法，具体付酬方式可参照《广播电台电视台播放录音制品支付报酬暂行办法》。

关于制定文字作品网络付酬标准的建议

根据《信息网络传播权保护条例》第二条规定，“除法律、行政法规另有规定的外，任何组织或者个人将他人的作品、表演、录音录像制品通过信息网络向公众提供，应当取得权利人许可，并支付报酬”。虽然该条例规定了网络使用作品应当付酬，但国家一直没有出台统一的付酬标准。据调查，各大网站基本是自行制定付酬方式和付酬标准，更有不少网站故意压低或拒付报酬，特别是目前的网络转载数量庞大，免费转载、不付稿酬的现象十分普遍，严重影响了作者的稿酬收入。

2014年11月1日施行的《使用文字作品支付报酬办法》第十四条第二款规定了“在数字或者网络环境下使用文字作品，除合同另有约定外，使用者可以参照本办法规定的付酬标准和付酬方式付酬”。本条虽然明确指出文字作品网络付酬应参照纸质环境下使用文字作品的标准和方式，但缺乏可操作性。因为，网络文字作品无论在质量、创作及发表方式等方面都不同于纸质文字作品，如果严格参照纸质作品付酬标准（比如原创作品每千字100～300元），显然偏高，多数网站是支付不起的。如果没有细化的付酬标准特别是低限标准，此条规定将成为一纸空谈。

为维护广大网络写作者的基本权益，保护广大作家的信息网络传播权及获酬权，促进网络文学的健康发展和广泛传播，建议尽快制定文字作品网络付酬的细化标准。具体建议如下：

一、网络环境下使用文字作品可以采取以下三种报酬支付方式

（一）一次性付酬，指网络使用者根据作品的质量、篇幅、作者的知名度、影响力以及使用方式、使用范围和授权期限等因素，一次性向著作权人支

付的报酬。网站转载、摘编报刊或其他网站已发表作品只适用于一次性付酬。

（二）按作品字数付酬，指网络使用者按作品的字数，以千字为单位向著作权人支付的报酬，主要适用于网络原创文字作品。

（三）按照作品点击率付酬，将作品以字数为单位分章节或者篇目按照点击率计算报酬，由网络使用者与著作权人按照一定的比例分成，主要适用于网络原创作品。

二、按作品字数付酬方式的标准，其上限可以参照《使用文字作品支付报酬办法》第五条的标准，下限可以参照原有纸质作品报酬规定的下限，即：原创作品30～500元/千字，改编作品10～150元/千字，汇编作品3～30元/千字，翻译作品20～300元/千字。

三、网站转载、摘编报刊或其他网站已发表作品的付酬标准可以规定为10～50元/千字。

四、按照作品点击率付酬方式的付酬标准，应当由有关部门调研后制定合理可行的具体标准。

五、通过信息网络实施九年制义务教育或国家教育规划使用已发表作品的，应当比照《教科书法定许可使用作品支付报酬办法》300元/千字的标准，制定合理可行的具体标准，规定在50～100元/千字。

六、根据《信息网络传播权条例》第九条规定，为扶助贫困通过信息网络向农村地区的公众免费提供已发表作品的，应当适当降低其付酬标准，建议下限为10元/千字。

总之，关于在数字或者网络环境下使用文字作品如何付酬，《使用文字作品支付报酬办法》第十四条规定缺乏可操作性，建议国家版权局应展开调研，尽快制定合理可行的文字作品网络付酬的具体办法和标准。

关于规范名人书信手稿拍卖行为的建议

近年来，名人书信手稿拍卖引发争议的事件频出。2013年5月，中贸圣佳国际拍卖有限公司欲拍卖已故著名作家钱钟书的书信。钱钟书遗孀——著名作家杨绛先生公开声明提出抗议，要求撤拍，在中国作家协会、国家版权局等多方支持和努力下，拍卖公司宣布撤拍。后来，杨绛以侵害著作权及隐私权为由将拍卖公司及收信人李国强告上法庭。2014年2月，该案一审宣判，杨绛胜诉并获赔20万元。2012年，由周作人撰书、鲁迅批校的《日本近三十年小说之发达》手稿拍出184万元的高价。其间，拍卖公司未理会周作人16位后人对手稿来源的质疑。随后，其后人将拍卖公司告上法庭，该案于2013年11月22日第一次开庭审理，目前尚未宣判结果。

名人的书信手稿除了在拍卖行公开拍卖之外，还流落在互联网上拍卖。2013年12月2日，作家迟子建发现自己1995年的一篇创作谈手稿（共5页纸），在本人不知情的情况下，被他人放在孔夫子旧书网上竞拍，开价1200元。登录孔夫子旧书网，不难发现，除了迟子建手稿，还有莫言等很多作家、名人的手稿、书信不断在拍卖。据了解，孔夫子旧书网上的这些名人旧物拍品已经形成了“产业链”，由一些人专门从废品收购等渠道搜集，然后挂到网上拍卖，希望从中获利。

从拍卖行业的角度看，拍卖的名人书信手稿有很大的收藏价值，由此产生的巨大利益驱使这个产业迅速扩张。但是，此类拍卖行为带来的法律与道德争议很大。如何保护名人的文化遗产和正当权益，是不少名人之后和作家的困惑。名人书信、手稿不同于一般物品，拍卖行为涉及著作权、物权及隐私权、名誉权等诸多法律问题。由于拍卖行为的特殊性，流落在市场上的名人书信手稿大多来源不明，拍卖行为都是未经本人或其后人同意的，不合法也不合情理，必然引发一系列侵权纠纷。

近日，杨绛诉中贸圣佳国际拍卖有限公司、李国强侵害著作权及隐私权纠纷一案胜诉，从司法的层面上肯定了未经许可拍卖名人书信手稿的违法性。但法院的案例始终只是判例，我国的法律法规、行业规范在这方面仍存在空白。我认为，要遏制拍卖名人书信手稿乱象，保护名人合法权益，首先要提醒广大作家、名人加强自我保护，争取不让手稿书信等流入到他人手中，但最重要的是，要从立法、行业规范及行政执法方面入手，规范名人书信手稿拍卖行为。具体有以下几点建议：

一、目前拍卖法中的部分条款滞后于行业发展，应尽快修订和完善《拍卖法》等相关法律法规，细化拍卖过程中涉及的物权、知识产权方面的操作流程，明确规定拍卖名人书信手稿时拍卖人、委托人、作者、竞买人等各方权益。

二、商务部及中国拍卖行业协会应尽快对拍卖行业发布法律指引意见或行业自律公约，对名人书信手稿这一焦点问题做出指引，倡导拍卖公司在拍卖名人书信手稿时，应当审查拍品的来源和著作权权属，事先征得名人或其家人的同意。

三、针对网络拍卖名人书信手稿现象，建议工业和信息化部及中国互联网协会出台相关文件，规范和管理孔夫子旧书网这类拍卖网站的行为。具体规范包括，拍卖网站负有对名人书信手稿拍品的来源及著作权权属的审查义务，同时还负有发现拍品来源不明之后撤拍的责任，以及对有连续、恶意侵权的卖家采取“封号”（禁止其在线拍卖）等措施。

关于规范使用知名作家姓名及笔名注册商标的建议

目前，在商标注册中有一个比较突出的问题，即他人在作家不知情的情况下，使用其姓名或笔名进行商标注册。比如，作家贾平凹名字中的“平凹”二字被陕西一家广告公司成功注册为酒商标；诺贝尔文学奖得主莫言的名字早在几年前就被他人注册为“莫言醉”酒商标。甚至有些人恶意利用作家知名度，抢注相关商标，以牟取巨大商业利益，侵犯了作家的姓名权等相关权利。

依据我国《商标法》规定，在商标初步审查公告期，与该商标相关的利害关系人可以提出异议。诗人舒婷发现自己的名字被他人申请注册成洗液和服装商标，便委托中国作家协会作家权益保障委员会在2001年和2002年两次提出商标异议，每次异议缴纳费用1000元，最终也未能制止“舒婷”被注册为商标。

也有作家成功制止了自己姓名或笔名被抢注为商标，比如作家二月河。2009年底，作家二月河发现了自己的姓名和笔名被抢注为餐饮、酒店类商标，便委托相关机构提出商标异议。经过两年的维权，2012年3月，国家工商总局商标局裁定不予核准平顶山市民奎光荣等注册“二月河”商标。但实际情况是，多数作家在商标初审公告期根本不知情，无法及时提出异议。等他们发现时，该商标已经注册成功，事后的撤销程序很难实现或者即使实现也无法挽回权利受损的结果。

为了规范使用知名作家姓名、笔名进行商标注册，保护知名作家的姓名权及相关合法权利，我们从商标立法和商标管理两个方面提出如下建议：

一、我国《商标法》应增加对使用名人姓名注册商标的相关规定。

应修改我国《商标法》第十条，增加对名人姓名权的特殊保护条款，即“未经本人授权，不得使用名人姓名及同音、近似名进行注册商标”的规定，同时应在商标法实施条例中明确规定“名人”的标准，明确什么情形下属于恶意利用名人姓名注册商标，对于恶意注册商标的不予登记或者撤销。

二、国家工商总局商标局应建立“文化名人名家商标保护名单”，对于获得国际或国家级奖项的作家以及经国家有关部门确认的文化名家、文化名人的姓名和笔名进行有针对性的保护。

《北京市工商行政管理局关于支持文化产业创新发展的工作意见》（2012年11月19日施行）中指出，“文化名家、文化名人为保护自身的姓名形成的商业价值，可以申请对其姓名、笔名在全市范围内予以全行业保护，批准予以保护的，自批准之日起，新申请的企业、个体工商户名称未经授权不可与其相同或近似”。

上述意见可以在全国范围内推广，由国家工商总局商标局建立“文化名人名家商标保护名单”。获得国际级或国家级奖项的作家，以及经国家有关部门确认的文化名家、文化名人，可以向国家工商总局商标局申请对其姓名、笔名在全国范围内予以全行业保护。经批准予以保护的，纳入“文化名人名家商标保护名单”，新申请的企业、个体工商户名称未经授权不可与其相同或近似。

【会议发言】

文化和谐论

——思想根源及其当代价值

和谐文化是一种体现和谐理念与和谐精神的文化，它以人类共同理想为目标，以与社会进步相适应的价值观和道德规范为支撑，强调在文化调适的基础上建立起人与人、人与社会以及人与自然之间的理想关系。文化和谐理念的提出，是基于我国传统文化与世界思想库的有益资源、立足现实发展实际、趋近于人类理想境界的社会进步需求而设立的科学命题。它对于中国社会健康发展乃至人类进步所孕育的深邃意义，将会由历史来逐步检验。从当前我国文化现状及世界文化格局看，这一命题既具有可贵的现实针对性，又昭示着一种美好前景。

一、桃花源与理想国——文化和谐是人类的共有理想与现实追求

社会和谐首先体现为一种文化理念，它代表了人类对于理想生活状态的美好憧憬，这种理念在东西方文化中都构成了传统链。

中国文化传统中有着和谐社会理想的丰厚资源。春秋战国时期不同学派的思想家们各自绘制了理想社会的和谐图景：老子是“小国寡民”的自然和谐观，“邻国相望，鸡犬之声相闻，老死不相往来”（《老子》）；孔子与墨子是德化与博爱的社会和谐观，“仁者爱人”“兼爱”。他们共同标举而为中国传统社会历代相袭的理想和谐境界则是所谓的三代“大同社会”，《礼记·礼

运篇》描述为："大道之行也，天下为公，选贤与能，讲信修睦。故人不独亲其亲，不独子其子，使老有所终，壮有所用，幼有所长，矜、寡、孤、独、废疾者皆有所养，男有分，女有归。货恶其弃于地也，不必藏于己；力恶其不出于身也，不必为己。是故谋闭而不兴，盗窃乱贼而不作，故外户而不闭，是谓大同。"这种对理想主义"大同社会"的憧憬，成为支配中华文明几千年生生不息延续至今的内驱力。历朝历代的仁人志士，都将其实现作为自己的奋斗目标。历史上每当社会现实远离了这一鹄的时，它就成为社会变革的号召力。例如它曾明确出现在近代康有为呼唤中国变革的《大同书》中，所谓"人人相亲，人人平等，天下为公"。而推动中国历史轮回的一次次农民起义，无不打出"均贫富，等贵贱"的大旗。太平天国领袖洪秀全将这一理想表述为"有田同耕，有饭同食，有衣同穿，有钱同使，无处不均匀，无人不饱暖"。（《天朝田亩制度》）

然而，由于脱离了社会和历史发展的实际，中国传统文化资源中的"大同"理想永远是一个虚无缥缈的幻影，它的现实作用只是将失志者导向避世主义的桃花源，而近代帝国主义的铁蹄更是彻底粉碎了这个延续几千年的桃色梦幻。危机同样带来了生机，向往自由、平等、博爱的善良中国人民，于极度精神饥渴中意外寻找到了另外一个强大的思想源——共产主义理想。由西方哲人马克思所确立的这一社会理念，是在西方传统文化长河中逐步孕育成形的科学学说，它的和谐精髓，起始于空想的伊甸园乐土。共产主义从空想到科学的发展连接成了一个长长的历史链条：从希腊哲人柏拉图的阿特兰提斯理想国，到文艺复兴时期莫尔的乌托邦和康帕内拉的太阳城，再从工业革命成功后圣西门、傅立叶、欧文的空想社会主义，到马克思恩格斯的科学社会主义。马克思主义建立在唯物史观基础上的共产主义学说，是对人类社会发展普遍规律的科学总结和把握，它在世界范围的实践导致了社会主义中国的崛起。马克思构想中的共产主义社会是人类真正的和谐社会，它是一种"以每个人的全面而自由的发展为基本原则的社会形式"。（《资本论》第1卷第649页）它之所以科学，是由于它建立在消灭阶级和生产力极大提高的前提下，是由于它以人为本，它为真正实现人类和谐奠定了社会的、物质的和精神的基础。

今天我国还处于社会主义初级阶段，远未达到人的全面而自由发展的终极目标，我们需要为实现这一目标进行精神和物质的充裕准备。同时，平稳而良好地发展社会主义政治、经济、文化，尤其需要提倡和谐精神。党中央审时度势、高瞻远瞩提出的社会和谐目标，系根据我国社会现阶段的需求，发掘中华传统文化的优秀资源，并与马克思主义科学理想进行正确结合的产物。它既符合现阶段的社会发展需要，又符合并进一步丰富了马克思主义关于人的全面和自由发展以及以人为本的科学理念。

二、和实生物，同则不继——中华传统和谐观的继承与扬弃

中华文化宝库里有着远较我们想象丰富的和谐观论断，历朝历代的思想家和学者对其内涵进行过反复探讨和表述。《论语·述而》里记叙了有子对其老师孔子思想的描述："礼之用，和为贵，先王之道斯为美。"虽然这里的"和"原意是指诗与乐的配合，在实际理解中却被长期移用在了社会范畴，"和为贵"成为中国人调和人际以及国间关系的经典遵循。由中化生出的许多致生和谐的准则，例如人际交接尊崇礼尚往来、礼贤下士，国家交往强调以德怀远、和平以静，即使是发生不可避免的战争，其最高境界也是"不战以屈人之兵"。（《孙子兵法》）与之同理，用于处世、治世则有中庸之道，《论语·雍也》说："中庸之为德也，其至矣乎！"做人准则是"温柔敦厚"，所谓"温柔敦厚，诗教也"。（《礼记·经解》）治理国家的目标是实现"中和"，所谓"能以中和理天下者，其德大盛"。（《春秋繁露·循天之道》）甚至美学的最高境界都是"中和之美"，所谓"《关雎》乐而不淫，哀而不伤"。（《论语·八佾》）这些表述，范围涵盖了从人际交往、国与国关系、人生修养与奋斗一直到审美的宽阔范域，归结为对人的本质以及事物运行节律的智慧把握——只有"和"才有事物的平稳与有序发展。但"和"不等于"同"，和谐是在不泯灭事物之间区别基础上的共荣共生，即如周幽王的太史伯阳父所说："和实生物，同则不继。"（《国语·郑语》）

当然，中华文化资源里的和谐理念有其缺陷，在为儒家所用的过程中又被一定程度上扭曲，由此产生了负面，那就是陷于一团和气，缺少争竞意识。虽然先哲也曾强调："刚柔得道谓之和。"（《贾子·道术》）但长期社会实践的结果，儒化的社会制度（包括科举制度）的负面戕害，却使中华性格里逐

渐减少了刚性。熟透了的文明展现的是温文尔雅的美好形象，但“和为贵”的理念也助长了清谈之风，彬彬有礼、诗道治国的儒士们不事生理，过于沉湎在精神陶冶里而缺少物欲动力，聪明才智过多地耗费在空虚处，于是晚近中国与工业和科技进步无缘，落后成为必然。历代统治者的愚民政策，更加剧了这种悲剧的程度，中国沦为帝国主义任意宰割的羔羊，民众成为鲁迅笔下“哀其不幸，怒其不争”的对象。这些是中华文化传统里需要扬弃的部分。

19世纪末以来，中国人民追求真理反抗压迫的变革实践，尤其是20世纪后在马克思主义理论指导下成功进行的社会革命，使得中华文化重新焕发了阳刚之气，其结果是一个崭新的社会主义中国屹立在了世界东方。当然，特殊历史时期内以斗争哲学为主导的矫枉过正以及前进中的错误，在一定程度上也使我们脱离了和谐的文化传统。百年革命的反孔、反礼教负面以及“文化大革命”扭曲了人的心理塑形，一些维护社会正常道德根基的东西被移动了，刘少奇同志《论共产党员的修养》这本颇有人生哲理意蕴的书，在“左”的环境中却受到批判，引起价值观的倾斜。新时期以后，市场经济的开辟一度也未能遏制住物质欲望超越社会的和谐界域，延续了几千年的传统道德观无论优劣都在时代的强力挑战面前风化。和平发展的中国不能缺少了传统精神的支撑，脱离文化积淀的趋势必然会引起深层次的社会问题。

排除掉弊端以后，我们就能尊重和正确运用中华传统的和谐资源。儒家伦理里有着许多值得今天继承和发扬的精华意蕴，例如它要求按序列正确处理好人生与社会问题，所谓“修身、齐家、治国、平天下”，从个体的道德完善开始，然后建构起和谐的家庭和社会结构，这是符合人与家庭以及社会的本质关系的。社会发展的过程中会碰到各种利益调整、位置转化、重心迁移，因而需要调和各种矛盾与需求，儒家强调仁爱、克己让人、温良恭俭让的操守在这里就发挥了作用，所谓“己所不欲，勿施于人”。（《论语·颜渊》）尤其处于人口压力巨大而资源匮乏的环境，我们必须正确解决好共生问题，实现多元统一、兼容共生、协调有序、充满活力和大众共享，在民主、自由、平等的基础上维护友爱与诚信，建立起人际关系的和谐之美。周来祥先生曾从事物的本质属性出发认为“美在和谐”，费孝通先生曾把和谐之美归纳为精辟的十六字诀——“各美其美，美人之美，美美与共，天下大同”，都极富启发性。

于是，传统和谐观的精义被再次交付给时代来品味。我们追求的是发展中的和谐，它既不是小国寡民的“自闭”式和谐，也不是世外桃源的幻想式和谐，更不是泯灭是非的和事佬式和谐。身处逆境和反抗压迫时我们提倡奋斗精神与斗争精神，对待社会环境和自然环境时我们提倡和谐相处。我们要在竞争中进步，在和谐中发展，以和谐理念相调剂，走中国传统理想与现实社会进步相结合之路，塑造一个公平、正义的社会整体环境。这是新形势下更高层次发展观和幸福观的体现，是保持中国持续健康发展的原始动力。

三、风景这边独好——由世界文化格局看我国文化和谐理念的倡导

在今天经济全球化和信息技术现代化的世界背景下，文化实力发挥着日益扩大的影响力，成为国家综合实力的重要组成部分。随着国家、民族、地区之间的文化交流、渗透与融合趋势日显，世界上的各种利益矛盾、宗教矛盾、价值观矛盾在文化层面上的冲突也日趋尖锐和复杂，这其中国际霸权主义和强权政治对别国所进行的文化干预与文化渗透成为矛盾的主导方面。世界的和谐与否，已经从主要表现在经济利益和政治利益层面伸延到了文化层面。

20世纪末期，“冷战”局面的结束本应成为一个历史的分界线，它宣判了帝国主义时代以及更早的殖民时代的终结，其时代概念和思维方式不应该再带到新的世纪里来。各文明国家在经济发展基础上的文化交流、融合与互补，理应成为新世纪的大潮。但是，21世纪一拉开帷幕，显露的却是咄咄逼人的强权、霸权与恐怖主义充斥的舞台画面。人类文明走向和谐发展，还有着漫长的过程。由于不肯放弃强权扩张的利益，西方文明面临了一系列的文化冲突危机，哈佛大学教授亨廷顿的“文明冲突论”似乎被“9·11”事件、阿富汗和伊拉克战争、伦敦地铁爆炸案等一连串事件所证实。然而，“文明冲突论”把文化差异视作世界的冲突根源，其立论基础是它种文明的价值观从根本上与西方的不相容，这其中仍然掩藏着势能型思维的定式。事实上恐怖事件所直接宣战的还不是美国和西方的价值观，而是他们贯彻自己价值观的态度、姿态和实质性目的。西方文明扩张遇到了历史上最为麻烦的时期，世界还远离太平。

西方文化传统里的物竞天择、优胜劣汰、适者生存观念有其过于争竞与强权的一面。无条件的效率优先、存在即合理、绝对历史主义的评判标准，极易诱发霸权政治和世界单边化，不利于营造人类和平共处的环境。所以从启蒙主义开始，西方就有不少先哲倾心于东方思想，向往印度的宁静、中国的和谐、日本的悠闲。中国历史上从未出现过西方式宗教独裁的专制主义，中国文化中的儒、释、道三教在长期共处过程中培养了互相容忍与彼此共荣的精神，它们共同孕育了中华历史文明。所以，西方有人极其尊崇中国的和谐观。英国哲学家罗素曾满怀景仰地憧憬说："中国至高无上的伦理品质中的一些东西，现代世界极为需要。这些品质中我认为和谐是第一位的……若能够被全世界采纳，地球上肯定比现在有更多的欢乐祥和。"（《中国问题》）新的发展理念必须摒弃强权政治与扩张主义，而代之以世界的整体和谐，这一点我们从中国传统资源中得到了先知的预言。

东方的发展却是另外一幅图景。伴随着改革开放的经济成功，我国进一步在价值观方面确立起创造和谐文化的内涵，这一理念将成为中国发展的新动力源，也将成为建构世界和平新秩序的理论根源。它通过对中国独特精神资源的发掘与弘扬，把传统文化中由历代思想家所提出的理想社会的合理理念阐发并实行到当代社会的政治、经济和文化领域中去，以之为核心来构建和谐的社会图景，化解发展中的矛盾，调和人们的心态，对世界显示和平、友好、关爱的形象。在中国传统的"天人合一""和合""政通人和""协和万邦"以及"和而不同"的普遍和谐观中，昭示着中华民族先人正确处理人与社会、人与环境、人与自然关系的哲学智慧。这些是我们建设当代和谐文化的宝贵精神资源。

在世界朝着政治多极化、经济一体化、文化多元化发展的今天，多样性是世界文化的基本特征，平等性是世界文化的根本要求，协调性是世界发展的基本思路。为了人类的整体利益，我们必须摆脱不和谐的国际秩序，确立多元文化的价值观，理解、宽容和尊重各种不同的生存方式与发展道路。在此基础上奠定的我国外交平等互利、多边合作的原则，正越来越多地为世界所接受并成为国际交往的共通准则，中国和平发展、共同繁荣理念的影响力正在日益增大。其直接效果是，我国在国际事务中所发挥的作用日益增强，近年来我国积极参与的一系列国际合作组织会议的成功召开——亚太经合组织会议、上海合作组织峰会、中非合作论坛北京峰会以及东盟与中日韩领导人会议等，都弘扬着同一个和平发展的理念并预示着它的成功。

于是，我们看到了世界上对比鲜明的文化景观：一边是剑拔弩张，一边是鸟语花香；一边是悬崖嶙峋，一边是小桥流水；一边是强势高压，一边是春风化雨。在风起云涌的当今世界舞台上，世界的东方“风景这边独好”。可以预言，21世纪文化和谐理念将为中国的和平发展创造出最适宜的形象和环境，也将为人类的和平发展作出独特而不可磨灭的贡献。

攻坚克难　稳步前行

谈一点对2016年李克强总理政府工作报告的感受。

大家都感到报告写得很实在，不回避矛盾，直指国计民生的现实问题。2015年国际国内发生了那么多的事情，我们虽然不懂经济，但在旁边观察，看到在国内外局面如此复杂严峻的情况下，党中央国务院顶着全球经济下行压力，率领全国人民走出了稳健的步伐，保证了中国经济的软着陆，很让人欣慰。

政府工作报告对2015年工作总结了六个方面，写了六条，哪一条都有着深刻的内涵和凝聚了现实的努力与奋斗。世界经济下行造成哀鸿遍野，2015年增速为六年来最低。而现在中国已经是世界一员，难以独善其身，经济发展受到世界的整体影响很大，因此世界经济下行对我国经济造成了直接的冲击和影响。中央想了许多办法，例如我们看到总书记、总理在世界范围内全面出击，为中国争取合宜的发展环境，做了多少工作。克强总理亲自推销高铁，推销中国制造，很辛苦。随着中国崛起，周边紧张增强，“钓鱼岛事件”后，南海问题成为热点，政治和经济问题搅在一起，现在已经不是东风压倒西风或是西风压倒东风的问题，而是“任尔东西南北风”了。我们看到世界各国一方面争着搭中国经济快车，还互相吃醋互相攻击，说××向中国献媚，反过来又骂中国，唱衰中国、做空中国。对这些不利因素中央一一化解和克服，在全球展开积极进取和攻坚。应该说，2015年中国GDP6.9%的增速对世界是作了贡献的，否则世界增速还要下降。所以有句话说“中国站稳了世界第一阵营”的脚跟，这也是坏事变了好事。

国内经济形势也很严峻，进出口总额下降，一些行业产能过剩，钢、煤，只能去产能化、去库存化，不能再粗放型、投入型拉动经济，再投入四万亿不行了，房子盖好了没人买，鄂尔多斯鬼城，可是翻过来人又没有房子住，买不起。中央也想了很多办法，例如提升服务业比重，拉动消费。中国人不是没有消费力，而是没有国内消费力，只有全球消费力。中国组成日本抢购团、世界抢购团，买空日本（从尿不湿到牙签），买空香港和欧洲奶粉，其中许多买后发现是made in China，说明购买力极其强健。但为什么不买国货？品质不高。所以要加强供给侧结构性改革，真正从市场需求出发，减少无效和低端供给，扩大有效和高端供给，生产出百姓需要并能够放心使用的产品来。还要实施创新战略，增强中国制造的原创力和核心竞争力。看到一则报道，中国每年生产圆珠笔70亿支，圆珠和墨水配方却是人家的专利！这种状况不能再继续下去了。

我还注意到李克强总理极力推行的一项工作是取消和下放行政审批事项。因为经济发展到今天，官僚体制的遏制成了发展的“瓶颈”。我们历来实行的是官吏管理体制，官吏就是管理，就是管你和代替你理政理财，就是过去生产队长敲钟敦促农民种地。而现代工业社会强调的是市场自主配置资源，西方资产阶级革命解决了现代社会公民身份和权利的问题，公民自主从事生产，国家则是服务。所以总理报告极力强调政府职能转变，去年取消和下放那么多的行政审批事项，宗旨就是两条：一是推进简政放权，二是变管理型政府为服务型政府。刚看到习总书记在讲话中说，新型政商关系，概括起来就是“亲”和“清”两个字：“亲”就是政府要为企业服务；“清”就是官员和企业家之间的关系要清白。

这些措施最终实现了我国6.9%的经济增速，虽然放缓，但保证了经济运行保持在合理区间，因为必须保持发展的匀速惯性，保持一定的低失业率，才能使我们的社会正常运行。而这个增长率是在我国经济总量超过60万亿元的高基数上取得的，极其不易。

工作报告对2016年工作的八个方面部署，都讲在了实处，充分显示了中国经济自信前行的姿态。相信党中央和国务院一定能够带领全国人民，用奋斗赢取未来，做好小康社会决胜阶段的良好开局。

这其中，我比较关心的是新型城镇化的问题。城镇化是现代社会发展的必然趋势，也是目前中国社会发展的自然趋势，因为大量农民工已经进了城，还有更多的农民需要进城，必须解决他们的名分问题以及相关的工作、户籍、孩子教育、社会保障和公民权利等一系列问题。这是一个一亿人进城落户的巨大安居工程，任务非常艰巨。搞得好了，可以如专家们论证的，能够释放据说是我国当前最大的发展潜力和动能；搞得不好，农民失去了千百年来和土地的联系，进了城又没有稳定的工作和收入，将酿成巨大的社会问题。近年来，随政协到各地考察，看到一些地方政府的不合宜做法，盖了房，把农民集体搬迁往里一放，后面的不管了。那不是推行新型城镇化的正确做法，必须有完整的配套措施和后续民生战略进行辅助。所以希望中央能够密切监督城镇化的全过程，保证这一民生工程的合理实施与最后成功。

弘扬中国精神　凝聚中国力量

一、从一般意义上讲，文艺对国家、社会、个人具有什么样的作用

由于一个时代的文艺作品有效作用于当时的社会精神，对于民众具有不可替代的审美引导力、情感升华力和情绪感染力，因而或彰显幽微或潜移默化地引领和影响着时代心理。优秀文艺作品作用于国家层面则凝聚民心、提振士气、增强向心力，作用于社会层面则激励上进、纯化风习、氤氲祥和气，作用于个人层面则升华情感、陶冶情操、净化心灵。

诗言志。时代性的文艺作品总是集中了全民的理智与情感，总括了当下的审美趋势，囊括了一个时代的脉搏与心声。古希腊悲剧映现了雅典人崇尚英雄挑战命运的精神与无法战胜自然力的心理矛盾，文艺复兴呼唤了神权桎梏下人性的觉醒与复苏，启蒙主义文学成为人的理性自觉的先声，浩瀚的唐诗是盛世文学留给全人类的宝贵遗产，五四新文艺则是启唤民智救亡图存昭示出中国新前景的激越鼓声。今天走在复兴大道上的21世纪中华文艺，应该把什么样的影像投射到人类星空?

二、为什么说文化繁荣是复兴的基础？当前时代背景发生了哪些变化？文艺应当起到什么样的作用

习近平总书记说：“实现中华民族伟大复兴需要中华文化繁荣昌盛。”从近代屈辱中萌发的中华民族复兴之梦，先后经历了救亡图存、反抗侵略、独立自主、加快发展几个阶段。改革开放给21世纪的中国插上经济腾飞的翅膀，人民心底也在强烈期盼有着五千年悠久历史和古国文明的中华文化能够浴火重生。这就是时代心声，这就是中国精神。中国精神的柔韧与刚强，使之从传统

血脉和历史基因中摄取底气，从久远记忆和百年挣扎中锻铸斗志，从迅速上升和力量爆发中控驭心智。

文化是基因、血脉、历史烙印、民族记忆、当下创造力和蓬勃度的一整个精神物质融合体，它决定了一个国家心胸的深度与厚度，也决定了它在人类历史上的重量和质量。国家富强不仅体现为国力上升，民族鼎盛也不仅体现为民族繁兴，任何一个人类文明发展阶段都是综合实力的整体提升，包括文化量的极大积累和存储。尤其中华民族的历史辉煌都是文化而非霸权的辉煌，夏商周三代、汉唐的维度都指向民风淳厚、文化繁荣的坐标。中华智慧自古以来都极为重视累积和增修文化厚度，历来反对好大喜功式的穷兵黩武。

三、社会主义文艺和社会主义核心价值观之间存在什么样的关系？文艺怎样弘扬社会主义核心价值观

应该自觉意识到：我们这些老子和孔子的后裔、历史辉煌的创造者，这个有着悠久文明而又在现代社会转折中起死回生的泱泱大国，这个日益走向世界和影响全球的主权国家与民族，她的内在动力是什么？对于人类文明前景有着自己怎样的理解和憧憬？能否为今天的世界提供新的精神推动？把握住这些，就触到了中国精神的脉动。

文化认同成为现代世界极为重要的构成因素，缺乏文化认同就产生理解歧义，导致猜忌、挑衅、攻击、毁灭，一个缺乏文化认同的国家必然走向分裂和衰败，一个缺乏文化认同的世界必然陷入混乱和无序。能否使全国人民以及全球民众在不同层次上构成文化认同感，这是崛起的中国应有的文化担当和文艺使命。

四、当下文艺界存在着哪些不尽如人意的现象？为什么会出现，应如何纠正或避免

当下中国文艺遭遇的是一个从未经历的生态环境，全球化浪潮与媒体革命的共振结构出斑斓变幻的现代商业社会，资本为王造成文艺价值观扭曲，市场导向成为某些创作的唯一鹄的，唯利润马首是瞻派生出倾仄的创作功利，谄

媚俗众心理支配了相当的创作走势，迎合国内与世界不同公众口味成为一些人的嗜好，这些都搅浑了文艺作品的纯净性、高尚性和精神性，催生出文艺创作的浮躁心态。当下的创作浮躁既体现在作者幻想一夜成名、一夜暴富的中大奖心态，又体现为作品的脱离现实土壤、缺乏想象力和缝补拼凑。它们成为文艺创作走向成功的拦路虎，也透视出我们国民仍然欠缺的理性程度和成熟水平，这与世界性中国的应有形象构成较大反差。

传统国家的文化延伸与创新

所谓“传统国家”有两个标志：一是旧有文明曾经灿烂辉煌。二是近现代被工业化和现代化。一般来说，第三世界国家许多在此范围之内。此类国家中的一些——如中国，有着激烈抛弃传统以求改革的经验和教训。

如中国新文化运动。一是不得不矫枉过正以打翻一切传统，否则连修铁路都得为风水和祖坟让路，传统的强大使改革遭受到不可逾越的障碍与抵制，所以中国不得不直接从封建帝制跨入民主共和而无法走君主立宪之路。二是又不得不在之后承受其恶果，传统被抛弃后，社会就沦为西方文化的倾泻场，尤其当我们高扬“与世界接轨”的大旗之后。我这里并非对“与世界接轨”持异议，恰恰相反，秦始皇的“书同文，车同轨”奠定了中华文明的繁荣之基，明清的闭关锁国造成了中国近代的落后挨打，所以中国必须向世界敞开大门才有地球生存权。问题在于，开门之后既接纳了西方现代科技文明，就同时接纳了西方传统文化，那么，我们的传统文化摆在哪里？难道只有弃之如敝屣？

西方对传统反而不持这种态度。因为最初西方工业革命是从其自身肌体里自然长出，是它生产力发展的必然结果，它因而对自身传统有着血亲感和荣誉感。而传统国家则或者是被殖民后被动地植入西方文化传统，或者是为寻求道路而学习、模仿与引进西方文化传统，因而自身传统成为无价值或低等存在而遭到轻视与漠视。近年来连节日都成了与西方共度了，最流行的是情人节、圣诞节，再往后恐怕鬼节也要粉墨登场了。学习和模仿他者传统的结果，是自身传统的被覆盖与遗忘。

日本的脱亚入欧过程短而轻快，因此早早开始了现代化反思，回过头来重视保护传统文化，在全世界首先设立“文化保护财”机构来重点扶持能乐、歌舞伎等传统文化种类。中国、印度则长期挣扎在殖民半殖民状态里，中国还有过战后的重建和急迫工业化转型，这个过程长而沉重，传统于是被冲击得七零八落。

然而世界越来越认识到文化多样性的价值，认识到传统国家的文化遗产作为人类遗产之重要性与不可复生性，尤其认识到它们作为现代创新的出发点与灵感源的价值和意义，因而日益重视对其保护，这就是人类非物质文化遗产保护行动的理念基点和立足点。

事实上，文明都是传统累积与裂变的结果，没有任何一种文明是无根的，除非天外文明突然闯入。因而人类文明与文化的每一次迸发都得益于传统。仅以人类的文化创造为例。我在一篇文章里描述："对传统的发现与再发现，为人类艺术史上特别是当代艺术的创新提供了不竭的动力源。20世纪欧美艺术家从非洲、澳洲土著艺术里寻找到创作灵感，诱发了现代派艺术的崛起。欧美戏剧家从日本、中国、巴厘岛古老戏剧样式里发现了表演的原始可能性，促成了舞台变革的大潮。中国戏曲研究者从边缘闭塞山野乡村的傩戏、目连戏里发掘出传统表演的始原基因，惹动了当代戏剧创新的灵感。传统激成了人类历史上无数次的创造力迸发重复证明着一个真理：人类文明的任何过往都在指向着未来。"我们还看到，西方文艺创作在发掘东西方传统资源方面的广取博收，他们自己的哈姆雷特、安徒生童话百变千创的同时，美国好莱坞把阿拉伯、印度、日本元素也嫁接过去，近年来甚至把中国的花木兰、功夫熊猫以及杨家将都转换为西方语码然后推出。这些都说明，传统永远是创新的渊薮，传统国家资源照样可以为现代文明所转接。

而传统国家的文化积累更加丰厚，如中国这样五千年传统延续不断的国家文化积累尤其丰厚，如果她的现代化进程大幅抛弃传统资源，那无疑是对自身价值总量的极大砍削和对人类资源的无知浪费。当下人类文明已经进入了东西方文化融合互补阶段，现代工业文明缺少了传统中国的资源注入会显得极不完整，我们应当清醒认识和自觉意识到这一点。

所以我的观点是：后发实现工业化的传统国家，一定要将保证自己的传统延伸放在第一位，从而为自己的文化创新乃至世界的文化创新保留一畦根脉，也为人类对既往家园的精神寻根保存一块归栖之地。

汉族古村落民居的价值

我是文化学者，从20世纪90年代开始关注古村落保护。我国古村落有不同内涵。一种是少数民族民居，由于其具备较大民族性与文化独特性，以往比较重视。另一种是汉族古村落，其内涵仍需重新认识。而由于存量较大，司空见惯，人们对其价值往往认识不清，或者似是而非，以往破坏较大。

一、文化内涵

我调研后认识到，汉民族建立起以儒学为主导的社会政治形态、文化形态和生活形态，渗透到社会的各个角落。自然经济的聚族而居、渔樵耕读的传统村落形态是中国封建社会之本，是其最小的细胞。封建时代的士子、官僚、商人，都是以村庄生活为依托，从这里出发走向城市、走向全国，然后又回到村庄。传统村落是中国封建社会的家园。因而，历代成功人士都经营村庄。他们在外面做了官，赚了钱，见了世面，提高了文化品位，携带着巨大的财富和丰富的文化信息回来，将心力倾注于营建村庄生活环境，极大提高了乡村生活的品位，留下众多令我们今天惊叹不已的文化遗迹。这些遗迹是中国封建时代官、商、农结合而一社会形态的产物，是那个时代辉煌的印证。乡村社会是我们民族的一支传统血脉，是民族文化的根须、土壤和灵魂。

二、两种类型

全国汉族古村落分布，主要可分为南北两方。本来北方为祖基，南方则是北方人南下后的居地，当然北方应该更加重要。但从今天存留的村落看，事实正相反。北方由于战乱频仍，乡村破败，村落不容易留续。汉末曹操在西安洛阳一带看到的是“白骨露于野，千里无鸡鸣”，五胡乱华时中原人口几乎屠杀净尽，金占领时范成大在中原看到的是到处废墟。明初不得不组织大槐树移民以恢复生产力。所以北方村庄独姓者少，杂姓者多，少有宗祠，历史短暂。我下乡地方的中原一带都只有土坯茅草房，改革开放之后才逐渐换成了砖瓦水泥房。

反而是南方，由于衣冠旧族南移，更好地保留了中原文化根脉，又由于离乡背井更加珍惜传承，就像今天台湾地区、海外华人甚至日本、韩国对中华传统文化更加注重保护一样。所以南方古民居和古村落较早较古，承继千年不变的村落很多，有更多传统文化内涵，例如八卦易经、山水协调、宗族文化、耕读传家等。因此看汉族古村落要到南方去看，了解汉族传统生活要到南方古村落里去找。

今天北方古民居只在较为偏僻的山西山区保留一部分，平原地区几乎难以见到，而且时间晚。山西最多，一方面是其得天独厚的自然环境，藏在太行、吕梁两大山脉之间，气候干燥便于古建筑保存，今天唐宋古建筑基本上都在山西。另一个更重要的因素是明清山西商人崛起，官商结合营建的古堡寨子，仿京城王公贵族宅地，气势恢宏，又有军事坞堡功能，但不如南方精致文雅和更加日常生活化。

三、农村破败的历史和现实原因

今天农村破败的原因，一是晚清中国农村破产，帝国主义掠夺、军阀混战、水旱蝗灾，清朝“康乾盛世”积攒的国力民财毁耗净尽。二是抗日战争和国共决战，蚀尽了国力。新中国成立后流离农民分配集中居住在过去深宅大院里，无产权仅使用权，吃“大锅饭”只消耗不维护，经常疑惑过去祖先怎么有这么大财力建起高宅深院，为什么今天连维修都无力。因为过去村落的钱是从外面带回来的而不是庄稼地里长出来的。新中国成立60年实行的举乡村以养城市、奉农业以养工业政策，使得农村无力维持祖业，也再没有外出工作者有力量帮家乡维修祖业。新时期以来的农民工最初都把钱寄回家盖房，盖新房比维修老房既容易又省钱，后来干脆也不想回去了，在城市安家脱离了根。

四、对策措施

知道了这些历史背景，制定政策时就会有针对性。靠农业是养不活古村落的。今天的城镇化建设资金应该投入。另外，主人不得利，群众无积极性，投钱就是投入无底洞。要转变以前的保护观念和操作思路：其一，对传统村落进行保护的手段，不是都要改建成博物馆，而是要建民俗村。其二，保护的目的不是为村民和地方从中直接获取经济效益，而是要维护好传统生态。其三，要加大政府投入，借重但不是乞灵于更多引进资本。其四，要树立起村民的主体意识，不是各级政府要来用外力保护他们的村落，而是他们自己应该保护好自己的生活环境。其五，更要防止引进资本支配了村民的自主权，村民得不到利益。其六，要防止各级政府思路的政绩工程趋势，防止因关注和重视所带来的不当保护措施加剧对传统村落造成进一步的开发性破坏。

诗词曲赋作为人类非物质文化遗产的独特价值

今天世界眼光开始关注人类非物质文化遗产，十年来各国申报的非物质文化遗产项目数以百千计，但人们好像还没有注意到：语言是人类最本质的文化遗产，文字又是语言最重要的组成部分，而诗词曲赋则是人类语言和文字富于美学意味的精粹结晶，因而是具有独特价值的人类非物质文化遗产。

一、语言和文字是人类最重要和最本质的文化遗产

人类之所以能够从动物超越出来而成为这个星球的统治者，就是因为有了语言、有了复杂思维，语言是人类思维和表达的基本方式。

语言的最高形式是文字，文字是记录和传承语言的最好方式之一。有了秦皇统一的汉字，才有今天汉族语言的统一，否则闽南语、客家语、粤语、吴语和北方话的区别不会小于欧洲各国语——印度40多种方言彼此不能沟通，却只能用英语作为官方语言的悲剧未在华夏发生。

文字记录生活与历史，我在土耳其博物馆看到一块赫梯人的楔形文字泥板，上面就记录了6000年前一位商人妻子的叮嘱与担忧。甲骨文让我们部分了解了殷商，但前面的夏代历史缺乏文字记载，仍然需要探求，于是就有了李学勤先生主持的夏、商、周三代断代工程。三星堆、金沙遗址没有文字，一个灿烂的文明就长久湮灭而不为人所知，今天仍留下一堆问号。

有了汉字，中国就有了二十四史，甚至连周边国家的历史也被记载和反映。日本、朝鲜、越南最初都用汉字写历史，《日本书纪》《三国史记》《大越史记全书》等皆是。今天韩国民族主义精神高涨，在文字中清除了汉字，年轻人就无法再阅读原版历史。连土耳其今天研究奥斯曼帝国史也仍然要从《明

史》里寻找蛛丝马迹。

所以，有文字支撑的语言是人类传承文明的一条根本渠道。

二、诗词曲赋是语言的精粹形式，是人类运用语言的智慧结晶

人们在实践中发现语言有节奏和韵律，有音节美和声韵美，于是开始利用它为美化语言形式和强化语言效果服务。

最初的诗歌是劳动诗，所以马克思主义认为艺术起源于劳动。例如《吴越春秋》里面记载的一首狩猎诗《弹歌》："断竹，续竹，飞土，逐肉。"（砍断竹子，制作竹器，发射泥丸，射击野兽）念起来两字一句，各自押韵（虽然普通话不押韵，但我用湖南话念就押韵，这是古今语言发生变化的缘故），以最精粹的形式表达了意义，同时又赋予其音韵美感，于是易诵易记，感染力大大增强。

随着语言的演变和时代风气的转换，汉语发展出诗词曲赋多种韵文形式，形成赋、比、兴原则和四言、五言、七言到杂言诗、到词到曲，还有赋、颂、骈文等不同的规则要求，就构成人类语言中最有音乐感、表现力、传达力和感染力的一支。我们都知道莎士比亚的十四行诗，西方汉学家更知道中国有着格律、韵脚和规则严格得多的各种古体诗歌。

三、韵文的演变规律：渐近自然

古人曰："丝不如竹，竹不如肉。"丝弦乐器不如竹制乐器，竹制乐器又不如人声。为什么？以其渐近自然也。四言、五言、七言诗歌的发展也是如此，古诗十九首对诗经的四言构成重大突破，三曹七言诗又对古诗形成突破，屈骚自由体汪洋恣肆地运用更是为中国文学增添了奇谲瑰丽的色彩，它的登峰造极则是汉赋的极致，最终走向了语言与文字堆砌的负面。由诗到词到曲的变化，日渐放松平仄韵脚的限制，增加对衬字的运用，日益接近口语，就是所谓的"渐近自然"。所以到了明代时候，人们已经知道自觉从民歌中汲取创作源泉，明人李崆峒教人在汴梁市井上听人唱歌来提升自己的诗歌水平是一个典型的例子。据李开先《词谑》记载，有人问李崆峒，写诗有什么诀窍呢？李崆峒说，你到街市上去听听吧，一定有所收获。于是那人就在汴梁市井里游逛，听

到市民到处都在唱小调，真让人心有所动。回来对李崆峒说：诚如所教。一直到毛泽东“五·二三讲话”提倡向人民群众学习语言和诗歌，延安诗人开始挖掘民歌的宝库，创作出许多鲜活生动的诗歌来，丰富了我国的诗歌宝藏。例如李季的《王贵与李香香》用信天游体：“山丹丹开花红姣姣，香香人材长得好。”比兴起势，有着浓郁的民间气息。我最近才知悉，信天游最初甚至是匈奴、突厥等游牧民族的民歌，由来已古。又如阮章竞的《漳河水》：“漳河水，九十九道湾。层层树，重重山。层层绿树重重雾，重重高山云断路。”极富音节美、色彩美，声韵铿锵，果然名作！

四、珍惜这一传统文化结晶

眼下我们面临全球化背景下保护本土文化资源、守望精神家园的重任。什么是我们的精神家园？古典诗、词、曲、赋都是寻找我们情感寄托、身份认同和精神归属的对象，也就成为我们最重要的精神家园之一隅。诵起“床前明月光，疑是地上霜”，就勾起浓浓的乡念；想到“独在异乡为异客，每逢佳节倍思亲”，就引来沉沉的乡情；“少小离家老大回，乡音未改鬓毛衰”的诗句，催发出的是对岁月的感慨；“枯藤老树昏鸦，小桥流水人家，古道西风瘦马，夕阳西下，断肠人在天涯”的意境，唤起的是对人生旅迹的沉醉。这些都沉淀为我们民族的集体记忆，化为我们民族共同的精神魂魄。诗、词、曲、赋因而成为我国独特的非物质文化遗产，需要加以百倍珍惜和好好保护。

今天我们学写诗、词、曲、赋，首先当然要重视和认真学习其古典形式与格律。虽然如毛主席所说，今人做古诗不能太拘泥于格律，更不能因词害意，但你必须要先了解它、熟悉它、掌握它，然后才谈得到突破它和超越它。如果没有这样一个过程，从一开始就打开枷锁、放开裹脚布，没有体会到“戴着镣铐跳舞”的滋味，当然写不出古典的感觉。那么你就去写新诗好了，可以随你的思绪自由奔放，纵马由缰。

诗、词、曲、赋在我们今天创造和谐社会的文化氛围中，自有其不可替代的价值与意义。

"一带一路"与丝路文艺

丝路起源于陕西、三秦尤其是关中地区。关中大地是我们中华民族皇天后土最深厚的地方，它不仅出青铜器，出陶罐，出兵马俑，还出文学。博大的汉赋、辉煌的唐诗、近现代有粗犷的秦腔，延安平剧院推出了第一部改革京剧——《逼上梁山》，还有特色民歌——信天游，它的乳汁哺育了现代最好的诗人李季、贺敬之。当然，这里的风土民俗也养育了现当代最有成就的小说家——柳青在它的厚土上创业，路遥在它的氛围里体验人生，新时期并出现一支扎根黄土的文学陕军，白鹿原上走出陈忠实，商洛山里走出贾平凹。

我们知道，丝绸之路有陆路、海路两条。最早是陆路，就是周、秦、汉时期的西域之路，那时主要是运送丝绸，所以叫作丝绸之路，因为那时西方把蚕丝叫赛里斯（拉丁文：Seres），所以中国最早的译名不叫China，而是赛里斯。China是指瓷器，运送瓷器是汉唐以后的事情了。陆路运输瓷器太繁重，于是又开辟了海上通道，瓷器通过海上运输占据了欧洲16世纪以后几百年的市场，中国就叫China了。所以说，影响东西方经济文化交往更加长远的不是海上通道，而是西域陆路。所以这条路不叫陶瓷之路而叫丝绸之路。

丝绸之路形成后，东西方文化交流的通道打开。最早的文化交流总是宗教先行。我们知道汉唐许多西方宗教派别从陆路传到中国。先是东汉末的佛教。后凉时候西域高僧鸠摩罗什来到中国，一生翻译佛经94部425卷。后来人们不满足于这些经书，于是有东晋法显、唐玄奘的西天取经。法显399年从长安出发，经西域至天竺，游历20多个国家，收集了大批梵文经典，历时14年而归国。唐僧于贞观元年始，历时17年，西行五万里，到达印度佛教中心那烂陀寺，遍学大小乘各种学说，带回佛舍利150粒、佛像7尊、经论657部。唐代又有景教、明教、犹太教等东来长安。景教是基督教的东方亚述教派，今天西安碑林有唐建中二年（781）在长安义宁坊大秦寺立的《大秦景教流行中国碑》，马可·波罗说，元代北京、大同、扬州、杭州、镇江、温州、泉州都有景教徒和景教寺。明教即摩尼教，北宋末方腊就是利用明教而鼓动浙西农民起义的。犹太教，开封犹太人宋代迁入汴京时带入，今天还有教堂，但早在公元76年罗马皇帝提图斯攻占耶路撒冷后，犹太人四散奔逃，就有一支经由波斯迁入中国。至于16世纪利玛窦开始的天主教耶稣会士来中国传教，则是海路过来的了。各种西来宗教都在中国生根立足，充分说明了汉文化的融合本性。丝绸之路又成为最大的民族融合地带。汉代的匈奴、唐代的突厥、五代宋的回鹘，都融合到了一起。所以我们今天陕西和北方的汉族，都很难说清楚是否纯种了。

丝绸之路如此重要，所以汉唐历代只要有了实力就会努力经营。汉武帝雄才大略，任用卫青、霍去病深入朔漠攻击匈奴，尽管在历史上留下穷兵黩武的骂名，却建立起了汉人最大的版图，使当时的中国成为和罗马帝国对峙的二元世界。皇帝的概念即由此而来，欧洲公国的领袖只是国王，而恺撒、汉武帝、成吉思汗则是大帝。所以1793年英国使臣马噶尔尼谒见乾隆皇帝就遭到了大皇帝对国王的轻视。唐代版图一直延伸到了中亚，安西都护府的统辖区域触到了波斯。

丝绸之路上的文化交流频繁。汉朝就有罗马魔术师和杂剧演员来长安表演，中国的狮子也是那时从安息（伊朗）进来的，后来成了汉族建筑大门外的守卫者。唐代西域乐舞涌入中原，天竺、安国、康国、疏勒、龟兹等国乐舞都在唐朝宫廷中占有一席之地。而佛曲的东传以及梵剧的东进，影响了中国戏曲在五代、宋朝时期的成熟。

虽然中国对西域的经营从来不乏武力陪行，伴随着丝绸之路看得到长城的一路绵延，一直延伸到阳关。但是对中国的真正威胁恰恰来自反方，是没有修砌长城的海岸线上来了西方势力的坚船利炮，他们用鼻子嗅着瓷器之路一路追寻财富而来，造成了近代中国的衰败。明清两朝感觉到威胁，于是实行海禁，对付不好对付的敌人只好采取鸵鸟政策。近代的全球分割不是陆地的延伸了，而是从海上包抄，所以今天航空母舰重要。现代中国的对外交流口岸是上海、广州、香港，而西域则被历史长久地忽视了。

今天，世界多极化、经济全球化、文化多样化、社会信息化，区域发展成为当下敏感而又重要的话题。传统全球化由海而起，由海而生，沿海地区、海洋国家先发展起来，陆上国家、内地则较落后，形成巨大的贫富差距。传统全球化由欧洲开辟，由美国发扬光大，形成国际秩序的“西方中心主义”，导致东方从属于西方，农村从属于城市，陆地从属于海洋等一系列不平衡、不合理效应。如今，“一带一路”正在推动全球再平衡。“一带一路”鼓励向西开放，带动西部开发以及中亚、蒙古等内陆国家和地区的开发，在国际社会推行全球化的包容性发展理念；同时，“一带一路”是中国主动向西推广中国优质产能和比较优势产业，将使沿途、沿岸国家首先获益，也改变了历史上中亚等丝绸之路沿途地带只是作为东西方贸易、文化交流的过道而成为发展“洼地”的面貌。这就超越了欧洲人所开创的全球化造成的贫富差距、地区发展不平衡，推动建立持久和平、普遍安全、共同繁荣的和谐世界。

中国的崛起及在21世纪取代了20世纪90年代“亚洲四小龙”成为区域发展龙头，日益挑战旧有秩序，引起美国的警惕与联合周边势力进行封锁和压制。西域则成为中国的一个重要突破口。眼下中国产能过剩、外汇资产过剩；油气资源、矿产资源对国外的依存度高；工业和基础设施集中于沿海，如果遇到外部打击，容易失去核心设施；而周边邻国与中国加强合作的意愿普遍上升，都希望搭上中国的经济快车。这些是中国推行“一带一路”战略的重要立足点。而以往在地缘政治和地缘经济天平上处于偏远荒凉不利地位的西域，可以很容易地被今天的交通、科技和通信条件克服，中国的高铁一夜之间拉近了世界的地面距离有目共睹。丝绸陆路经济带贯穿亚欧非大陆，一头是活跃的东亚经济圈，一头是发达的欧洲经济圈，中间广大腹地国家经济发展潜力巨大。他们还有着与我们的共同历史情感，例如土耳其和以色列。土耳其历史也曾经辉煌，奥斯曼帝国战胜了罗马帝国，近代也有一个据认为和毛泽东一样的领袖人物阿塔土克带领人民赶走帝国主义而独立。新疆文联阿扎提·苏里坦主席和我一起出访土耳其，说那里的许多词语他都能听懂，许多农具、家具、玩具都和新疆的一样。以色列的犹太人是最知道感恩的民族，他们“二战”纪念馆里种有中国林，用以感恩上海、哈尔滨对犹太人的救助，听说我们是中国人就十分惊喜。这成为我们有效突破海上封锁、另辟蹊径掘路前行的井喷口。

总之，我们与区域国家在“一带一路”战略中共建西域，秉持开放的区域合作精神，致力于维护全球自由贸易体系和开放型世界经济，旨在促进经济要素有序自由流动、资源高效配置和市场深度融合，推动沿线各国实现经济政策协调，开展更大范围、更高水平、更深层次的区域合作，共同打造开放、包容、均衡、普惠的区域经济合作架构。它符合国际社会的根本利益，彰显了人类社会的共同理想和美好追求，是国际合作以及全球治理新模式的积极探索，将为世界和平发展增添新的正能量。

文艺人的精神担载

当文艺“进化”到私人写作、个体时代以后，泛化的立场折射出万花筒般的价值效果：不规则、无序、细微、琐碎。它虽然色彩斑斓、有更宽广的包容度、给时代增添了柔和的光线，但也因过于随意、缺乏导引性而炫人眼目，甚至时而迷失在规则失范当中。于是我们只得重提文艺的终极目的性，重新讨论文艺人的担载精神、责任感和道德良心。

虽然我们不再以“文以载道”的强制性框范来约束文艺创作，尽情见性、悦性怡情而以审美愉悦作为创作和欣赏中轴的社会鉴赏约定已经形成，但这不等于文艺人可以放弃他对社会精神担载的责任。尤其社会正处于激烈的转型期，人们被卷进商业和消费社会沸沸扬扬的物质旋涡，旧有的和外来的价值观互相激荡，正常稳定社会里被压抑的不良恶习沉渣泛起，人们一时无所适从。这时的文艺人明显责任重大，因为他必须用作品去和人们讨论如何辨识真善美与假恶丑，去创建使人们心态复归于和谐美好的精神氛围，去呼唤人们建立起生活的信心和对未来的美好理念，而不是简单听凭个人兴趣和爱好的牵引、信马由缰地随意抒发个体情怀，甚至由着自己心底欲望的膨胀，把创作当成自我发泄的通道。

文艺可以是个人抒怀遣兴的对象，但绝对不是个人随心所欲的工具。首先，文艺的效果和影响力有客观性，它既能够引导一个时代的风气朝向高尚、纯净和美升华，也能诱导社会朝向卑劣、藐小和丑陋发展，其决定全在于作品的倾向性，要靠创作者来理性把握。我们不是听到有关电影《天下无贼》是否引导了小偷的谈论吗？平心而论，《天下无贼》的主观导向还是好的：一对小偷对人类纯真情感的关爱和怜惜，促成了他们保护心底一片净土的行动。人们也说，一部文艺作品不能选择它的观赏者的好坏，好人看了自然还是好人，坏人看了做坏事我也没有办法，所谓“清者自清，浊者自浊”。这有它一定的道理，但并不全面，即创作者事先必须考虑作品效果的客观性，主观上要尽量把它导向好的方面。这就是文艺人的责任。既然文艺作品是可以从不同角度来欣赏甚至模仿的，文艺人就有责任在作品中自觉提倡美而遏制丑，努力把握文艺作品的良好社会效果，来实现自己对文艺的精神担载和作品的正确价值导向。

其次，文艺作品的创作者可以有选择表现对象的自由，但如果他对于某些恶的现象心怀企羡甚至情有独钟，例如滥性滥情、暴力、恶性权力、阴私心理，对之不加节制地渲染，则会诱导读者心理的倾斜。我很佩服众多有“绿色精神”、敢于担载的文艺人，他们倾情于对建设者的礼赞、对文明的追寻、对崇高精神境界的顶礼，他们支撑起了健康文艺的大厦。尽管，钟情于个人化的叙述而宁愿放弃社会担当精神，源于文艺界对“宏大叙事”模式的反拨，但反拨失当的结果却要引起我们的充分警惕。文艺人要做的，一定要是跟提高人的精神纯洁性、创造美的事物相关联的事业。

其三，文艺人须有高于社会一般文明程度的素质基础，不能相信一个道德水准低于一般水平的人能够创作出高尚的作品来，以其昏昏而能够使人昭昭。最近因一些影视剧组缺乏基本的环保意识和良心意识而引发的社会批评，表明了我们文艺队伍的缺陷。作为精神文明的创造者，文艺人首先应在心中设立较高的道德底线，要求别人做到的事，自己要先做到。古人云：己所不欲，勿施于人。反之亦然。文艺人尤其需要知耻，要做不使我们的环境遭受侵害的事，不使我们的民族汗颜气短的事，不使我们的祖国被辱蒙羞的事。龚自珍说：“士皆知有耻，则国家永无耻矣。”要求古代的“士”做到的事，今天的文艺人更应该做到。

总之，文艺不是个人发抒梦呓的手段。文艺作品一旦生产出来，迟早会进入社会流通，从而产生精神影响。真善美的东西会发挥正面导向作用，反之亦有反效果。文艺人的作品，乃至文艺人的一言一行，都体现出其个体形象和水准，把创造者印在了历史的画布上，使你成为没有隐私的公众对象。人们常说文艺人是人类灵魂的工程师，当你创作出作品来的时候，你就在精神层面上与观众搭建起了一座沟通的平台，任由历史来评判。难道文艺人可以掉以轻心吗？我们当然不是说文艺人必须成为道学家，用创作来压抑人的天性，恰恰相反，文艺要激发人们的想象力，唤起生活和劳动热情，用美的眼光欣赏大自然和环境，激励为理想的目标而奋斗。文艺不是要粉饰太平，而是用理想鼓舞人们去克服现实困难，摆脱阴冷晦涩，排除社会毒素，创造一个适宜人的自由发展的和谐环境。

文艺的变与不变

毛泽东《在延安文艺座谈会上的讲话》70年前判明了中国现代文艺的正确方向，其论断由于契合了文艺的本质属性，因而构成不变的真理性，该文遂成为中国现代文艺理论的经典文献。

70年过去了，今天的中国社会已经发生翻天覆地的变化，从半封建半殖民地迈进人民民主主义进而达到了初步社会主义小康阶段，我们的社会生活和所面对的外部世界都已经与以前截然不同，"讲话"的有效性还能继续维系吗？我们今天的文艺批评能否摆脱"讲话"的总括？

带着这个假设，我重温了"讲话"的理论精髓，惊讶地发现其中确立的文艺立场问题，也正是今天的文艺所面对的核心问题：为什么人的问题和如何为的问题。尽管今天的社会基本任务已经从民族战争转移为持续性的经济建设，基本目标已经从反帝反封建转移为民族复兴，文艺的基本任务也已经从动员和鼓舞最广大民众进行抗战转移为满足人民群众日益增长的文化需求，然而，毛泽东当年提出的文艺要站在人民大众的立场，要以占全人口百分之九十以上的最广大群众的利益为出发点，文艺家的思想感情要和工农兵打成一片，要把自己当作群众的忠实代言人，这些论断，难道不正阐明了我们今天的文艺所面对的核心问题吗？而当下文艺所一再遭遇的社会诟病也正来自它的立场问题：文艺在为谁发声？文艺体现了谁的审美情趣？文艺遵循谁的道德准则与行为宗旨？

今天的文艺批评，也自然面临着与70年前截然不同的文艺新环境与创作新状态：信息爆炸、文化多元、传媒壅塞、受众分化，它因而需要解决潮流、趋势、趣味、风格等文艺的时代性、现实性、当下性问题，这是它"变"的一面，不变的却仍然是要坚持文艺的根本方向。

当然，今天的文艺主潮事实上一直在沿着70年前确立的正确渠道良性奔涌，因而我们高兴地看到广大的文艺家和批评家们始终坚护着为民生、为大众的理想，坚守着为最广大人民群众代言的立场，坚持深广的人文关怀为受欺侮受侵害的普通民众呼吁发声，关爱弱势群体，关爱贫困人口，关爱农民工，关爱留守儿童，关爱“空巢老人”，关爱灾区民众，关爱库区迁徙百姓，关爱动物，关爱生态环境……不齿于成为资本的走狗，不齿于为权势吹喇叭抬轿子，不齿于泯灭道德良心的一切行为方式，我们的文艺因而还是有价值、有作为、有良知、有底线的文艺，我们的批评也在坚持上述立场方面坚定不移，始终不渝。

这是文艺绝对的不变——为什么人的方向永远不会改变。

完成好时代要求的审美转换

文艺创作的上乘状态是能够代表一个时代发声，亦即能够承担时代要求，反映时代心声，突显时代精神。凡实现了这种状态的文艺作品，便能在受众中产生时代性的反响与回应，它也因为被涂染了该时代的鲜明特色而得以辉显于历史文苑，垂世的概率加大。因而，历来有追求的创作者，都在如何把握它的道路上苦苦追索。

然而，文艺创作的直接目的却不是为了照相式反映时代发展，那就成了所谓的“简单传声筒”，文艺的目的是审美，是用审美的眼光去观照时代，去发现美、表现美和传达美，其作品是要给人以美的享受。因而，对于受众来说，文艺应该是非功利的，其发挥作用的方式应该是情感濡染式而不是灌输式。

一方面是文艺应该承担时代要求，一方面文艺又不能以此为功利动机而脱离审美目的，于是，满足了二者条件的文艺作品，事实上是在创作中将时代要求成功进行了审美转换的作品。

主题性创作往往是时代要求的产物。一个时代提出了有关社会发展与人的精神提纯的要求，按照这些要求进行创作就可以有效吻合时代主题。而创作实践可以有两种不同的处理方式。一种是将创作者心中所熟悉的题材、所把握的对象，按照时代的主题性要求来处理，从而使作品打上浓郁的时代色彩，使作品得到意蕴深化和精神升华，尽力摆脱浮光掠影、肤浅平面、无病呻吟与浅尝辄止，承担起更加厚重的审美负载与历史使命，这是健康的做法。另一种是直接从主题性要求出发来寻找题材，设定对象，构思谋篇，确立形象，那就必须预先设立警戒线了，因为很容易就陷入先入为主的境地，如果不能使题材与创作者的生活积累和感悟相吻合、相激荡而自然氤氲作水乳交融的作品，就会有“硬写”之嫌，炮制出的就是蹩脚的遵命作品，缺乏艺术生命力，把受众挤出观赏链——极左时代“主题先行”的失败教训我们并没有忘记。

优秀的创作者善于将时代精神凝聚为自己作品的形象内核，蹩脚的作手拉大旗作虎皮时摆脱不了意念化、概念化，两者区别在于对文艺规律尊重与否。一个时代总会出现许多聚焦大众的社会和自然事件，也经常见到时代主题对创作提出要求，然而创作如果希望承担这种社会责任，就必须真正深入其中，真正发生审美感悟，真正捕获创作灵感，最重要的，真正构成作品的形象结构，完成对象的审美转换，否则，宁可推迟动笔。因为刻意强求，不能以形象说话，赋予作品以外在理念，而不是像恩格斯的名言说的那样“让倾向性自然而然地从情节中流露出来”，是违背艺术创作和欣赏规律的，只能得到受众的审美抵制。作家王海鸰前若干年写了一部以部队抗洪斗争为背景的话剧《洗礼》，立意与形象的结合独到而圆融，就是因为她把主题性要求与自我生活积累和感悟巧妙地融为了一体，戏切入了人物内心、人物性格、人物精神和人物关系，使之化生为作品的内在神韵，因而产生了较大的审美感染力，成为戏剧界津津乐道的成功范例。如果不能完成对时代主题的审美转换，创作就一定会导致失败。近年看到众多的任务片、任务戏，成功者少，凑数者众，败坏了受众口味，浪费了社会资源，是值得创作高度警惕的。

真善美当立，恶之花当败——全球化语境与文艺创作心态调整

如何调整我们的创作心态和创作心境，使之适应全球化的语境？这个题目一浮现，我立即感到了它的现实性与急迫性，立即悟到眼下文艺创作中的众多问题事实上都与之有着密切关系。让我来稍稍引向纵深。

经济全球化所引起的强势文化渗透力越发增强和民族国家文化抵制力的凝聚与形成，成为全球化浪潮中日益引人关注的风景。尽管恃强文化来势汹汹，美国大片的倾泻与泛滥早已引起世界各国的惊惶不安，不同地域民族的抗阻也在集聚。法国电影人的理性狙击，印度电影的反潮而上，韩国电视剧的散播东亚，激起波波文化旋涡。随着国力的增强，中国政府也在向世界播布文化，例如最近连续举办了法国文化年、美国文化周，以后还要每年都搞类似活动。虽然政府行为可以形成比较强力的推助，但是文化的传播与渗透却更依赖自然行为和市场行为。因为前者一方面只能聚集起暂时的推力，不似后者可以是随时地、韧性地、无孔不入地流动，另一方面还容易被视为"宣传"而遭遇观念抵制。英语里的propaganda（宣传）一词，如果再被涂抹上意识形态油彩，就构成情绪强烈的贬义词而难以让人接受。

真正成功的文化行为，其影响力的产生方式是渗透，其效果的发挥方式是情感调动。实现这种目的的一条适宜渠道是依赖于文艺作品的感染力。试想中国二十世纪五六十年代流行的苏联文艺，影响了我们两代人的情感。最近电视剧"韩流"对日本形成的情感冲击，带动的不仅仅是相关文化产业和旅游业，更是日本民众对大韩民族的刮目相看。

文艺是潜移默化影响世界和沟通人类心灵的载体，但是我们眼下的文艺

有这种渗透力吗？我不得不说十分缺乏。我们的当下创作心态、创作心境不利于创作出真正能够感动世界的作品。我从这个基点来观察中国当代文艺在全球化背景下的创新能力。

创作心态和心境的差异，决定了文艺作品选材、关注点、表达方式和风格的差异。我举一个例子来使这个众所周知的命题显得生动化。前不久中国文联代表团访问台湾地区，交流中大伙明显感觉到了大陆和台湾地区诗歌的情调差异。台湾地区诗人王基隆来内蒙古参观时，诗境里充满的是孤独与乡愁："骤雨洗亮青青草原，远方炊烟袅袅直升。绚烂彩虹婉约落下着陆草原，筑成一道半圆的七彩拱门，迎接所有的往事和过客，雾蒙所有的烟雨与乡愁。"大陆诗人寇宗鄂游阿里山时，由于午饭有鱼，思考的却是钓鱼的算计："人把钩埋伏在水里，鱼把刺隐藏在肉里。上钩和卡刺是必然的事。"[①]双方讨论时，我们说他们太风花雪月，他们说我们过于剑拔弩张。

是的，大陆文艺作品较易形成一种固定的形象色彩。过去是长期受阶级斗争思潮影响，近一二十年则受政治经济结构调整、一些人私欲爆发的环境影响，我们的文艺作品有较浓郁的火药味，比较集中于揭示人性恶，而远离了传统文化提倡的温柔敦厚、孔子提倡的"乐而不淫、哀而不伤"的诗教。另外，漠视芸芸大众的生活与利益，更缺少对农村与农民的人文关怀，紧盯都市酷族生活的时尚与流行，热衷于宣泄和揭秘，津津乐道于人与人的争权夺利、钩心斗角、尔虞我诈，再加上性和暴力的佐料，组成一种现代东方杂烩炫示图，更加恶意诱拐了创作倾向。

一些狭隘的先锋、前卫写作中，私有表达、自我慰藉、内在满足成为目的，冷漠和残酷成为流行表情，爱、怜悯、善念遭遗弃，意义、情感、情操被忽视，人文情怀被当作过时的价值观受到质疑。对人物的怪异的物化性描写，对情节的任性的冷漠化处理，最终使文艺由有情之物变成无情之物。但文艺从来就是心灵的事业，与人的爱、同情、恻隐等善良情感密切相关，而作家则应该通过充满道德诗意和伦理自觉的写作，对读者的心灵生活发生积极的影响。

① 这里只是举出一个典型的例子来说明问题，这个例子太符合此处的情境和功利需要了。但这不等于说，大陆诗人就只陷于人心防范。寇宗鄂先生的诗以哲理见长，但他仍然有许多抒情咏物诗里充溢着丰富的情感和意象。

我们的文艺创作究竟失落了什么?

对内，这种作品对于社会文化素质的改造很不利，它使公众远离了文质彬彬和优雅。对外，这种作品对于中国人的形象塑造很不利，它使人以为中国人的心地肮脏阴暗。

大陆近年一些在西方走红的电影，多为揭示特定生存环境与特殊生活方式下人性的变态和扭曲，引起西方人的津津乐道。他们就像当年看我们的女人裹小脚、男人扎长辫一样，现在看我们的乱伦、野性美、变态形象。已经有许多文艺批评家抨击了这种现象背后隐藏的后殖民心态，说它是用展示原始野蛮的方法去迎合异域文化中的猎奇心态。我这里只探讨它对于受众建立价值判断的心理影响。

我们的文艺即使是想要谋求全球利益，也必须首先考虑到民族的利益，而不应该为了创作者个人的利益去损害前者。民族文艺提高对世界的影响力，既要求我们避免特定的意识形态语汇与思维方式，也要求我们不能简单约束自己以适应西方口味。如果非要去适应西方的“场”，就会像东方学家萨义德说的那样被人家的磁场所吸附，就始终无法摆脱西方霸权话语的笼罩，也就丧失了自我。

常听到中国留学生抱怨，说是西方人看了中国这些电影，和西方传统的对中国的扭曲印象吻合了，于是认为中国人野蛮、不文明、人性丑恶、只喜欢权术倾轧与人际争斗，缺乏基本的人格尊严与诚信，缺乏对人的关爱，于是看中国人低一等，甚至看作劣等民族，弄得他们很难受，不好做人。这应该是中国文艺作品推向世界的极大问题。

文艺作品表现人性不等于仅仅揭示人性恶。人性有善的一面，至少有求善的一面，一直都被经常性忽视了。事实上，推向极致的恶好写，推向极致的善反而不好写。我们一些人走火入魔般地热衷于写爱的变形，却不会写爱的纯洁与高尚。仅仅用一句“我不相信”，就推翻了一切的善，并不能掩盖自己的表达无能。钩心斗角的政治文化坏人心术，古来民谚“老不看三国”即表达了这种意思。不能总把人看成坏的，处处强调以牙还牙，就背离了“以德报怨”的古训。

以为揭示恶才深刻，韩剧作了反面回答。大家都知道电视剧抓取观众注意力的有效办法是加快节奏，而韩剧节奏之慢人所共知，根本无法与美国产品相比肩，但它却依然获得成功。韩流征服中国、日本的众多观众，靠的是什么？是它的人性美，是它表达的深受儒文化影响下的家庭伦理观和传统美德。这是值得我们思考的。

或说韩剧在中国流行是国人对于国剧的审美疲劳造成的。我们应该再深入追问一步：对于国剧什么东西的审美疲劳？回答是显而易见的：对于人性恶的暴露癖、真善美力量缺失症的审美疲劳。韩剧的走红，体现的应该是中国观众对于真善美呼唤的心声。

人性之美使人向往，人性之丑令人厌恶和畏避。儒文化、中国传统文化里有着丰厚的内涵积淀，善良、淳朴、宽厚、诚实、忍让、克己都曾经是我们性格中的美德，我们的文艺作品为什么丧失了在生活中对之发现的能力？

结论：当今世界的文艺创作，真善美当立，恶之花当败。这本是文艺创作千年不变的规律，是文艺之所以为文艺的立身之本，而又为我们的实践所再次证实。

我们的作品里要有东方美德与人类关爱，要有大爱、终极的爱，要用悲悯情怀来关注人生。只有这样文艺创作才能平抑浮躁，走向神闲气定。自然，这种气质不是外在的强加和附贴，而应该是内里精神的自然流露。

当然，大环境左右着创作生态。从反映论的视角我们明白：任何创作潮流和趋势都是时代心理的映射，人不能拔着头发离开地球。盛唐就产生李白《朝发白帝城》、王维绝句和岑参边塞诗，晚清就产生《官场现形记》《20年目睹之怪现状》。动荡和转型的社会就会大浪淘沙、泥沙俱下。像外力搅动了湖底的沉渣泛起，想寻求一池秋水的平静境界，须待社会再次恢复平静时。我不是说创作要脱离社会阶段实际而高蹈入空中楼阁，而是说在真实映射社会现实的基础上，我们的创作要自觉向往光明，真善美则应该成为文艺表达的终极目的。

抛弃政治功利主义，我仍然认为文艺是有使命的。从世纪所赋予中国文艺的功能看：鲁迅时期是警醒民众，哀其不幸，怒其不争；20世纪80年代是反思历史，开创未来。那么，全球化背景下21世纪中国文艺的任务就是：赢得全球形象，让中国人干净、纯洁、高大、文雅地站立起来。

时代正呼唤史诗

甲午又至，站在世纪国门瞻望，我们所处的是一个什么样的时代？从闭关锁国到投身世界潮流，从保障自身存在到关心人类未来前景，从冷眼向洋看世界到热情融入全球和平发展，社会由温饱型转向小康型，民众由生存挣扎转向人的全面发展——蓦然回首，中国已经走过了昨天。

今天，渴念自立于世界民族之林的中国经过百年革命已经屹立于国际大舞台，回望睡狮由觉醒到抗争到奋起的整个过程，我们已经能够拉开距离作历史性纵观：从抵抗列强瓜分，到反抗日寇灭国，到寻求正确发展路径——决定我们今天命运的中华民族百年轨迹可歌可泣。

于是，史诗的土壤出现了。今天的中国文坛，已经显现了史诗萌发的征兆。拉开历史纵深，逼视民族进程，在大范围、大跨度、大展幅、大聚焦中进行概括提炼的作品正在出现，许多背景庞大、人物众多、历史覆盖面广、时间跨度大的作品已经具备一定的史诗基础，而写出国运兴亡、民族盛衰、家国奋争、族群浴血、命运的艰辛磨难、人心的砥砺成长，已经成为众多文艺门类、众多文艺作品的终极追求。我们在殷切地等待着中国的“战争与和平”“百年孤独”的诞生。

史诗是一种庄严的文学体裁，携带着厚重的历史和民族母题。它是特定历史时代的产物，是一定历史阶段重大历史事件和社会生活的全景式反映，揭示出复杂丰富的历史、民族和文化内涵。原始时代产生创世性的英雄史诗，文明时代产生铁血性的历史史诗。一部民族史诗，往往就是该民族在特定时期的一部形象化历史。它因而是民族精神的结晶，是人类在特定时代创造的高不可及的艺术范本。

今日之中国，历史巨变、社会转型、精神高昂、人性复苏，正是出文艺巨制的时候。史诗把历史、民族、宗教、人性话题全部统一于深刻的史诗精神之中，因而，我们创作的起点，应该是唤醒中华民族的诗史精神和史诗品格，寻求到一种能够提升和强化民族精神与国家认同的合宜叙事方式。我们如果能够克服偏狭、狷急、片面的视角，而站在时代的立场、人性的立场、文学的立场，剩下的就是冷静、客观、平和地观察与写作了。

眼下的时代写作从单一宏大叙事到丰富的个体情感张扬是一大进步，然而漫天飞舞的小时代、小情感飞絮，在满足了部分私性审美需求的同时，也令人追忆黄钟大吕的时代强音。私人写作、个体情感要汇入社会主潮，才能共同描画出波澜壮阔的时代画卷，而其立场、视角、经验、技巧可以融入史诗创作之中，增加其血肉、真实感、新鲜性和丰富性。

我们的时代，史诗正在呼之欲出。

萦怀传统与瞩目创新

在文学艺术创作中，我们为何萦怀传统？我们为何瞩目创新？

传统是一个民族的基因，是特定而悠久人文积淀的历史回声，是当代人的精神归属的鹘的。

当传统笼罩万物时，人不能够逸出而是受缚于传统。然而当传统被打破，游弋于星空的失重质子在四散飞行时，就会产生并进而寻求归属感，对传统的核形成向心力。由是，当两个主要文明遭遇，西方文化强力介入，割裂、轰塌、掺并了东方文化之时，文化的团块和碎片失去重心，传统就成为一种被需求的归属指向。

任何一个民族的传统，都是人类巨量经验的积累结果，是在历史长河中长久蒸馏提炼的智慧结晶。中华文化几千年的创造与积累，提供了从特定视角审视宇宙、自然、环境、社会、人生、价值、历史的一整个观念形态和认知方式。它自然会受到环境与历史条件的限制和局限，当人们跳出既定而进入更高的文化位置时，会看到它的明显缺陷，但在一定的范域里它具有真理性。

传统决定了一个民族的共同心理乃至生理趋势，是我们割不断抹不去的出身和来历，就像长江与黄河的滚滚洪流有它的涓涓源头，没有了源头就成为无源之水。民族中人皆由传统基因决定其趣味、习惯和思维方式。把握住了基因，就接近了共鸣的声频，就容易唤醒萦回于民族心底的熟悉与亲切、关照和向往。

以往传统是较为单一的肤色、毛发色、瞳孔色，现代传媒打破了一切隔离与区分，时代生存方式构成了掺入与合并，既有传统被大量遗忘在角落里。新一代成为时尚追逐者，时尚来自于传统截然不同的新的生活方式，它使传统似乎无地可遁。然而时尚亦来自传统——许多是异质的传统，彼一传统构成对此一传统的新鲜感形成嫁接，甚而至于时尚即来自于己身传统而不自知。因而，时尚亦脱离不了传统。

与其无目的地与传统遭遇，不如保持对传统魅力和作用的清醒追求，因而不至走弯路甚至迷失。

创新是文艺的本质属性，是文艺创作的最终目的、文艺欣赏的兴奋点。

文艺创作是一个永远发现的过程，永远在追求新质和新的兴奋。文体代变。没有一成不变的事物，也没有一成不变的文艺。一代有一代之创造，唐诗宋词元曲，各领风骚一时。

文变首先取决于时代精神的介入，刘勰《文心雕龙·时序》所云“文变染乎世情，兴废系乎时序”，一个时代有一个时代的特定要求，也就有一个时代的特殊精神需求；其次取决于流行样体，文艺的流行样体因介质而改变，纸媒介、舞台媒介转换为银幕媒介、荧屏媒介、网络媒介，新的时代宠儿也就改换——例如现代最强大的传媒之一是电视，它与文艺结合则产生电视剧和综艺节目等；其三取决于自身发展的本质需求。

创新是每一个文艺家个体的价值所在，是每一件艺术品的特殊所在，是一个时代文艺发展的灯塔与坐标。求新是审美主体发现对象特定价值的主要途径，是时代审美欣赏的主要聚焦范域。

创新不是无本之木，皆由既定出发。创新的出发点是自己所由来的传统，希图立基于它质传统的欲望是拔着头发离开地球，它质传统可以借鉴然终究不是本源。与其浑浑噩噩地追索创新视角，不如立足于己身传统，自觉发掘、聚焦、浓缩自己所继承的基因，然后跳出。

创新要符合核心价值观和时代精神的要求，才能感发国人与时人，不至离题万里。核心价值观为一民族所共同养成，为判定是非的道德遵循。时代精神系一共同社会的激励剂，它驱动向前、向上的趋势。

创新是一个时代文艺对历史的独有贡献，它将使己一时代的创作具有意义而累积为传统。

立基传统，文艺就有了根脉；立足创新，文艺就有了生气。

多元图景中的文艺批评

21世纪的中国文艺市场多姿多彩，我们多年期盼来的文艺多元化局面正在平稳而沉实地发展，与之相适应的是，面对批评观念、批评对象、批评内容、批评载体也包括批评主体的多元化延伸，文艺批评自身的多元化征候也在逐步显现，我们日渐听得到更多各种不同的声音，一个真正百花齐放百家争鸣的态势正在确立。这是当下文艺繁荣的标志之一，说明我们的时代已经取得了巨大的进步。

与以往不同的是，当下批评处身于文艺由体制化向市场化转轨过程中的二元并立环境，其功能、任务、立场与出发点也都有了多元基点，这一方面形成文艺批评的崭新特色，另一方面也引出过去未曾遇到的矛盾和问题。特色需要发扬光大，问题也应有清醒的认识与对策。

今天的文艺批评生态已经发生了深刻变化，市场因素开始在社会中发挥越来越重要的导向作用。市场是以经济规律主宰的竞争主体，有着强烈的自我扩张、自我宣传与自我表述意愿，当文艺与市场日益发生不可分割的联系时，这种市场意愿就越来越强烈地反映在对文艺作品乃至对文艺批评功能的规定性中。例如市场的经济利益最大化原则，要求和制约着进入市场的文艺产品必须流行。“流行”是商品的本质，是商业社会的基本程序，它要求和制约着文艺朝向通俗化、低俗化乃至媚俗化发展，在带来流行音乐、通俗舞蹈、贺岁大片、搞笑闹剧畸形繁荣的同时，也把社会文化整体纳入娱乐和销售渠道，去追求热点炒作、眼球效应、轰动感觉、聚焦效果，去作秀，去争当超星，去展览艳照，去谑讲中国文化。同样，它也要求和制约着文艺批评必须符合与支持这种趋势——它会动用强大的经济力量，采取各种商业手段来吸引、诱导和迫使批评转向有利于这种趋势的方向，于是就有可能干扰、阻滞和减弱了批评主体性的发挥，诱拐了批评的良心。

市场为文艺也为其批评提供了更为广阔的用武界域，文艺批评的手段得到了极大的扩充，市场同时也就为批评设置了陷阱。首先是批评分出了多重层次，出现了主流批评与民间批评、学者批评与大众批评、严肃批评与媒体爆料、价值评判与商业炒作的对峙与并立（其中一些当然不属于批评的范畴，但实践中时时鱼目混珠）。批评被视为专门化范围的局面不存在了，批评“门槛”被降至最低——网络上充满了非专业化的评论，随便一个网站，任何一个文艺话题，社会公众三业九民都可以随意发表言论。网评的存在导致权威话语的轰塌——网民不管你是谁，很轻易地就把你的权威话语解构掉了——它可以是公众意志的体现，也可以是社会集体无意识的流露。多元批评带来坐标的多元，引起话语方式、语码的不同，圈子和代沟现象严重，人们各说各话，大家互相听不懂，彼此不理睬。多元批评又势必实行多元标准，对批评对象的价值判断因而失去一致性，其正面意义是折射出自然无序的柔和光线，人们的文化生活与文化观念变得更加丰富而温馨，负面则导致价值相对论与判断的无所适从。上述种种，折射了当代批评的繁荣与困境，其状况又因下面的补充事实而加剧。批评与商业追捧、广告宣传、政绩张扬相互激荡：攻关方和媒体联手，买断频道和版面，利用人情和实力网络评论者——在这种行为方式下产生的批评，学术和思想独立性大打折扣。批评与炒作相混合：两者实行的是不同的价值取向——美的判断与吸引眼球，二者掺并带来杂色。批评的时代底色和背景声音过于嘈杂：眼下一天产生一部电影、两部长篇小说、十部电视连续剧，文艺活动众象纷纭，媒体热点频繁出现，网上博客广泛随意，时代图景因而很难被聚焦，想振臂一呼应者云集是难以办到了，批评同样引不起人们的注目。

理想的文艺批评应该是超然的、独立的、客观的、公正的，是说理的、思辨的、审美的，受到社会道德、时代精神和公理良心的指引，站在社会公众的整体和长远文化利益基点上说话，从而真正为时代文艺概括现状、评判价值、指摘时弊、把握方向。当然，任何客观都是相对的，因而古今中外的严肃批评家，都会站在自我良心的基点和时代高度，力图使自己摆脱历史和环境的局限，获得相对公正的观察与判断，从而确立自身的价值。也只有这样，他们的作品才能得到时代认可，经过历史长河的冲刷后沉淀下来，流传至今，积累为文化传统与人文经典。今天的批评家同样如此，你的自我定位当然是个人的事，是否能够克服和避免人情邀约、红包订单、吉利彩酬，挑战的只是个人的良心操守，但批评文字的客观性与公正性却要经过时代的检验，你最终要对公众完成自己的形象定位，确立人格坐标。读者自有品鉴，历史永远是大浪淘沙，总是一些人做了中流砥柱，另一些人成为过眼烟云。因而古人反复发出深沉的历史慨叹："尔曹身与名俱灭，不废江河万古流。""沉舟侧畔千帆过，病树前头万木春。"面对商业大潮的冲击，批评家能不时刻保持清醒与警惕？

戏曲生态环境的改变

一、传统戏曲是中国人的精神家园

明清以后的中国民间生活里，戏曲演出占据了绝对重要的位置。人们一年之中的主要文化生活，从祭祀敬神、年节庆贺、红白喜事一直到日常交往和娱乐，都与戏曲结下不解之缘。戏曲以民俗文化主流的姿态进入并牢牢占据着村落社区的精神空间，孩子从小就在其中濡染中国文化的传统墨色，如鲁迅小说《社戏》里所描写的生动情景那样。于是，它所具有的文化特性与审美特征，就在当地人耳濡目染的过程中浸润渗透为其心理结构中的文化沉淀，成为其精神家园的珍藏。

中华大地上可说凡有人居处皆有戏曲，这在世界文化中是一大奇迹。而晚清以来地方戏共形成了300多个剧种，积累起五万多个传统剧目，其中京剧、秦腔、豫剧、川剧等大剧种都各有5000个以上的剧目，把中国历史从上古神话开始到二十四史的内容一直到现代生活都敷衍净尽，其范围可以涵盖一整部中国文明史，这种情况在全世界也是唯一的。传播的覆盖靡遗与内容的地覆海涵，使戏曲将它的辐射力，投影在中国人的整体精神家园中。

地方戏兴起后，不同地域观众都培养起了对地方戏的熟悉感、亲切感和牵情感，走遍天涯海角，只要听到地方戏曲调，心底就会涌起五味俱全的复杂情感。今天华人的足迹遍及全球，我们也到处听得到地方戏唱腔在世界各地的回响。眼下我们面临全球化背景下保护本土文化资源、守望精神家园的重任。什么是中国人的精神家园？乡音乡曲是中国人寻找情感寄托、身份认同和精神归属的对象，传达乡音乡情的戏曲就成为我们最重要的精神家园之一。

戏曲承载众多的文化负载，因而成为中国人性格的组成部分，成为中国人文化性格的核心，成为我们今天的生命基因。

二、生态环境改变的严峻挑战

20世纪中叶我国开始由农业社会向工业社会、由乡村生活向都市生活的社会转型。产生于农耕文化土壤上的地方戏遭遇了时代窘境，于现代工业经济迅速崛起的80年代以后走向萎缩。这一文化景观成为当代中国的复杂社会存在。

经历了长期战乱动荡的社会安定下来，开始从事固定的生产和生活。在民间自由流动的地方戏戏班，也按照行政区划固定在都市中，并且通过制度改造，全面改变了传统的经营方式、训练方式、传承方式和演出方式。剧团固定化、都市化、剧场化和行政化，以及戏曲演员干部化的做法，违背了戏曲600年来在城乡自由流动和演出与民俗活动结合的天性，地方戏的发展演变在饱享时代机遇的同时也遭遇了体制“瓶颈”，而舞台的西化倾向以及社会左倾思潮的钳制加剧了其危机。

新时期以来，地方戏的生存环境改变了，都市的背景改变了，人们的生活节奏改变了，人们休闲娱乐的方式改变了，时代审美主潮改变了，众多时代流行艺术吸引和分散了观众的注意力，这些决定了戏曲必然面临时代性压力，它所遇到的现代挑战是严峻的。去掉社会和环境的重重压力不论，戏曲在形式发展上也深陷进退失据的泥淖。

三、戏曲面对的传统与现实矛盾

戏曲的内容必须与现实生活密切关联，才得以维持自身生命的鲜活状态。而在反映现代生活的路途中，如何既遵循传统的美学原则以保守住自己的传统质，又能吸收新的表现手法来体现时代特色，构成了一对难以调和的矛盾。从形式上说，戏曲创新和表现现实生活的难点在于：由古代现实生活动作总结、提炼、升华、美化后形成的传统程式，怎样用来描述现代生活行为；那些附载于袍服、水袖、靠旗、靴子而形成惯例、构成审美欣赏定式的一招一式的表演功夫，如何能够移接于今天的人物动作；扬弃了古人的马鞭、车旗、轿子、刀枪把子之后，现代人怎样在舞台上行进、交接与打斗；更重要的，古人行腔缓慢、摇曳多姿、有板有眼、一唱三叹的唱腔艺术，能否成为今天快节奏社会的审美聚焦？反之，抛弃了这一切古典特质的舞台样式，还能够被称之为戏曲吗？缺失了传统美学韵味的戏曲，又有多少存在的价值？充盈着丰厚民族审美积淀的古典程式与现代生活内容的错位，造成传统与现实的矛盾，成为戏曲继承与创新的瓶颈。

今天戏曲的尴尬在于其自身特征的逐步消失，这在很大程度上一方面来自现代科技对戏曲舞台的支撑与阉割，一方面来自戏曲对于舞台公共导演越来越多地依赖。新时期舞台技术的巨大跨步，造成重大的时尚转移。现代戏曲在舞台设备现代化、电子化、程控化的基础上，广泛受到影视艺术和其他综合艺术的影响，舞台为日益加重的声光电效果所充斥，改变了其自身的原始质朴与浑融。戏曲表演对声光电特效的依赖日益严重，这既反映了戏曲的时代性进步，也使舞台受到严重的物理冲击，而减少了表演的独立含量。对舞台公共导演的依赖导致戏曲的进一步话剧化、歌舞化、影视化，使得原始的戏曲质被众量消除。戏曲的面目正在模糊，棱角分明的塑型正在融为一团混沌。时代共力的作用，使戏曲日益泯灭了独特性。

四、地方戏个性的渐趋消失

然而，当经过了长期的摸索，戏曲终于有了一些可以较好地解决内容和形式矛盾的舞台手段时，时代审美却已经疏远和放逐了600年来人们钟情的戏曲，转向其他林林总总、五光十色、亮丽炫奇、令人目不暇接的当代艺术、外来艺术和流行艺术，戏曲剧场却门可罗雀！

地方戏遇到的特殊挑战还在于，地方小剧种受到成熟大剧种磁场的吸引，在不断朝向正规化、规范化、成熟化发展的同时，也泯灭了其活泼、天真、稚嫩、拙朴的本性，这在戏曲史上虽然是趋势性规律，但个性泯灭的代价就是剧种特征的消除及其存在价值的消失，众多的地方小剧种、特征不够鲜明艺术不够独立的剧种迅速消亡或被同化掉了。坚持用方言演出是在维护地方戏的基本阵地，但是，全国范围内人口的再次流动和世界性交流的日益加强，强化了对于普通话的使用，缩小了方言进而地方戏的领地和影响力。舞台公共表意手段的经常共用，使得地方戏的地方文化和民俗特征逐步湮灭——许多地方戏的独有特征仅剩下唱腔，而地方唱腔又在外来音乐和配器的掺并下开始了蜕变。一些有特点的传统行当渐渐消亡，如京剧、川剧里的丑行，造成了地方戏审美概括力的蜕化。伴随着众多传统剧目消失的，是现在属于"人类非物质文化遗产"概念范畴的舞台表演艺术，其中包括各种表演特技，各种特殊的演唱处理方法及其韵味，各种特色装扮和服饰道具等等。

戏曲遭遇了艰难的文化转型，其传统的舞台方式因受到现实需求的冲击而扭曲，它更在期盼时代审美潮流对自己反顾与择取的等待中一直心怀忐忑。

五、继承与创新是戏曲发展的必由之路

然而，地方戏仍然是广大民众爱好的艺术样式，它每日每时都在广袤幅面的城市乡村间演出，有着广泛的观众群和爱好者。经历了曲折的探索、尝试与调整之后，戏曲这种典型的传统艺术，正与各种现代艺术样式一道，蹒跚地走向未来。

今天，随着昆曲、粤剧和京剧相继成为人类非物质文化遗产代表作，人们已经有了保护好地方戏的普遍意识。在各种保护思路、方案和措施陆续出台的时候，对于戏曲的时代性存活与发展，我们有如下的进一步思考：

继承与创新是戏曲发展的必由之路。戏曲的本质要求它的发展轨迹必然是不断地继承和不断地创新。京剧在它两百多年的演变史中从来没有凝固化，从徽班、汉调的二黄西皮到吸收梆子、昆曲到改良新戏、时装和古装新戏一直到现代戏，创造出日益丰富的表演手段和日益增强的舞台表现力。一部戏曲的历史就是不断发展变化提高，不断推出各时代的代表人物、代表剧目和唱腔流派的历史，戏曲只有不断继承与创新才能保持旺盛的生命力。

这一点和日本的能乐、歌舞伎的完全保留原样有着本质的不同。日本古典戏剧有着代代承袭固定不变的文化性格，而中国戏曲在它漫长的历史发展过程里，始终处在渐进式的演变之中，从杂剧、南戏到昆曲、梆子、皮黄一直到各种地方戏，因而先天具备"时代化"的基因，它在现代社会里的发生改变仍然是性使之然。只是这种改变以往都在相对固定的古代生活方式中完成，因而显得"润物细无声"般不着痕迹。20世纪社会生活从古老向现代的巨大飞跃，使得舞台转变遇到了实质性的跨越障碍，戏曲要面对的已经不是古代性质而是

现代性质的现实生活了，戏曲的转变也就面临着“变质”的危险。

问题似乎还应该反向思考：戏曲如果不能继续像以往800年一样在现实生活里保持活性繁衍，它是否也就被改变本性，从此失去了生命活力乃至生命力？与时俱进是中国戏曲的本质特征。我们不能违背戏曲的本性，不能违背艺术规律。即使是已经成为人类非物质文化遗产的昆曲、粤剧、京剧等古老剧种亦需要创新。然而，戏曲又必须拥有丰盈的传统美学元素，仅仅继承唱腔不等于传承了戏曲，“话剧加唱”不为观众认可与接受，实现戏曲美学神韵的传递成为现代戏曲追求的方向。但是，戏曲必须创造现代生活程式吗？现代生活可否提炼为程式？程式与观众的现代审美心理是否构成矛盾？这些都成为戏曲所必须面对与超越的课题。

六、继承创新要遵循戏曲质的规定性

戏曲的继承创新要遵循特定的艺术规律，尊重其质的规定性。大家都认可梅兰芳先生为京剧继承创新所归纳的“移步不换形”法则，这是大师自己长期继承创新的经验积累和理论提升。戏曲既要创新又不能离开它的本体、它的根、它的魂，即它的综合性特征，它写意性、程式性、虚拟性的表现手法，以及它的独特地方风味，这是它的美学本质。其创新一定是建立在这种传统基础上的，任何脱离传统的创新都是拔根行为。

当下舞台上地方戏的同质化趋势，成为它的发展“瓶颈”，造成戏曲最大的断根危机。地方戏最本质的部分除了方言之外，就是它的声腔曲调，是它的基本旋律和韵味，这是它区别于其他声腔剧种的决定性要素，是它的独特属性，也是它不能被危及的根本部位和命脉所在。这部分出现问题，观众就不买账，就会问你究竟是姓京、姓昆还是姓梆。

七、地方剧种的同等价值

任何地方剧种，无论它的覆盖面、观众群、影响力大小，也无论它的历史长短、积累厚薄、特征强弱、美学形态完善与否，都具备同等的价值。我们决不可凭依一个剧种当下呈现的强弱态势来判断其存在价值和意义，历史上曾经盛行的强大声腔剧种最初都由弱小发轫，占据中心舞台的艺术种类永远都是

从边缘走进来。历史机遇也并不都永远青睐当时的强盛种类，南戏于宋杂剧兴盛时起自温州的村坊小曲，昆曲于北杂剧炙手可热时起自昆山，而清初统治全国的昆腔被花部挤垮，清乾隆年间统治北京的京腔被皮黄挤垮。这些还都是正向发展的例子，违背常规的姻缘机遇也时见成果。20世纪50年代初奄奄一息的昆曲重新崛起，21世纪开端青春版昆曲再次耀目，甚至还有更极端的实例：当代已经几无人知晓而质野古朴的陕西老腔，经导演林兆华之手搬上话剧舞台，竟然在观众心中产生长久消失了的审美震撼！

事实上，对传统的发现与再发现，为人类艺术史特别是当代艺术提供了不竭的动力源。20世纪欧美艺术家从非洲、澳洲土著艺术里寻找到创作灵感，诱发了现代派艺术的崛起。欧美戏剧家从日本、中国、巴厘岛古老戏剧样式里发现了表演的原始可能性，促成了舞台变革的大潮。中国戏曲研究者从边缘闭塞山野乡村的傩戏、目连戏里发掘出传统表演的始原基因，惹动了当代戏剧创新的灵感。传统激成了人类历史上无数次的创造力迸发重复证明着一个真理：人类文明的任何过往都在指向着未来。

今天的时代已经走到人类文明发展的最高阶梯，一些普泛化的价值观得到越来越多的国际认可。如同弱势群体必须被同样尊重一样，如同异质文明必须被同样理解一样，如同任何一种民族民间艺术都有其特殊文化意蕴和审美内涵必须被同样关注一样，所有的地方剧种都具备其不可替代的价值。

社会整体认识到戏曲的特殊文化价值与审美价值，认识到它的民族性与根性，认识到中国人对它不可替代的情感依赖与原乡情结后，会加强对它的保存和保护意识。我们尤其还观察到，不同的地方剧种都有自己或大或小的观众群和拥戴群，以自己的特色和风格吸引着一方爱好者。无论地方剧种欣赏对象的群体大小人数多寡，也都应受到同等的尊重。每一地人的寄托、记忆、眷恋各异，故地方戏的精神和艺术价值要由各地人去认定，甚至由每一位个体的人自己去认定，绝非外人可以随意评判，任意肢解，代替处理，率意罢黜的。

让我们共同为戏曲做一点工作，让我们为传统戏曲辟出一方适宜领地。

戏曲的未来，正在寄望我们的时代以期待。

戏曲应是公共文化服务的重要内容

本发言希望引起重视，从而提高戏曲进入当下公共文化服务工程的强度和比重。

一、戏曲是民众公共文化的重要内容

（一）戏曲是民间社会的文化活动主体

600年来中国民间最基本的公共文化就是戏曲活动，其他民俗文化活动都围绕它进行。如果说，在中国有哪一种艺术样式是全民性的，体现了最为广泛的审美趣味和欣赏口味，成为从城市到乡村的一致爱好，那就是戏曲。戏曲因而成为中国民间最大的公共文化空间。

（二）戏曲是中国传统文化的重要载体

戏曲是传统道德与价值观的承载物，它善恶分明、惩恶扬善、褒忠贬奸，传达民众的理想和愿望，所体现的爱国情怀、优秀品格、善良人性、传统美德，是中华民族的宝贵精神财富。时下外来文化强势入侵，我们正面临丧失文化标识的危险。要弘扬我们的传统文化和民族精神，就必须重视戏曲。

（三）戏曲是国宝性质的艺术样式

在众多文化艺术品类里，戏曲的艺术含量和文化营养最为丰富。戏曲是优美的综合艺术，是所有艺术门类的综合体现，包括故事情节、音乐唱腔、舞台表演、舞蹈杂技、灯光布景、服装化妆等等。她因而既是传统审美的结晶，又是历史积淀的遗产；既是地道的民族艺术，又是民众参与度最高的大众艺术，她的价值远远高于诸多其他文化品类。

（四）戏曲是中国人最重要的精神家园

千百年来，中国民众培养起了对戏曲不可替代的情感依赖和原乡情结。走遍天涯海角，只要听到地方戏曲调，人们心底就会涌起五味俱全的复杂情感，在外地看家乡戏的活动，常常会演变成民俗狂欢的盛会。今天华人的足迹遍及全球，我们也到处听得到地方戏唱腔在世界各地的回响。全球化背景下，乡音乡曲是中国人寻找情感寄托、身份认同和精神归属的对象，传达乡音乡情的戏曲就成为我们最重要的精神家园。

（五）今天戏曲仍然是广大民众最为爱好并全民参与的艺术样式

戏曲每日每时都在广袤幅面的城市乡村间活动，有着最为广泛的群众基础，受众远远超过其他艺术门类。各地雨后春笋一样不断涌现出的民间剧团，社区广场、村镇街头随处可见的民间戏曲演唱，十分火爆的各类戏曲大赛、票友大赛甚至儿童演唱大赛，都说明了戏曲为民众所欢迎和所需要的程度。我们的公共文化服务体系如果不能覆盖这一块，就极其不完整。

二、把戏曲纳入以构建完整的公共文化服务体系

（一）戏曲至今实际尚未成为公共文化服务工程的对象

戏曲在公共文化空间里占据着最重要的位置，但它至今基本没能进入公共文化服务体系。2012年发布的《国家基本公共服务体系“十二五”规划》中规定，政府每年要向每个乡镇送戏4场，但依据我们的调查，眼下还很少有响应动作。

眼下推行的公共文化服务各项工程，一些发挥了不错的作用，但外来送货的成分大，远远没有满足基层民众的本土文化和民俗文化焦渴。我们提供了一些文化产品，却不一定是基层群众最需要的，而群众一直面临看戏难，这种情形亟待改观。

（二）戏曲活动是民众基本文化权益的重要体现

我们为保障人民群众看电视、看电影、听广播、读书看报等基本文化权益做了许多工作，但是，却遗忘了民众最为看重的戏曲活动权益。广大城乡地区，尤其是落后地区、偏远少数民族地区的文化贫困群体，亟须公共戏曲服务。

（三）眼下兴建的公共文化服务设施亟缺软件

近年来各地投资建设了许多基础文化设施，例如三馆一站、公共剧场、城乡文化中心等，然而常常是公共文化服务硬件具备，软件缺失，设施缺乏内容的填充，缺乏活的东西。许多这类场馆为了打造文化品牌，只好花钱雇人创作戏曲作品。这说明，群众需要戏曲这样的专业文化艺术产品。

（四）思路与建议

确立像广播电视“村村通”、农家书屋那样的公共文化服务工程，用政府埋单或补贴的方式购买戏曲产品，以低价或免费的方式送给基层民众消费，另外资助他们的日常戏曲活动。这样一可缓解戏曲缺乏演出市场之急需，二可解决人民群众的审美焦渴。

把戏曲纳入公共文化服务体系已经成为当务之急，让我们赶快行动吧！

京剧作为人类非物质文化遗产

2010年京剧的申遗成功，了结了国人一个心愿：京剧早就应该列入人类非物质文化遗产代表作名录了。心愿的潜在支撑是：京剧都没列入，非遗名录还有什么代表性？京剧是东方五千年古国文化的近世结晶，是人类传统表演艺术美的高度凝结，是最富内涵的人类非物质文化遗产代表作之一，它因而最当得起这一称谓。

大家知道，京剧是中国晚清以来发展最为成熟、影响力最大、传播面最广的戏曲剧种。这不仅因为它占据了国都和宫廷的高枝，其代表人物程长庚、谭鑫培等受封四品顶戴花翎袭任北京精忠庙首总领了天下梨园的势位；也因为其舞台艺术广收博取了中国的传统文化精华及戏曲各路声腔剧种的优长，发展至高迈深邃的审美境界和积累起最多的剧目与人才，打出了“新老三鼎甲”“同光十三绝”和“四大名旦”的耀目旗帜；更因为它的广远流播，由京派到津派到海派到随长江流域延伸，形成覆盖面最广、观众群最大的皮黄声腔。当它在北京戏园和宫廷舞台上形成相对规范化、严格程式化、高度技术化的风貌之后，就因其凝重、洗练、端庄、大气的美学品位和精致细腻、声情并茂的表现力而为世人所推重，雄踞于剧坛之上，独领风骚百余年，而全国众多地方剧种对之构成了众星拱月的格局。京剧因而被呼为“国剧”。

但是联合国教科文组织通过的非物质文化遗产代表作名录顺序，在中国现存两百多个传统戏曲剧种中，首批列入的是昆曲，第二个是粤剧，京剧屈居第三。为什么形成这种顺序？我揣测，除了申报准备工作的原因之外和如下的情况关系密切。昆曲不用说，是中国戏曲剧种里面当然的老大，历史悠久、内涵深广、文化信息丰富、表演经验独到，是京剧的祖师辈，这些普通人不一定知晓，业界专家们清楚，它自然是当仁不让。那为何粤剧成为第二名？一方面粤剧也比京剧古老，另一方面，粤剧是中国戏曲剧种里最早走出国门并发生世界影响的，它因而在联合国享有较高的知名度。早在十七八世纪广东人涌向海外谋生之时，粤剧就被带到了世界各个角落，不但东南亚普及，也通过唐人街染指欧美，俗称“有华人处必有粤剧”。1868年王韬出使法国时，就在巴黎听说一个广东戏班的演出大受欢迎，后来戏箱服装还被当地一位法国伯爵收藏，此事见诸王韬《漫游随录》[①]一书。

京剧虽然屈居第三，但它却在20世纪产生了更为广泛深远的世界性影响。19世纪京剧的足迹也已经尾随粤剧到达欧美，20世纪30年代则是它进入欧美主流社会视野的阶段。梅兰芳的访美访苏，使西方舞台发生裂变效应，推动了西方现代派戏剧的变革。熊式一把京剧《红鬃烈马》翻译成英文剧目《王宝钏》在伦敦国家剧院上演，引起万人空巷，从平民到女王尽皆莅临。而在北京学习皮黄四五年、会演四十多出戏的西方留学生雍竹君更把京剧表演带回西方。中华人民共和国成立以后，京剧日益受到世界性关注，尤其新时期以来，中国京剧团体到世界各地巡回演出已经成为经常性事务。而欧美大学戏剧专业排演京剧也成为常例，著名者如魏莉莎在夏威夷大学指导学生用英语演出声口气韵十分接近“原汁原味”京剧的创造性建树，受到广泛关注。

然而在21世纪开端我们不得不正视的事实是：京剧已经走向了衰微，必须被划入需要关注和保护的对象行列。列入人类非物质文化遗产名录自然必要，更重要的是我们能为京剧做点什么。因为列入名录只是责任而不是荣耀，荣耀京剧早已享有过了，我还要说它是“非遗”组织的荣耀而不是京剧的荣耀，京剧并不能从中得到什么。相反我们应该感受到危机：连京剧这样昨天还是最为普及和最具影响力的古典艺术都进入了需要保护之列，我们的璀璨遗产在现代

① （清）王韬《漫游随录》第63、第94页，湖南人民出版社1982年。

世界里的风化速度和程度真正令人感到岌岌可危！

好在京剧进入了人类文化艺术宝库目录的视野，世界开始更密切地关注京剧，就在我们背后设置了监督的条例和眼睛，让我们在挥霍祖宗遗产时还要想到对人类文化的责任与承担。京剧在这个意义上再次进入世界，也是我们所始料不及的吧？

京剧需要全社会的关爱

振兴京剧的话头说来已久了，从20世纪80年代说到今天，也有20来年了吧？提起这个话头，自然是因为现时的京剧已经不“兴”，非但不是繁荣局面，而且大有衰竭的势头，所以需要“振”它一下。所谓繁荣，不说像晚清时期新老“三鼎甲”和“同光十三绝”齐聚京都舞台，也不说像民国时期四大名旦争芳斗艳、京津沪众多水陆商埠走马巡演，至少也要像二十世纪五六十年代那样会演连台热闹红火吧？至于“文化大革命”期间几部京戏竟然享誉到“样板戏”的风光而全国推广，则属于历史的异态另当别论。对比起来，现时的京剧戏院常常是“门前冷落车马稀”，剧场里时而空座一半的情景和总是爆棚的流行演唱会形成鲜明反差。京剧离开主流娱乐日远，越来越躲在了时代的“灯火阑珊处”。

于是，许多爱京剧的人士开始担忧京剧的命运，“振兴”之声一时此起彼伏。

我个人不太赞成提“振兴京剧”的口号。因为现实的所谓“振兴”，多半是临时性而且随意性很大的行动，靠的是一时的激情涌动、一次性的资金和精力投入、片刻的小环境逆转。不去触及整体环境的综合改造，仅靠打一两支强心针，就想实现“文起八代之衰”的效果，恐怕是难以奏效的。

京剧是封建时代孕育的中国传统戏曲最后一个绚烂结晶，随着其立身土壤的逝去，已经走过了风华正茂的盛年，进入沧桑历尽的平淡阶段。京剧之由盛而平，想必有其历史必然性，回顾一下，又有哪一种事体不经历兴衰交替呢？所谓“兴”，有“兴起”“中兴”之分，没有到末了还“兴”的。这是历史发展中一切事物运行的规律。就京剧而论，如果说新老“三鼎甲”的时期是

“兴起”，梅、尚、程、荀的时代是“中兴”，现时就既非“兴起”亦非“中兴”的时代了。我们要承认，京剧已过了“壮年后”。想一想，对一位年纪比较大的人，我们能乱用“虎狼之药”吗？必然是要综合施治，温补调养，小心翼翼地对症下药，一点不敢马虎大意，下错了药或是下过了药量，都会有性命之虞。所以我主张不用“振兴京剧”之论，扩而大之，我也不赞成针对各种传统戏曲的任何“振兴”之论，因为那很可能是违背自然和艺术规律的。

我更愿意说“保护京剧”。当然，说“保护”有人不愿意听，似乎京剧成了“夕阳艺术”，有点穷途末路的感觉——曾几何时有人说传统戏曲是“夕阳艺术”，招致业内人士的一致挞伐鞭笞。另外，“保护”起来似乎就不能在舞台上活跃和发展了。那么，我也可以改换一种更积极更温馨的说法：京剧需要全社会的关爱。

时代审美主潮改变了，戏曲的生存环境改变了，京剧的都市背景改变了，人们的生活节奏改变了，人们的休闲娱乐方式改变了，这些决定了京剧必然面临时代性的困惑。单说京剧的演出，晚清和民国时期商贾游客、贩夫走卒齐集北京南城戏园子共求一乐的情景不能再现了，借用一句清人的话，那时叫作“六大名班，九门轮转”。像清代杨懋建在《都门纪略》里记载的，当时各个戏园的戏码每天排满，各个戏班成日里在不同的戏园间转着演。单说三庆园，从初一到初四是三庆班，初五到初八是春台班，初九到十二是和春班，十三到十六是四喜班，十七到二十又是春台班，二十一到二十三是嵩祝班，二十四到二十七又是和春班，二十八到三十临时安排。各班演出的戏码又不同，一个月下来一个戏园就能上演二三十部不同的戏。现在北京的城市格局早已改变了，新中国成立后相当长一个时期里长安、吉祥、天桥、人民四大剧院并峙的局面也不复存在，城市中心的人们搬迁到周围，正在更广阔的范围里形成聚居区。京剧失去了演出的气场，而多数百姓则只好在家里守电视了。这里还没有说到众多时代流行艺术吸引和分散了观众的注意力。

以上只是从一个狭窄的视角观察京剧生存状况，事实上以往京剧还不止在一座城市里流动演出。许多人都熟悉梅兰芳到上海开辟码头挂头牌的故事，那时的京剧是沿着全国水陆干线四处巡演的，再红的演员也不可能只在一处傻待。再往深里说，戏曲本质上就是流动演出的艺术，到处寻找市场，金元时期的专用名词叫作“冲州撞府”，全国城乡古戏台上的众多题壁写的都是“×××到此作场”“××班在此一乐”。当然，那时戏曲演出有着优裕的民俗环境，民间无节不戏，红白喜事、请客、还愿、庙会、祭祀都要演戏，这种氛围早已时过境迁了。

在改变了的环境里，京剧只能于尽量适应中争取自身更好的生存条件。从社会角度来说，我们应该针对京剧开展保护民族传统艺术的综合治理工程，争取达到全社会关注，政府扶持，业内人士共同努力、业外人士一齐为之培土浇灌的程度。我很佩服许多人在踏踏实实地努力，为京剧做了和正在做着许多基础性的工作。首先当然是勉力推动创作，没有了创作京剧就失去了活力和生命力，尽管京剧创作日益困难；其次是尽力推动演出，包括到世界各国的巡演，只有演出才能保持京剧的活力和影响力；最后是努力恢复和完善京剧演出的商业市场，让市民能够更容易、更方便、更经济地看上京剧。但是更广泛深入的工作则是那些细致烦琐的事情，例如向社会普及京剧知识、让京剧深入学校教育、向国人和世人宣传京剧，等等，为京剧争取更大的观众群和支持者，让国人懂得京剧，爱护京剧，珍惜京剧。当然，今天谁也不会傻到想使京剧重新统治舞台，我们只是在舞台上勉力维护传统艺术的一席之地。

我还特别想说，京剧不能仅仅停留在演唱晚会上。京剧演员如果只靠一副好嗓子在晚会上亮相，而失去了全身的表演功夫，是不利于京剧恢复生命力和影响力的。演唱晚会也无助于发挥京剧的行当优势，只有在完整大戏里才能真正完成生、旦、净、末、丑配合协调的艺术创作，也才能带给观众真正的京剧美感。现在人们说起来津津乐道的仍然是《群英会》里马连良（老生）的诸葛亮，叶盛兰（小生）的周瑜，谭富英（老生）的鲁肃，裘盛戎（花脸）的黄盖，萧长华（丑）的蒋干，袁世海（花脸）的曹操，崇仰的仍然是那行当齐全、文武双全的舞台场面，不是很说明问题吗？我尤其要说：如果放任丑角从京剧舞台上消失，那将成为京剧艺术致命的痛点，将使京剧不成其为京剧。反过来，我们却看到了社会娱乐对丑角的极大需求：赵本山、范伟、郭达、宋丹丹们的小品以及东北二人转的走红，不正说明了这一点么？

让我们都来关爱京剧，京剧的艺术之花就会绽开得更加璀璨！

为京剧继承创新营造更好的生态环境

继承与创新是京剧发展的必由之路。首先京剧艺术的本质要求它的发展轨迹必然是不断地继承和不断地创新。京剧在它200多年的演变史中从来没有凝固化，从徽班、汉调的二黄西皮到吸收梆子、昆曲到改良新戏、时装和古装新戏一直到现代戏，创造出日益丰富的表演手段和日益增强的舞台表现力。这一点和日本的能乐、歌舞伎的完全保留原样有着本质的不同。西方的歌剧、舞剧和京剧一样也有较高的舞台程式化要求，但它们仍然欢迎创新，中国芭蕾舞剧《红色娘子军》在巴黎受到广泛欢迎即为一例。其次京剧只有不断继承与创新才能保持旺盛的生命力。一部京剧的历史就是不断发展变化提高、不断推出各时代的代表人物、代表剧目和唱腔流派的历史，从清末的新老“三鼎甲”“同光十三绝”到民初的四大名旦和生旦净末丑各个流派的繁荣，到新中国成立后的群英荟萃，到新时期的继往开来，就是这样一部历史流程。其三京剧剧目的产生有一个不断增添时代内容的积累过程，我们看清代以前的传统戏5000部，民国以后的改良新戏、新编戏、现代戏5000部，京剧共积累起万部作品的宝贵库藏，这和它不断创造新剧目的特性是连在一起的。

京剧继承创新要遵循其特定的艺术规律，尊重其质的规定性。大家都认可梅兰芳先生为京剧继承创新所归纳的“移步不换形”法则，这是大师自己长期继承创新的经验积累和理论提升。京剧既要创新又不能离开它的本体、它的根、它的魂，即它的综合性特征和写意性、程式性、虚拟性的表现手法，以及它的独特京剧风味，这是它的美学本质，因而其创新一定是建立在继承传统基础上的，任何脱离传统的创新都是拔根行为。新中国成立后实行的百花齐放和传统戏、新编历史剧和现代戏三并举的方针，辩证地体现了京剧在创新中继承、在继承基础上创新的正确原则，因而发挥出极大的促进性，于是一批时代作者编创了像《群英会》《野猪林》《杨门女将》这样的传世经典剧目，影响了一代观众，以后《智取威虎山》《红灯记》等更体现出现代戏的创新硕果。新时期以后，京剧的继承创新问题又在新的层次上重新提出来了。

新时期京剧的生态环境有了很大改变，京剧遇到更大的挑战，继承创新面临新的困难和突破。京剧历史上的生态环境曾不断改变。同、光时期的京都生态比较适宜于京剧的发展，戏园兴盛，宫廷推波助澜，京剧发展出现第一个高峰。民国初期时代改换了，新文化运动蓬勃兴起，传统京剧所依恃的封建英雄史观坍塌了，因而诸多宫廷和征战题材戏受到冷落，于是老生退位，旦行开始走红并领衔，满足了时人对于京剧美的一个方面的需求。新中国成立后京剧再次遇到比较适宜的土壤，众多流派繁衍和代表性剧目兴盛。新时期社会进入转型期，社会生态发生极大变化，时代生活方式改变了，观众换代，审美风潮转向，又碰到戏剧观的大变革和舞台科技手段的更新，而京剧自身人才断档、市场萎缩，生存出现困境。没有市场托助，只好用评奖来刺激京剧的繁衍和维系，而评奖使京剧更加脱离市场，京剧失掉了原生土壤。

生态环境改变引起了京剧的变异。一是写手变了，当今编剧多少都吸收了影视剧的手法，节奏加快，结构紧凑，不再复沓回环，更加注重塑造人物和性格发掘。二是生产方式变了，创作成为社会化工作，外聘人员日渐占据主导，作品一次铸造成型者多，没有时间精磨与在演出中完善，少有能按演员行当风格特长去加工剧目的。三是舞台的萎缩引起京剧内在更新机制的钝化。演员能演的场次很少，得不到充分的舞台实践磨炼，加上现代传媒误导、演唱会诱引，使得京剧生长的完整生态消失，其结果是京剧的传统“四功五法”只剩下唱，许多打则成了单纯的场面热闹而丢掉人物塑造的根本，念白消失，做功也极少，“手眼身法步”看不到了，只见“唱戏”难见“做戏”，绝活失传，韵味减弱，甚至行当消失——丑行的消失是京剧最大的历史遗憾（社会现代审丑的聚焦点转移到小品、二人转，但这反过来也说明观众需要丑角）。周信芳、马连良既无，流派更只剩下旦角的唱腔，其实际流派意义就大打折扣——学梅、尚、程、荀不仅只是声口音色上的接近，京剧的程式特征就极大地减弱了。事实上京剧表演手段的丰富完整是它得以成为国剧而在地方戏中领袖群伦的前提，现在看表演却只能去找川剧、花鼓戏、昆曲。当演员不再以演戏为生存需求和生命追求，不再以舞台演出为其艺术生命实现的唯一渠道，以舞台表演为特征的京剧陷入生态困境就可以理解了。这些是京剧继承创新应该引起足够警惕的。

京剧创新首先当然是剧目的创新，但剧目创新成功很难，新时期以来获得一致称赞的也只有《曹操与杨修》等个把剧目——能够既体现了时代精神和审美进展，又充分弘扬了京剧传统表演行当，扩展了程式表现力，与演员特长紧密结合，这方面陈霖苍和黄孝慈的《骆驼祥子》、王平的《华子良》也都有着自己的建树，但多数创新之作达不到期望值，还经常呈现为概念化和主题先行的表征，影响了预期效果。眼下部分京剧院团的生态环境得到一定改观，面临新的发展机遇。需要的是多做建设性、传承性工作，以保存恢复传统戏为要务，尊重传统，重在积累，要慎编新戏，尤其慎编现代戏，但抓住一个就要锲而不舍地打磨，提高成活率，提高艺术水准和影响力，把观众吸引过来，而不能狗熊掰棒子掰一个扔一个。既然京剧的创新维艰，从业者往往瞻前顾后，感到众口难调，那么，社会对待京剧创新也要有一份宽容、一份关爱、一份呵护。经过全社会的一致努力，营造出更加适宜的生态环境，作为国粹代表之一的京剧才能在新的历史条件下发扬光大。

昆曲复生的文化意义

很高兴参加全国政协京昆室纪念昆曲《十五贯》晋京50周年、联合国授予昆曲人类口头及非物质遗产代表作5周年座谈会。临时有点感触，我讲三层意思。

首先，从近年来的发展势头看，我感觉昆曲已经实现了它的复生。这个话还要从"一出戏救活一个剧种"甚至再往前说起。在座的老先生都了解，大概新中国成立时昆曲也只是一线游丝地在那里艰难维持，职业昆曲剧团几乎找不到了，个别大学有几个教授团体还在那里撑持着业余昆曲清唱剧社，不希望这个传统文化瑰宝断了线。新中国成立初戏曲改革开始也走过一些弯路，昆曲受到过一些不公正待遇，这一点从会议发的周总理在1956年观看昆曲《十五贯》后的讲话里提到的问题可以体现出来。正是由于浙江昆苏剧团1956年把这出戏送到北京——今天在座的钱法成老先生当时参与其事了吧——产生影响，引起轰动，受到各方面重视，周恩来总理亲切关怀、大力支持，《人民日报》刊发了社论，全国剧团开始向昆曲学习，这才促成了昆曲的复生。当然，当时《人民日报》社论的题目起得是比较乐观的："从'一出戏救活一个剧种'谈起"。《十五贯》的演出确实产生了相当的影响，它确实使昆曲得以延续下来，其历史功绩是必须承认的，这也是党和政府关怀的结果，否则新中国成立前就断线了。但要说真正"救活"一个剧种，也不是那么简单，昆曲后来仍然长期在非常艰难的环境中间挣扎，有半个世纪艰苦卓绝的奋斗，当然这也不排除文化环境的长期动荡所造成的负面影响。不管怎么样，这一线游丝维持到21世纪——联合国授予昆曲口头非物质遗产代表作称号是2001年，正好是新世纪的开始——昆曲开始复生了。我们看到的好像是因为联合国的助力推动，事实上则是中国广大昆曲界、戏曲界和文化界共同努力的结果，是全国上上下下各方面共同努力的结果，也是党和政府关怀支持的结果，使我们在联合国争得了这一份荣耀。世界文化遗产的评选是非常严格的，昆曲能进入，而且能列入第一届，是很大的成功。因为首届人类口头非物质遗产只列入东方艺术的两个代表作：日本的能乐、中国的昆曲。从那以后，昆曲引起了充分重视，党和政府支持的力度更是日益加大，投入了巨大的精力、财力和物力，使昆曲院团能够生活在一个相当适宜的环境里面，今天我们看到的是昆曲一片繁花似锦的局面。这里我特别要提到的是，全国政协，从李瑞环、贾庆林到今天在座的万国权以及许多其他领导同志的关心和支持，也包括政协京昆室的积极努力，是应该感谢的。即使是京昆室的设立本身，也体现了全国政协对传统文化、传统艺术的重视程度。刚才秘书长的报告里面介绍了近年来全国政协和京昆室对昆曲所做的大量工作，包括今天我们能够聚集在这里来开这个会共同研讨昆曲发展战略，这些都对昆曲的复生和进一步繁荣做出了积极的贡献。以上所说，使我真正感受到昆曲在21世纪正在全面的复生和复兴。

其次，昆曲的复生对于弘扬我国传统文化意义重大。就昆曲的年龄说，它是我国最古老的戏曲声腔剧种之一。日本的能乐列入人类口头非物质遗产代表作，它有600年的历史。日本一些专家跟我们讨论时说，昆曲没有能乐历史长，如果从魏良辅改革昆曲算起，才300多年。我们的专家和他们辩论，说如果从元末太仓顾坚等人的研琢昆曲算起，也有600年历史。而中国戏曲的本质又与日本能乐不同，它是在不断地发展变化过程中延续自己的历史生命，那么，我们计算的应该是中国戏曲的生命，而它从南宋成熟时算起已经有了800多年，比能乐要早200年，这还不说它前面漫长的形成期。昆曲在它长期的发展演变过程中，把大量传统文化尤其是明清以后大量民间文化的因素吸纳到自己的成分中来，特别是明末清初昆曲成为“官腔”，其中又加入了大量文人的心血，文人把昆曲作为中国传统文化的宝贵植株来保护和培养，于是昆曲能承载的传统文化信息量就非常庞大也非常复杂，既深奥又深入浅出。昆曲明清以来成为上自宫廷、官方、文人雅士，下到平民百姓、三教九流都喜欢的艺术样式，它的普及率在全世界是独一无二的。我们今天要弘扬传统文化的精华，就不能忽视昆曲。昆曲既然如此意义重大，近年各方面掀起一个又一个昆曲行动，就可以理解了。中国大陆不说了，台湾地区近年来昆曲成为大学教学里面的“显学”，这也是一种迹象。大陆大学还没有达到这种程度，我们的大学中文系教学，在元明清段里讲到戏曲史，昆曲只是其中一部分。因为中国文学的内容太多了，太久远了，前面是先秦文学，然后唐宋是中国文学的一个高峰，到了元明清好像就是一带而过了。另外海外华人和国际友人纷纷关注昆曲，白先勇的“青春版《牡丹亭》”行动，应该是海外华人倾力弘扬昆曲的一个盛举，起到相当好的宣传推广作用，吸引了广大青年介入昆曲。我曾经问一些大学生：“你喜欢昆曲吗？”“喜欢。”“看过什么作品？”“白先勇的《牡丹亭》。”看一部戏他就进去了。当然，专家们对于“青春版《牡丹亭》”的改编和演出方法可以有不同的意见，但是我觉得这个行动本身是一个文化盛举，意义十分深远。我还参加过国际性的昆曲文化交流行动，例如美国当红歌剧导演彼得·塞勒斯导演的《牡丹亭》，是昆曲、话剧、意大利式歌剧与现代舞的混合物，但它以昆曲为载体，引起国际文化界的关注。全世界的目光都在盯着昆曲，这当然和我们的国力与文化地位日益隆盛有关，但也说明了昆曲本身的文化蕴涵是开掘不尽的。

其三，处在这样一个非常好的环境里，我们的昆曲工作者和昆曲院团、我们的戏曲从业者和研究者、我们的所有文化工作者，都肩负着历史的使命。弘扬昆曲最重要的是出人才、出作品。怎么才能更好更快地出人才出作品呢？我很赞成刚才厚生老的意见。我觉得我们今天活在舞台上的100多个戏曲剧种，年龄不同，表现形式不同，特长也不同。昆曲这样一个历史悠久、承载着众多传统文化信息的剧种，可能它传承历史文化的任务更重。近些年有识之士都在做工作，各个剧团都在加工整理许多传统折子戏，像浙江昆曲剧团、上海昆剧团等，另外昆曲新编历史剧和故事戏的创作开展得轰轰烈烈，这些都是好事情。但正如厚生老所说的，昆曲可不仅这些东西，昆曲的历史名作也不仅仅就是汤显祖“四梦”和“南洪北孔”的戏。即使是汤显祖的“临川四梦”原作不算昆曲，他以后的作品才能计算为昆曲的话，恐怕累积起来也有数百上千种吧，我没有精确统计过。这些作品里面，许多应该说主流是好的，人民性思想性都值得今天继承和弘扬广大，正如周总理在两次讲话里明确评价的。特别在编剧技巧上是非常值得今天借鉴的，因为昆曲正好处在中国戏曲创作最成熟的阶段，又加入了大量文人智慧，有许多明清剧本现在读一读都会为它精湛的艺术水准而叹服。我们如果能够把人人熟知的经典剧目之外的这些大量作品挖掘出来，沉下心来一步一步恢复在舞台上，昆曲界的功劳就是功莫大焉，人才也会在这个过程中大量涌现。

昆曲：青春的艺术

昆曲是中国文化晚近时期的智慧结晶，是把东方哲学精神与美学趣味结合、经过悠久的过程逐渐蒸馏、凝结为纯美的舞台艺术产物，是东方古典艺术的极致。现代艺术寻源必须经过这里。然而若干年前，社会人众似乎忘记了她的曾经存在，京剧被视为国粹艺术的代表而遮掩了她的光焰。但京剧由之派生而来，更多宫廷气质和俗陋文化内涵，还是昆曲更接近中国传统人文理想与美学蕴藉，更接近完美的古典艺术境界。眼下的昆曲似乎明珠拭去了浮尘之后的顿然璀璨，她应该是当得起这种荣耀的。

昆曲盛而盛《牡丹》，汤显祖《牡丹亭》在昆曲史上的位置就如同牡丹花之为国花般的雍容华贵、富丽堂皇，这不仅由于其文采派的宏词丽藻（王骥德《曲律》卷四所谓“婉丽妖冶、语动刺骨”），不仅由于其精心结撰的鸿篇佳构，更由于其在晚明的思想背景中憧憬了人的生命的完美实现。因此我们看到，20世纪和21世纪之交时，《牡丹亭》忽然成了国际文化艺术界的新宠。在东方和西方的舞台上纷纷推出《牡丹亭》的新版本：上海昆剧团演出、王仁杰缩编、郭小南执导的简本《牡丹亭》，旅美华人导演陈士铮执导、在林肯戏剧中心演出的全本《牡丹亭》，美国先锋导演彼得·塞勒斯执导、昆曲演员华文漪参演的歌剧、话剧、昆曲三合一的《牡丹亭》，然后，我们来到了白先勇先生的青春版《牡丹亭》。

前三个版本的意义集中在传统继承、学术探讨和文化借鉴上，仍局限于小众和既往，青春版则获得了借助流行与时尚深深锲入当代青年精神生活的价值——至少是当代大学生这部分人的精神生活，而正在获得开放式的影响，面向大众与未来。我有一种认识：“对古典艺术的欣赏需借助于现代时尚的审美趣味与眼光，缺少了时尚的托举，古典艺术不容易在现实社会里升空。”而时代的青年人、大学生们是时尚的追逐者、参与者与推波助澜者。所以我说：“也许是在圣芭芭拉大学任教的缘故，白先勇先生重视大学，他领着《牡丹亭》走进许多大学，中国的和美国的大学，到处都一样风行。因为他在大学工作，随时感受到青春的激情，他懂得大学生，懂得现代艺术，懂得大学生与现代艺术的心灵契合。”于是对《牡丹亭》注入青春要素——其实更应该说是注意激发《牡丹亭》原有的青春要素，古典的《牡丹亭》就成为时尚的、先锋的、流行的艺术，成为现代艺术。

《牡丹亭》是青春的艺术。她是青春的祭礼，是自然人性的赞美诗，她所赋予主人公的生生死死不可阻止的爱恋意志是那样地强烈，使之足以与迦梨陀娑的《莎恭达罗》、莎士比亚的《罗密欧与朱丽叶》相辉映，并列为人类三大爱情经典剧目。生活于明中叶的汤显祖，得力于万历社会思潮的人性躁动和大胆叛逆，注入《牡丹亭》以强烈的青春光辉，将其聚焦成一束刺穿中国封建礼教数千年阴霾的耀目之光。

在中国剧院看青春版《牡丹亭》的主要演员沈丰英和俞玖林参加中国国际民间艺术节闭幕式演出，抽取《牡丹亭》中两段歌词身段配入现代舞蹈，他二人黄白为主的暖色调映衬于舞队粉白桃红的背景之中，翩翩起舞，鹤唳清音，真正是美轮美奂、流光溢彩，我的一个强烈现场感觉就是古典艺术在现代实现了凤凰涅槃般的再生，我触到了心灵深处的感动。

昆曲曾经是青春的艺术。始自吴歈民歌的昆曲，被几百年的水磨冷板打磨得精致细腻、曲折婉转，曾经一发而天下惊艳！一波三折曲境幽深而与苏州园林意境相叠印的昆曲，为追求内心舒展平静自然闲适的文人阶层所激赏，引领着明清戏曲的潮流，遍唱国中。然而沧海桑田，万物盈亏，随着古典文化的向现代转型，昆曲的生命成为一线游丝。“原来姹紫嫣红开遍，似这般都付于断井颓垣。”《牡丹亭》里的名句，成了昆曲的历史谶语，预示了它的现代宿命。

然而白先勇想让昆曲再度青春起来。他要让年轻人爱昆曲而重塑了《牡丹亭》，他要让洋溢着青春激情的《牡丹亭》实现与当代年轻人的心灵契合。他领着《牡丹亭》走进许多大学，中国的和美国的，激起阵阵青春潮涌。青春版的《牡丹亭》成为传统艺术向现代的一次突围。昆曲这枝枯梅，这枝暗香疏影犹在、鲜活芬芳已逝的梅，遭遇了青春的再度萌发。

于是，似乎是在一夜之间，昆曲“兴盛”了起来，弄得一些不相干的社会人等也来问“昆曲是怎么回事”。如果大陆也像台湾地区那样（这是一个朋友讲给我的笑话），议员不知道昆曲、没看过《牡丹亭》就是缺乏传统底蕴，就会遭到某些公众的鄙视而流失选票，那么，昆曲“热”还会有很长的延伸！这毕竟是社会文化的一种进步，是中国传统文化之幸。让我们继续为之鼓簧弄舌、摇旗呐喊。

古丽、典雅、纯净的昆曲，永远是青春的。

祝愿昆曲在时代的舞台上“姹紫嫣红开遍”。

调研 · 随感

委员调研

中国非物质文化遗产的特性

今天人们对人类非物质文化遗产的概念已经有了充分的了解，它是人类文明的一半，是人类所创造文明中未能以物质形态固化的部分。如果综括联合国教科文组织历次确认并一再修改的定义，人类非物质文化遗产的概念表述出来就是：通过群体或个体口头表达的、来自传统而被同一文化社区所采用的、能够代表其文化与社会特性的形式，主要有口头传说、表演艺术、风俗礼仪、工艺技能等。以往我们所理解的人类文化遗产实际上指的是物质遗产，如长城、金字塔、卢浮宫等，它们是人类既往文明的固化生成物，而未包括人类非物质形态的文化遗产，如部落祭祀仪式、社区狂欢节、口头和身体相传的各种表演或手工技艺等，它们是人类以往文明的活体延续和发展。将物质形态与非物质形态一并囊括，人类文化遗产的范畴就更加完备而了无孑遗。中国因为文明的发达程度和传统的原因，是非物质文化遗产的大国，我们因而对联合国教科文组织明确并实施这一概念抱有感激与强烈回应。然而，我们究竟拥有什么样的非物质文化遗产？它们具有什么基因与特征？它们在走向现代的过程中处于什么状态？如何看待这些遗产并正确对待之？这些问题仍然需要进行深层次的理论思考。

一、中国非物质遗产的文化基因

中国是古代文明高度发达的国度，历史悠久而传统沿袭不断，地域广袤而民族形态众多，敬天法祖而注重经验积累，政体森严而民间空间广阔，讲礼重文而文化兼容性强，详于记载而习于民间采风，这些特殊条件造成非物质文化遗产的众量产生与连续传承。

历史文明发达的国家非物质文化遗产一定丰厚，这是由其文明积累值大决定的。历史上曾经高度发展的文明，例如美索不达米亚、古埃及、古希腊、古印度、中国、印加、玛雅等，都有较大的文明积累值，这其中物质和非物质文化成分总是伴生而共存的。但是这些文明中能够显现给今天世人的大多为物质文明，即遗留下来的建筑、雕刻、绘画、文献等等，归入世界文化遗产的范畴，还不属于非物质遗产，因为它们“死”了。只有其中仍然存活的传统文明，才能够保留“活”的历史形态。这就产生了第一个条件：只有历史文明未曾断绝的国家，才能保存最多的人类口头非物质遗产。人类文明史多因战争、宗教等原因造成中断。我们知道，美索不达米亚文明存在于至今仍在尝试彻底读解的楔形文字里，古埃及、印加、玛雅文明留给世人的是无穷无尽的考古猜测与索解，了解古希腊文明曾经不得不转道阿拉伯文献，而古印度的梵文与梵剧早已被雅利安人阻断。因此，唯有中国，从甲骨文转换为金文衍生出后世真草、隶、篆的文字史从未间断，由夏、商、周奠定后世长久沿袭的宫廷礼乐和民间礼仪现代以前未间断，由先民农事祭祀、节令仪典演变而来的民间信仰、年节庆贺仪俗现代以前未间断——或者采用联合国教科文组织的一个概念来说：中国的“文化空间”基本未间断。中国非物质文化这种不间断的连续性，曾给西方提供了了解已中断文明的参照物：20世纪西方戏剧在寻找本源的现代派探索中，曾经向传统的中国戏曲寻找流失了的古希腊和莎士比亚戏剧舞台的本原成分。上述古老文明之外的次生文明，积累的物质文化遗产就较少，传存的非物质文化遗产也较单薄。

中国古代占支配地位的是大陆自然经济状态下的农耕文化，它依自然界的时序、韵律、节奏发展，敬畏、顺从和亲近自然，而历代经验积累与传承成为最重要的文明基因。因此中国传统文化一个突出特征是敬天法祖、注重前人经验，以天为则、禀遵祖制，信奉法古主义，遵循文化守成，所谓“天命不可违”（《晋书·石季龙传》）、“祖述尧舜，宪章文武”（《礼记·中庸》），一切以祖先和古人为圭臬，制度实行总要看古人是否做过，哲学思理总要看古人是否说过，行事做人总要从古人那里寻找成例，古已有之成为万事之法，所谓“天不变，道亦不变”（《汉书·董仲舒传》）、“祖宗之法不可变”。（《宋史·司马光传》）历史上的政治变革常常招致保守观念挫败甚至阻断，因而“托古改制”往往成为变法的借口，“复古”成为改变现状的捷径。民间社会的演变与发展也按照既定之规而循规蹈矩，以不变应万变，我们从江南许多来自中原的移居村落今天仍然保存了众多中原古俗可以看出来。数千年来这种思维方式深入影响和控制着民族心理，保存和遵循古人制度、礼乐、仪俗、规则，恪守前人经验与规范，成为根植于心的文化传统，成为众量传存非物质文化遗产的前提。

中华文化是礼乐文化，古代以之确立有效的政治秩序与和谐民风，所谓“礼者，天地秩序也”“乐者，天地之和也”。（《礼记·乐记》）夏、商、周三代形成完备的礼乐制度，例如周朝形成冠、婚、丧、祭、朝、聘、乡、射礼和六代之乐，经春秋战国的动乱遭到破坏，孔子因而“克己复礼”，大力倡导和宣扬以挽其颓势，以后历代缜密修补严格执行，礼乐文化日益深入民间。长期指导中国传统精神生活的“十三经”中即有《周礼》《仪礼》《礼记》三部著作专门讲礼仪，总称“三礼”，规定了从宫廷到民间、从日常起居到红白喜事、从祭祀到禁忌的各项文明礼仪，无论处庙堂之高还是江湖之远，无论是家国政治还是民事活动，都被完备而繁复的礼节笼罩着。礼仪有吉、凶、宾、军、嘉五大类，各有众多分支，与人生关联的如诞育、成人、婚配、丧葬等，都有烦冗严密的规定。礼要有乐来配合，所谓“礼节民心，乐和民声”，（《礼记·乐记》）因此礼仪活动通常都和奏乐表演连在一起。而统治者尤其重视乐的敦化作用，《孝经》说：“移风易俗，莫善于乐。”礼乐进入民间生活，长久化生为民俗，就成为后世非物质文化遗产的渊薮。

中华古国的政体森严，尤其秦以后形成统一中央集权制，便于在政体、法律和文化层面上维护制度体系。一部二十四史证明，无论朝代如何更迭，制度体系总能迅速重建并巩固，保持强劲的连续性与传承性。与之相辅相成的是宗法制度下千年不变的民间社会，构成村落文化的广大空间，家国礼仪深入民众社会生活。“十户之村，不废诵读”（徽州古村落楹联）长期处于自然经济状态，聚族而居、渔樵耕读的乡村社会形态是社会最基本的细胞，是传统文化的家园，它儒教统领与宗法结构合一，居处环境与自然、人文因素合一，包蕴了复杂的文化空间，包括了丰富的无形文化形态：宗教仪式、年节庆典、民间习俗、交接礼节、生活习惯、特色音乐、舞蹈戏剧曲艺、专门化的手工艺和技巧等等。乡村每年代序性举行的社屋拜奠、神庙祭祀、祠堂典礼和多种多样的节令活动，包括各种迎神奉像、行傩逐疫、民间社火、场圩文化空间序列，都成为容受非物质文化遗产的库藏。

非物质文化遗产的特征与民族性紧密相关。一般来说，不同民族因其生存环境与生活习俗的不同，形成相异的文化性征，构成不同的文化板块，也就产生不同的非物质文化形态。中华文明以黄河、长江两河流域为主发祥地，逐渐覆盖江南漠北，扩布到周边山陬海隅，地域广袤而民族众多。在中华民族发展的历史长河中，形成了众多的共生民族。最初即有华夏和东夷西戎南蛮北狄之说，从生产方式上可以划分为农耕、游牧、渔猎等不同经济生活类型。而经过漫长的历史演进，总体形成了以汉民族文化为主体、各民族文化相互渗透融合而成的华夏文化共同体。今天中国13亿人分布为56个民族、使用82种语言，是世界上人口最多的多民族国家，每一个民族都因其所处自然和社会环境的不同而保持特殊的生产、生活和感情表达方式，因而拥有独特的非物质文化遗产。

华夏文明在多民族长期共同发展的过程中确立了文化的和合特征，《论语·述而》说："礼之用，和为贵，先王之道斯为美。"其特点是宗教排抑性弱，文化包容性强。在原始占卜巫术基础上形成的《易》文化，通过对自然与社会规律观察总结而孕育的太极、八卦思维和阴阳五行观念，都是讲矛盾统一辩证关系的，其阴阳调和、相辅相成的认识基础，长期支配了中国文化的走向，归纳为原理就是"和实生物，同则不继。"（《国语·郑语》）统治中国思想文化的儒学只停留在学术层面而未转化为真正的宗教形态，能够容纳其他思想体系，隐忍了历史上的儒、释、道三教合一，中国因而未发生世界其他地区宗教事件中消灭异己文化的决绝行为。当然中国历史上偶有禁佛事件，更多出自经济原因，[①]也毕竟只是历史长河中的瞬间，常态还是包容。汉文化正统的长期历史过程中发生过多次少数民族入主，这些入主也反过来采纳汉文化，入主者自身并迅速汉化，而将自己的始原文化掺并进去，形成文化混同。至于东汉吸收印度佛教，唐代以后又容纳了众多西来宗教，如袄教、景教、摩尼教、伊斯兰教、基督教等，各种宗教同生共存，更是体现了中华文明地覆海涵的文化性格。而上述海纳百川

① 中国历史上出现过"三武一宗"四次由国家出面进行的禁佛事件，即公元444年北魏太武帝拓跋焘、公元574年北周武帝宇文邕、公元841年唐武宗李炎、公元955年后周周世宗柴荣的禁佛。四次禁佛皆非涉信仰而为世俗原因，多因佛寺占地避税耽搁劳力减弱国力而起，禁佛做法主要也只是压缩寺院的规模和数量，并不以禁绝之为目的。

的文化涵容历程，孕育了中国非物质文化遗产的庞大容量。

中国传承非物质文化遗产的一个经典性条件是它统一而定型的文字史。一个民族如果没有进入文字时代，它的文化和历史就很难为后人所认识并传承而极易消失，或者仅停滞在模糊的口头阶段。有了文字、文献对口头文化的记录，历史才有了清晰的延展脉络和节律。汉字5000多年的历史，从甲骨文、钟鼎文、石鼓文、简书、帛书、碑书固定到纸文献的经史子集，记载一脉相承，历代不绝，留下众多史实、神话、传说、诗歌、轶事、民间故事，不仅详细记录了中华各部族的历史文化足迹，还包括了周边国家如日本、朝鲜、越南和西亚、东南亚的史迹，甚至一些国家最初的史书也是用汉字写成的。一些民族则参照汉字结构法创造自己的文字，例如西夏，由此有了自己的历史和生活记录。这个特殊条件强有力地支撑了非物质文化遗产的香火延续。例如一部二十四史，虽说只是帝王将相史，也还是绵延不绝地记录了人类文明活动的伟大工程，[①]历朝历代的政治制度、宫廷礼仪、祭祀典礼、宴乐活动等因而得以蹈袭有据。

中国传统又历来重视民间采风，《孔丛子·巡狩篇》说："古者天子命史采诗谣，以观民风。"《春秋公羊传》宣公十五年"解诂"说："故王者不出牖户，尽知天下所苦，不下堂而知四方。"《诗经》中的许多篇章就是史官在各国民间记录下来的歌谣。先秦史籍里经常录载口头民歌，一个突出的例子是用汉字翻译出来的《越人歌》，[②]这种习惯沿袭下来，历代都重视记录民间歌谣，留下众多文献。最著名者如宋代郭茂倩编辑的《乐府诗集》，分12类记载了上古到汉唐时期的祭祀歌曲、宴会歌曲、街巷歌谣、舞曲琴曲等的歌词。明清时期则编纂了众多的地方小曲歌词选集如《雍熙乐府》《万花小曲》等。历代文人也自觉从民间歌谣里汲取营养推动诗歌创作。[③]而历来的地域民情风俗，方志著作皆载。

---

① 即使是少数民族入主，也仍然沿袭惯例而撰修前代史，例如元代脱脱主持修订了宋、辽、金三代史。历代文人更将听闻记录作众多的野史佚志。

② 汉刘向《说苑·善说篇》记载，一次楚国国王子皙泛舟河上，越国船夫唱歌，他一句也听不懂，让人记录并翻译过来，就成了一首美丽抒情的歌谣："今夕何夕兮搴舟中流，今日何日夕得与王子同舟。蒙羞被好兮不訾诟耻，心几顽而不觉兮得知王子。山有木兮木有枝，心悦君兮君不知。"

③ 例如明人李开先《词谑》里就记录了一些他认为可以开人思路的民歌，著名的如《捏泥人》等。他还记载了一个故事：李崆峒十分推崇汴梁民歌，终日在街巷听之不厌，有人来向他学写诗，他就让人去街上听民歌，那人果然大有收获。

秦汉时期的郡书、地理书、都邑簿开其先河，宋代方志正式兴起并迅速普及后，都将其列为重要内容。例如各地方志都详细记载当地礼仪、岁时、信仰、各种民俗，重要的节庆、祭祀、庙会活动内容等等。文字记载与口头传承的交互作用，保证了非物质文化遗产历史文脉的长久延续不断。

由于以上特殊文化基因的作用，中国拥有世界上最大的非物质文化遗产库存就成为必然。

二、中国非物质文化遗产的特征

由上述特殊条件决定，中国非物质文化遗产除了具备非物质性[①]、口传身授性[②]等人类非物质文化遗产的共性以外，还有许多自己的独有特性。

由传统文明高度发达决定其包罗广泛性。与一些人口较少民族单一国家仅传承一部分或某几项非物质文化遗产不同，中国文化中包含有联合国人类非物质文化遗产名录概念的全部类别（从联合国已经颁布的3批90项[③]人类非物质文化遗产名录类别看），而且多数类别都有着大量显现，中国并有着许多独有的非物质文化遗产类型。中华文化传承了众多的各民族口头传说、多民族史诗吟诵、宫廷和民间的各类祭仪典礼、广场性狂欢共娱的各种文化空间、样式繁杂的音乐舞蹈戏剧曲艺杂技游戏表演、民间美术和传统技艺的各样技能。仅从国家文化部颁布的两批10类1028项名录内容看，就有民间文学84项、音乐139项、舞蹈96项、戏剧138项、曲艺96项、体育游艺杂技55项、美术96项、技艺186项、传统医药17项、民俗121项，一般来说都具有与世界非物质文化遗产名录已发布项目的同等价值。除此以外，中国拥有许多深含东方经验把握与思维玄机的智慧结晶，诸如农历和二十四节气对自然规律的掌握、人体经络与针灸使用、中药与各民族草药的疗效与炮制、中餐厨艺烹调与众多地方菜系、中华武术、苏州园林的布局情趣

---

① 非物质性是人类非物质文化遗产的基本定义，即不以物质形态为载体的人类文化遗产，存在于人们的口头传说和表述中、各种民俗节庆礼仪和艺术表演中、传统工艺和技能的操作实践中。它是我们观察、研究和保护非物质文化遗产的出发点和归宿。

② 非物质文化遗产都是以口传心授的方式被创造和传承下来。一代一代人的口头创作，通过心口相传的方式延续和继承，形成民族文化记忆。

③ 人类口述和非物质遗产代表作的评选从2001年开始，每两年一次，每次一国只可申报一项，鼓励多国联合申报，不占名额。2001年宣布了第一批19项代表作的名单，2003年宣布了第二批28项，2005年宣布了第三批43项，共计90项。

与意境设计、古典诗词曲赋俳偶对联的语言使用方式、文房四宝制作运用及书法国画的创作等等，都是独有的非物质文化遗产。其中如唐诗的律学、宋词的音韵学、元明清曲的曲律学是人类发展到极端的文学、语言学技巧，湖南江永县的女书则是起源或许十分悠久的世界上唯一一种女性文字。[①]

由文化包容性强决定其多元杂糅性。例如民间宗教信仰的多元，构成信仰仪式的多元。原始信仰与巫教的长期存在，儒、释、道三教合一的文化环境，共育了民间信仰的普泛化，使之形成交混杂糅状态。民间礼敬的人神仙鬼众多而庞杂，天地君亲师，儒释道巫，甚至山精水怪、树魅狐妖都可以成为奉祀对象，普通小民的信仰心理是有病乱求医，见神即磕头，以功利和实用主义的灵验与否为信仰标准。民间信仰的神系因而十分混杂，今天见诸史籍的中华民间诸神有200多种，分属不同神仙谱系，还有其他众多的杂神土神不计，尤其巫傩信仰的神系庞杂混乱之极，[②]各种城乡聚处地则是儒厦、佛寺、道观、杂神淫祠共存。庞杂的民间信仰拥有综合混乱的仪式空间，似儒似佛似道似巫、非儒非佛非道非巫、亦儒亦佛亦道亦巫，时见如来、三清、财神、关帝共享香火，而和尚看守道观、道士主持杂庙的现象也常见。例如民族文化的多元。各民族有不同的史诗传唱，汉族有《黑暗传》，藏族有《格萨尔》，蒙古族有《江格尔》，柯尔克孜族有《玛纳斯》。各民族有自己的特色服饰、房屋建筑式样、生产生活方式和音乐舞蹈样式。各民族更有自己的特色文化，如纳西族的东巴文化，有着自己独特的象形文字和众多经典文献、独具一格的祭祀与舞乐仪式等。同一个东西，不同民族又有不同的呈现方式，如同属傩仪，彝族有“撮

① 女书流行于湖南省江永县及其毗邻的道县、江华瑶族自治县的大瑶山和广西部分地区，今天见到的最早记载是太平天国（清朝咸丰年间）发行的“雕母钱”背面用“女书”字符铸印的“天下妇女”“姊妹一家”字样。女书的起源可能十分古老，学者做出种种推测，有三代时期古夷文说、商代古文字说、古越文字说等等。2004年9月20日，女书的最后一位自然传人阳焕宜谢世。

② 例如贵州省湄潭县抄乐乡傩坛“香位图”上开列的神座有金阙玉皇、孔圣先师、三元凶盘、三洞法王、东山圣公、南山圣母、元始天尊、太上老君、大洪宝山、淹济祖师、三清大道、五岳五天、三消王母、三洞冷坛、金田将军、银角大帝、十圣公主、十圣姊妹、三元法主、三洞梅山、金花圣公、银花圣母、三元将军、四元枷梏、检卦童子、判卦老君、千千雄兵、万万猛将等等，又列有佛门启教、道门启教、茅山启教十八先师、梅山启教六真人等追叙教门来历的文字。又如贵州省德江县稳坪乡长兴村魏家寨土老师魏观跃珍藏的土家族巫仪抄本《新集三元和会科仪》，并行叙述三教教主释迦牟尼、老子和孔子的家世和生平，三教被混淆杂糅在一起，统一于巫的意志之下。

泰吉”，苗族有“磨过”与“芒蒿”，仫佬族有“依饭节”，土家族有“毛古斯”，蒙古族有“呼图克沁”；同为萨满仪式，东北的满族、鄂伦春族、达斡尔族、赫哲族、鄂温克族各自不同之外，蒙古族有“博”，维吾尔族有“巴克西”，藏族有“本波”，侗族有师公，彝族有“苏尼”，羌族有“释比”。

由政体森严和民间社会完整决定其朝野共享性。古代中国无论官方还是民间，都例行举办级别不同内涵一致的祭典礼拜、年节仪俗活动。有由国家出面举行的大型祀典，如皇帝祭后土、祭太庙、祭社稷坛等。地方当局也奉皇帝命或按惯例祭祀当地的山川宗庙文苑先神，各个都邑学宫年年都在孔庙祭孔，而曲阜孔庙每年阴历八月二十七日孔子诞辰时举行的祭孔大典“释奠礼”2000多年从未间断，成为世界祭祀史上的奇迹。乡间村落的宗庙祭祀也年复一年周而复始地永续性进行，由宗庙家族制度维系运作。民间神庙也祭祀香火不断，多有持续千年的，见于各地碑刻与方志记载。根据历法和节气组成完整的节日系统，而众多的民俗节日庆贺构成繁杂的节令文化。汉族一年中大小节日连缀不绝，正规的传统节日如正月初一春节、正月十五元宵节、四月初五清明节、五月初五端午节、七月初七七夕节、八月十五中秋节、腊月三十除夕等，宫廷和民间庆贺都有一套完整的习俗。[①]如岁末除夕皇宫驱傩赶祟演变为京城的岁时景观，而天下都邑也都于同日举行盛大仪式。[②]元宵节看灯则在北宋末发展为京城的全民游乐活动，届时徽宗亲至街巷“与民同乐”。[③]又有中元节礼佛、下元节瞻道，朝野共庆、天下为欢。各少数民族在发展过程中更形成生动活泼、丰富

① 例如春节前后习俗：从冬至开始家人团聚，穿新衣服，备办佳肴，祭祀祖先。腊月初八吃腊八粥（七宝粥、五味粥）；腊月二十三过小年，家家宴饮放炮、邀亲访友；腊月二十四是“扫尘日”打扫卫生，家家户户备酒果烧纸送灶王爷上天，富裕人家请僧道念经，晚上在床脚处点灯“照虚耗”；腊月二十五煮“人口粥”敬食神，然后就是换门神、挂钟馗、钉桃符、贴春牌、贴年画、贴窗花、贴春联、贴挂签（流苏），等着庆贺除夕；除夕夜家家张灯结彩，吃年夜饭（也叫团圆饭），饮屠苏酒（也叫辞岁酒），晚辈磕头，长辈赠压岁钱，全家围炉而坐守岁，半夜子时放鞭炮送走恶鬼、除旧迎新；大年初一一大早先放一挂鞭以清除秽气，然后拜贺长辈，大街上到处结彩搭棚，售卖各种新鲜吃食和喜庆玩物，人们熙熙攘攘游赏；初二祭财神；初三后开始四处拜年、串亲戚，穿新衣、提花花绿绿贺节物品，骑马坐轿走路，逢人道喜，四处一片欢庆；初五有“破五节”；初七是“人胜节”（“人日”）；初八是“八仙节”，这几日家家饮宴，笑语喧哗，有条件的地方还要耍社火、唱大戏；然后最隆重、最正式推出的还有正月十五的元宵节，届时村村镇镇闹花灯，把过年推向最后一个高潮。

② 参见宋孟元老《东京梦华录》、吴自牧《梦粱录》及各地方志有关记载。

③ 宋孟元老：《东京梦华录》卷六“元宵”条。

多彩的民族风情节日，如藏族的雪顿节、穆斯林的古尔邦节、彝族的火把节、壮族的歌圩节、傣族的泼水节、白族的“绕三灵”狂欢节等，展现出不同的民风民俗、庆贺仪式、民族歌舞、民族服饰等等。由朝野共享的性质所决定，古代中国因而发展成为一个最大的文化空间，其气场延续几千年而绵延不绝。

由渗透力强决定其流播迁转性。中华非物质文化的传播性很强，自古以来一直在不断流播迁转。最初在中华腹地和周边区域流播，例如浙江余姚河姆渡、陕西西安半坡、山东泰安大汶口、河南渑池仰韶、四川三星堆等不同文化类型中的玉文化、陶文化、青铜文化、金饰文化等，彼此都有相同与相异的成分。随后朝向更加辽远的地方流播，最著名实例当然是丝绸之路上的播迁——丝织和养蚕技术的传播是古代中国对于人类文明的最大贡献，[①]烧瓷技术的传播发展则使得今天的日本瓷、欧洲瓷得以较艺于中国。13世纪末马可·波罗热衷于向欧洲介绍中国的燃煤烧水做饭，[②]茶艺则成为东方国家甚至世界的爱好，小到筷子的使用习惯也遍及中华文化圈，而当代针灸与中医、中餐厨艺、中式家具及园林设计等正在向西方扩散，至于造纸、印刷、火药和指南针技术的传播渠道则早已消失于历史的无意。境内民俗文化呈地域性分布的特点突出，十里不同风，百里不同俗，彼此之间又有着承传迁转的明显痕迹。戏曲声腔在传播到全国各地过程中与当地语言、曲调结合而形成新的腔种或交叉腔种，据1959年统计全国戏曲剧种共达360多种，[③]成为世界一大文化奇观。其中，如梆子剧种在陕西、山西、河南、河北、山东发展为多种风格的地方梆子，组成梆子腔系；花鼓、采茶、花灯系统的剧种各地都不同。民间歌舞技艺同样：民间鼓乐风格突出的有晋南威风锣鼓、陕西安塞腰鼓、京西太平锣鼓等；同为秧歌舞，安徽花鼓灯、东北大秧歌、海城高跷、济阳鼓子秧歌风格迥异；各地有各地的舞狮、舞龙、踩跷、抬阁绝技。民间年画有苏州桃花坞、天

① 中国通往西方的著名的丝绸之路，早在先秦时期已经形成，公元前400年左右希腊人克泰夏斯（Ctesias）已经在著作里提到中国，他称之为“赛里斯”（Seres），意即丝绸。以后“赛里斯”的名字屡见于希腊人、罗马人、埃及人的地理和旅行著作。参见Henry Yule，Cathay and the Way Thither（London：Printed for the Hakluyt Society，1866），No.1。

② ［意］马可·波罗：《马可·波罗游记》第二卷第三十章称，中国人用矿山采出的一种黑色石块做燃料，热力很高。陈开俊、戴树英、刘贞琼、林键译《马可·波罗游记》，福建科学技术出版社1982年版，第124页。

③ 根据1959年《戏剧报》新中国成立十周年专刊统计。

津杨柳青、山东杨家埠、四川绵竹、开封朱仙镇、河北武强等不同形式流派，民间剪纸有陇东、陕北、晋南、河北蔚县不同风格代表。

由大陆型文化特征决定其中心发散性。文明总是中心发散的，由一个强势传播源向弱势承受区域发散，从宫廷传到民间，从都市传到农村，从大陆传到周边。宫廷礼仪散落到民间便成为民俗，例如晋东南民间保存的明万历二年（1574）抄本《迎神赛社礼节传簿四十曲宫调》以及与之配套的活的祭祀仪式系由宋代宫廷礼俗沿袭流变而来。①汉文化扩布到少数民族地区又成为当地的民风，例如云南丽江纳西族却保存了远较一般汉族地区浓郁的中原文化氛围以及汉族地区久已散佚失传的唐宋道教洞经音乐。②中国内地文化由于积累丰厚而具有很强的辐射力，历史上长期保持扩散的态势，在周边造成中华文化圈。例如周围的朝鲜、越南、日本等国家都使用汉字、推行儒学、接受华化佛教、承袭中国典章制度等，③因而许多文化理念与习俗、宗教情感、祭祀礼仪、节庆风俗成为文化圈内共有的精神财产。在中心部位长久遗失的文明却可以在周边找到痕迹，孔子所谓"礼失而求诸野"，④例如日本晚近宫廷舞乐里保存了中国隋唐宫廷乐舞的众多成分。⑤

这些特性，共同结构出中国非物质文化遗产的状貌，也结构成中国与周边国家非物质文化遗产之间的文化关系。

---

① 参见廖奔《晋东南祭神仪式抄本的戏曲史料价值》，《中华戏曲》第8辑，1993年。

② 参见廖奔《丽江风韵》，《中国作家》2002年第7期。

③ 参见武斌《中华文化海外传播的历史规律》，《光明日报》2008年8月21日。

④ 《汉书·艺文志第十》："仲尼有言：礼失而求诸野。"（四库全书本）

⑤ 《大日本史·礼乐志》说，日本从推古朝开始有了隋唐音乐。到日本文武天皇大宝二年（702）在宫中设立雅乐，其中即有唐朝的伎乐和乐师，能演奏隋唐乐曲150多首。其乐礼制度也来自隋唐。日本圣武天皇设置内教坊，让女伎们专门学习唐乐。以后，唐乐作为宫廷雅乐一直留传下来，直到现在日本宫廷每逢大典仍奏《万岁乐》和《太平乐》。日本12世纪一本记录乐舞形象的《信西古乐图》中摹绘了腰鼓、揩鼓、揭鼓、筚篥、奚娄、箫、筝、横笛、五弦、尺八、琵琶、笙、箜篌、方响等从中国传入的乐器，以及《皇帝破阵乐》《苏合香》《秦王破阵乐》《打球乐》《柳花苑》《采桑老》《胡饮酒》《放鹰乐》《案弓字（安公子）》《拔头》《还城乐》《苏莫者》《苏芳菲》《罗陵王》等唐代舞蹈。今天日本著名的古物陈列馆——奈良市正仓院里还保存了很多唐代乐器和服装器具，舞名有《破阵乐》《罗陵王》《三台》《浑脱》等，都出自唐代的大曲。唐代大曲《兰陵王》在日本传演到今天，因而现在还可以看到与之有关的面具文物计64件，最早的有1211年（承元五）的铭文（见日本《舞乐面遗品之种类目录》《舞乐面铭记年表》，西川杏太郎编《日本の美术》第62期第104～107页，昭和四十六年）。

三、中国非物质文化遗产进入现代的特殊方式

所谓非物质文化遗产，是以现代社会生活作为参照物确定的概念，更多是指工业文明前的文明创造物，它随着现代文明的深入开掘而逐渐消亡。由此论之，工业文明历史浅近的国家，其非物质文化遗产与现代社会的接壤与交合部更为广阔，中国即是这方面一个典型。

中国非物质文化遗产是以特殊方式进入现代社会的，这决定了它的现存面貌。在中国长期的古代社会中，属于精神成果的非物质文化保持了质的千年延续不变与量的永恒积累叠加。然而进入近代以来的百余年，这种状况彻底改变了。

长久保持了发展恒定性的农业中国，并未像欧洲那样从自身肌体中自发生长起工业革命的初始动力，而是在受到帝国主义的侵略和掠夺之后才被动开始现代变革。因而，中国是以完整而缜密的一整个古代文化体系与现代突然遭遇的，这个体系曾经焕发出历史文明的耀目光焰。然而现代文明的竞争遵循的却是另外一套法则，它迫使之前的传统文明全部萎缩甚至覆灭。人类众多的悠久文明面对着一个共同的艰难选择：要么被动保持传统质直至最后灭亡，要么主动吸收新质转换为现代文明。世界上一些自强的古老民族采纳了后者，其中包括中国。于是，现代化道路在脚底下展开，传统文明则成为遗产。

当中西体用之辩和“以夷制夷”的幻景最终被现实阻断和粉碎时，国人认识到仅从器物层面无法挽救中华文明的颓势。面临民族危亡的中国不得不选择决绝的文化革新姿态，用彻底破除旧有制度体系、认知体系和价值体系的手段来引导自身跳出封建轮回，实现民族自强。这正如鲁迅在《华盖集·忽然想到》中所比喻的：“我们目下的当务之急，是一要生存，二要温饱，三要发展。苟有阻碍这前途者，无论是古是今，是人是鬼，是三坟五典，百宋千元，天球河图，金人玉佛，祖传丸散，秘制膏丹，全都踏倒他。”而民主与科学成为中国新文化的旗帜。百余年来，中国文化经历了剧烈的动荡、风化、更新与再生，其中有成功也有挫折。五四新文化运动荡涤旧文化，新中国建立起人民共和的新型政体，新中国成立后移风易俗破除封

建迷信，新时期以来倡文明树新风，道道波涌的共同作用使中华民族的文化精神得到了大幅度更新。然而西方强势文化的大举进入，政治极“左”思潮的干扰破坏，也使优秀的传统文明质过多流失，特别是“文化大革命”的“破四旧”致使许多传统断绝。

百年来的西方文化潮涌与现代工业文明的入主，使传统中国的自然经济状态受到极大冲击，前期还只是造成文化杂糅，未能阻断传统，随着20世纪后期工业化和城市化步伐的推进加剧，商业市场与消费经济的迅速崛起，传统的农业文明向工业文明、科技文明与商业文明急速转型，社会生产与生活方式发生了彻底的变革，属于非物质遗产蛰伏地的旧有文化就成了最后的融冰。针对现代都市文明来说，作为人类文化记忆的非物质遗产，是旧有生活方式的智慧结晶，是祖先留下的文化基因，我们需要保存住这些文化符号，以延续自己的民族血脉。然而，社会的现代化进程却又是消灭这些文化符号的罪魁祸首——这是人类文明的一个发展悖论。好在现代人类从文明教训中逐渐懂得了尊重传统的意义和价值。先于我国开始工业化的一些东方国家也先于瞩目非物质文化遗产，日本早在50多年前已经提出“无形文化财”的概念，[①]韩国也较早开始了对无形文化的保护行动。[②]中国解放以来形成保护民族民间文化遗产的概念并付诸行动，也成为联合国抢救人类非物质文化遗产理念的前奏。然而，我们以往的理解和措施远不够全面和完善，加上极“左”思潮的干扰和扭曲，长期以来步履艰难。

今天我们面临联合国教科文组织所描述的典型化困难局面：“随着当今世界的全球经济一体化，不计其数的文化遗产形式正面临着消失的危险，并受到文化标准化、武力冲突、旅游业、工业化、农业区缩减、移民和环境恶化的影响。”[③]我国非物质文化遗产受到冲击和消解的问题越来越突出。例如作为传统戏曲大国，我国的剧种30年来急剧萎缩，种类数量上锐减，一半剧种专业剧团消失只有业余演出，许多剧种唯余一脉香火只剩下一个剧团成为所谓

① 日本明治三十年（1897）即制定了《古社寺保护法》，1950年颁布《文化财保护法》。

② 韩国1956年颁布法律保护文化遗产，后来又建议而由联合国教科文组织于1993年启动了“人类活瑰宝”体系。

③ 联合国教科文组织：《人类口头和非物质文化遗产代表作申报指南》，文化艺术出版社，2005年。

的“天下唯一团”。[1]中国宫廷乐庞大而完备的体系不复得见了，反倒是周边国家保有其吉光片羽的折光，例如世界第三批人类非物质文化遗产名录中的韩国宫廷宗庙祭祀乐，本是以中国宫廷仪式记载为基础而形成的完整演奏程序，越南宫廷雅乐也受到中国的明显影响。许多民间传统被冲击得残缺不全，无法聚合成为完整的文化空间，例如佛教和道教法事、集市庙会广场文化活动、祭祀行傩和演剧、社区狂欢节等，这也是为何我国颁布的非物质文化遗产名录中文化空间较少的原因。[2]例如北京老天桥市场原是一个著名的文化空间，首批入选代表作里摩洛哥加玛广场文化空间的例子，就与之十分相像。加玛广场是当地人聚集游艺的场所，其内容包括说书、杂技、戏剧、舞蹈、耍蛇、吞火、算命、占星、卜卦、牙医、草药、纹身、布道、出售食品等——这与我们所了解的老天桥市场如出一辙，但天桥却消亡了。韩国申报成功的江陵端午祭对于中华端午节日仪式保存完好而又有许多衍生发展，使之文化空间的味道更加浓郁；而我国遍布全国各地仍然呈活体状态的端午节习俗，除了划龙舟、吃粽子等节目外，已经较缺乏内涵。汉民族春节习俗从保存完整程度上说，甚至可能出现大陆不如台湾地区、海内不如海外、中国本土不如外土中国城的情况。今天我国保存较完整的文化空间一般只在边远少数民族地区，例如一些歌吁节之类，它们受到的时代冲击相对较小。

传统文化加速消亡的结果，是它所由寄托的民族精神、民族情感、民族审美理想的淡化与稀释，必然带来民族个性的变异和扭曲、民族特征的弱化和消亡，最终引起民族文化基因的改变。为世界各民族所特有的不同思维方式、价值观念和审美理想，如果被一致的现代工业文化符号所取代，七彩的世界就会统一为灰色，人类文明就会陷于万劫不复的境地。在保持文化多样性方面，作为人类非物质文化遗产最大渊薮的中国，负有更大的历史责任。

---

① 据2005年中国艺术研究院完成的《全国剧种剧团现状调查》，称我国20世纪50年代末，全国有367个戏曲剧种，其中50多个为新产生的剧种。现存剧种仅剩267个，其中有一半的剧种仅有业余演出，有60多个剧种没有音像资料保存，许多地方剧种还正在走向消失。而据中国民族民间文化保护工程国家中心提供的一项最新调查资料表明，有文字记载和演出活动的剧种，1982年尚有394种，到目前为止，还在舞台上演出的剧种只有100多种，能为大家稍稍熟知的剧种则不到50种。

② 乌丙安统计，在我国公布的首批518项国家级非物质文化遗产代表作中，文化空间类项目为50项，仅占9.65%。乌丙安：《民俗文化空间：中国非物质文化遗产保护的重中之重》，《民间文化论坛》2007年第1期。

四、中国非物质文化遗产保护的特殊性

由于现代工业化切断各民族传统、格式化生活方式给当代人带来的警醒与反思，我们日益强烈地确立起抢救非物质文化遗产的信念。而由于中国经济力快速攀升和提高综合国力的需要，我们业已拥有了相当的抢救实力与具体的文化诉求。因而，推行保护非物质文化遗产的国家行动已经成为现实实践。

在保护行动理性推进的过程中，我们经常遭遇的是如何对待中国非物质文化遗产特殊性的问题，这个问题从理论和实践两个方面展开。前者是指如何看待既有的非物质文化遗产，如何为之定性，确立何种保护观念，属于认识和观念的范畴；后者是指一个正在迅速现代化的社会如何处理好发展与传承的矛盾，前瞻性、预见性地为非物质文化遗产保护预留空间的问题，属于社会实践的范畴。

（一）中国非物质文化遗产的复杂性

由于中国非物质文化是一个完整制度体系和思想体系的产物与附着物，当中国的现代化步伐首先以制度变革的方式推进时，它的制度根基就坍塌了。这是历史发展的必然，是不以今天人们意志为转移的既往客观现实。旧制度的坍塌是现代中国崛起与腾飞的起点，是当今中国以现代化强国面貌屹立于世界东方的前提。而制度层面的非物质文化遗产的死亡，是人类文明轮回的体现，哀婉的挽歌也挽留不住它的仙逝。至于依附于旧制度的社会认知体系、伦理体系与价值体系的随之坍塌，则是应当并且值得审慎对待的，因为旧文化中包蕴着我们的传统基因、民族特征与文化个性，新文化也不可能在脱离母体的情况下凭空造就。

当我们把传统文化从旧制度的框范中剥离出来，我们看到了中华文化的智慧性、哲理性和永恒性，看到她为人类文明所提供的特殊贡献，更看到她对人类未来发展的特殊影响力。例如中华文化的天人合一、和谐共处、辩证思治等理念，正在和已经成为今天人类思想的共享物，为世界的均衡发展提供着精神上的源泉与动力。而更多体现在伦理层面、道德层面和民俗层面的非物质文化遗产，则是包蕴民族精神气韵、孕育民族性格气质、培养民族审美习惯的丰厚土壤，伦理层面的许多东西今天要重新认识，道德层面的许多东西可以继

承，习俗层面的许多东西可以传接。

即以传统中国的代表征象礼教为例。从根本上说，礼是用来节制社会等级的，是封建制度、等级观念的反映。《礼记・曲礼》孔颖达疏云："礼者，所以辨尊卑，别等级，使上不逼下，下不僭上。故云礼不逾节，度也。"封建礼教所严以标举的等级观念、尊卑秩序、亲疏有别、专制主义，其精神实质是建立在不平等的人与人关系基础之上、为维护专制社会政体服务的，自然不与现代民主自由精神合拍。然而传统礼教所倡导的仁爱、正义、和谐、节制、美善、忠孝、睿智、虚静、自然、诚信等义理（香港陈杰思教授归纳为十大义理），则是协调人际与自然关系、维护良好社会环境、保持崇高道德情操的人类智慧升华。当我们破除了专制体制、建立起民主政治以后，以增加人的品质修养为目的，在传统基础上重塑人文之礼，礼的内在精神就转为当代社会宝贵的人文资源了。①

中国非物质文化遗产中也包含有与时代精神和现代科学知识相背离的内容，已经不适宜于应用到今天的社会生活，例如万物有灵、因果报应、禁忌避讳、跳神装鬼等，属于愚昧迷信的产物，即使是在古代社会也不为智者所取，孔子"不语怪力乱神""未能事人，焉能事鬼""未知生，焉知死"（《论语》）的务实态度影响了历代知识阶层，历来对这类愚俗都有鄙夷之声。当它们仍然呈现为活体状态时，会对某些社区大众的文化心理产生扭曲影响，这是在传承和保护非物质文化遗产时特别要关注的。

非物质文化遗产时而呈现为综合杂糅的复杂内容团块，精华与糟粕共存，例如一些文化空间，在民间仪式习俗的表演中，也夹杂有一定愚昧迷信的成分，对其定性尤其是对待一定要慎重。单纯剔除其糟粕成分的做法可能损伤了整体，使得文化空间残缺不全和分裂为碎片，甚至可能因影响了生态环境而危及其活体生命（这是以往的教训）。我们还要认识到，有些因时代观念局囿或人类认识局限性而暂时不能辨识其终极价值的非物质文化遗产，对它们的真实价值判断需要合适文化环境的确立。而传统文化具有不可再生性，一经毁坏就会永久失去，因而对之要慎而又慎，有些要留给时间来判断。总而言之，对

① 参见陈杰思《人文礼教与封建礼教》，《纪念孔子诞生2555周年国际学术研讨会论文集》卷二，2004年。

待非物质文化遗产与对待任何遗产一样，持保守立场更为稳妥。

对待非物质文化遗产的这种复杂性，可以用一种文化超越性的眼光作为认识基础，即任何文化生成物在历史上发生影响，都有一个随时间推移的因素，彼时彼地的人类局限，只在一个相对时段内左右人们的思维，超出界限之后，人的认识发展与超越了，它就仅剩下中性的文化痕迹保留在记忆里，不再能够支配人们的现实实践。这时，它会因为仍然具有认识意义而具备保护价值，成为我们所有了解古代人类思维过程与传统文明发展曲径的载体。因而，无论何种性质的非物质文化遗产，只要它已经与现实环境相脱节，就都成为人类既往文明的标本，具有认识和研究价值，而值得珍视与保护。原始部落的宗教仪式不能对现代社会文明发生侵袭致病作用，是因为后者已经与之实现观念隔离而免疫。建立在这种眼光基础上的保护方案，自然是分层次地对待非物质文化遗产。今天已经确立的社会活体传承和博物馆式保护两种方式，是较为符合实际的，即适宜于现代社会需求的部分可以直接进行活体传承使之生生繁衍，反之则采取博物馆式方法珍藏，包括类似于实验室培养基中的活体延续，使之在不对社会生活发生直接作用的情况下，保留其认识和研究价值，而留待时间的解毒。就像生物界和医学界，即使是对待严重危害人类生存的霍乱病毒，也为了研究而保存在严格控制的试管中一样，使之成为单纯标本意义上的存在。

（二）中国非物质文化遗产保护的前瞻性

中国的非物质文化遗产保护工作存在着特殊困难。一方面非物质文化遗产众量存在的现实，使保护成为巨大的任务和负担甚至发展障碍；另一方面非物质文化遗产更多地存在于文明边缘地区，这些地区也因封闭而不开化，缺乏自觉理性的保护意识，更重要的是这些地区多为贫困地区，缺乏保护的经济支撑力——其主要现实需求与心理期盼是迅速发展和进入现代文明，当发展与传承构成矛盾时，发展并尽快脱贫会作为社会的第一要务而压倒保护性考虑，这也成为许多地方对非物质文化遗产进行超载开发与商业利用而造成保护中破坏的诱因。

非物质文化遗产活态保护的理念，也成为横亘于发展与传承之间的矛盾添加剂，有人将其作为阻挡区域民众融入现代化生活的障碍，因为当非物质文化遗产呈现为活体时，可能会对现实人群的观念发生作用而成为社会现代意识的反动。这里有一个立足点的问题，有一个站在此文化之内与之外看问题的立场区别，即保护工业文明前非物质文化遗产的概念，是后工业社会人类思维的进步体现，但也可以见出外在于传统文化本身的超然。当文化之外的人要求其中的人保持既定生产与生活方式以供展览时，文化中人通常是反抗而要走出去追求新的文明的。这也就是国际上的文化生态保护区之所以不容易长期维持的原因，美国印第安人、因纽特人保留地如此，新西兰毛利人保留地亦如此。因此，做好非物质文化遗产保护工作，既要考虑此文化所化地区之外的社会公众意识与整体利益，也要考虑之内人群的现实和心理需求而采取适当的支持与补偿措施，有时要做的可能就只是等待。

解决上述问题的关键因素，在于非物质文化遗产的保护工作要有前瞻性，而前瞻性的支撑力来自眼界与胸怀。首先我们当然无权阻断非物质文化遗产的脉息，因为继承这笔遗产不是我们一代人的特权，而是我们与千秋万代后人的共同权利，我们要随时想到为子孙留下什么，世界的物质资源不能耗尽，文化资源同样。其次还要从文化可持续发展的角度看问题，正确处理发展与保护的现实矛盾，在发展之初就预留出非物质文化遗产的保护空间，宁可发展慢一点，也不要因为片面强调速度而牺牲掉非物质文化资源；反之，这些资源在一定的时候却可以成为地方文化与经济发展源源不绝的动力。一定要在非物质文化遗产一旦破坏便不可再生的认识基础上，为之划定绝对禁区，同时要避免人为开发的扭曲使之失去本原性、纯粹性与基因性。

追寻那飘逝的辉煌

我对于徽州的向往始于十几年前。那时开始兴起民间宗教戏剧研究热，这一带保存完好、风俗古朴的傩戏演出颇引起海内外的关注。而曾经在民间广为流行的目连戏，其文本的鼻祖郑之珍就是明代徽州祁门人，他的族谱前些年在祁门被发现，引起轰动。我因研究古典戏曲，知道明清徽版戏曲刊本雕刻精细、插图致密，令人神往；又因研究戏曲文物，徽州古民居上的戏曲木雕、石雕、砖雕引起我的兴趣。当然，作为文人，我也连带喜好徽州的歙砚徽墨。这些一并发生在徽州，形成此地域的一种文化神秘感，又因地近天下名山黄山，更让人觉得这里有天赋神异。然而，我一直没有机会实地一游。及至前两年，因黄梅戏《徽州女人》而进一步感受到徽文化的底蕴，又接触到徽州“西递系列版画”，作者应天齐关于徽州村落中蕴藏着丰富古文化的煽动性说辞更令我心动。

积累已久，蓄势而发，这一趟行程于我是多么向往可以想见。

一、桃花源里可耕田

汽车在重重叠叠的山峦间行进。公路总是沿着山罅延伸，路旁一道清澈的溪流伴随，山环水绕、峰回路转之际，视野忽然开朗，一片人间田畴就映现眼前。四外稻花飘香，有些早稻已经收割，更多的禾苗还在郁郁葱葱地拔节。其间那黑脊白壁、参差错落的马头墙建筑组成的古村落，就像一页页凝固了的历史，然而村落上空升腾着的乳白色炊烟，又氤氲出这画中世界的活力。我默吟着“暧暧远人村，依依墟里烟”的诗句，感觉自己正在进入东晋陶渊明文赋里描述的桃花源。

徽州的崇山峻岭中，原来掩映着许多的古村落。辟为游览区的黟县西递村、宏村、南屏村，歙县棠樾村、槐塘村，黄山市徽州区屯坎村等，已经为世人熟知。其中，西递、宏村古民居和棠樾牌坊群被列入世界遗产名录，更是为世所瞩目。仍然有更多的古村落尚处于隐蔽状态，未尝示人以面。当我们由屯溪开往歙县时，安徽省文物局汪顶胜副局长指着南边连绵不绝的白际山群峰说，他曾坐着手扶拖拉机在那里面转了半个月，到处都是古村落！

进入这些村落，一幢幢典型的徽州古民居映现眼前。高大的门额牌楼，高耸的围墙，高矮相间、错落有致的马头墙，共同组合成复杂而洗练的几何图形，空间结构变化而有韵致，建筑色调朴素而淡雅。深入进去，道道狭窄细长的街巷，一色的青石板路，路旁细渠的水淙淙流动，夹巷而起的高墙及其上的挑檐拱角遮蔽着、切割着天空，远处望得见村外的青翠山峦，白云在上面悠闲地游漾。

跨进高大的门楼，里面有天井正厅、堂屋侧室、闺阁绣楼、书房琴间、水池花园、夹墙隙地，精心结撰，随意点染，周回曲折，水复山重，雅致清幽，暗香浮动。遍布雕饰花纹的一道道隔子门、一扇扇窗棂，墙头、壁间、梁坊、斗榫处镶嵌的砖雕、石雕、木雕图案……玲珑剔透，千姿百态，为居室平添一脉艺术氛围。徽州居室就这样在有限的空间内调整结构布局，并进行精心雕琢，构筑起温馨宜人的居住环境。与之相辅相成的，是伴随着传统居住生活无处不在、无时不存的众多人文创造物，牌匾、楹联、字画、笔迹、墨宝、经籍等等，到处看得到笔墨意趣，到处闻得到翰墨飘香。

古村落中最醒目的建筑是祠堂，是那些大大小小的宗祠、支祠、家祠，它们遍布各个村落，在其中占据着显赫的位置。这是严格聚族而居的宗法社会里的景观，为着敬宗收族的需要而建立，集政权、族权、神权于一身，是乡村社会绝对权威的象征，是村人的社会中心。祠堂有着建立法统观念、维护村落秩序、协调族际和人际关系以及救助贫弱的功能，体现了家族对于族属的控制和扶助，既显示出强硬的专制性又有充分的人文关怀。当然，它们在20世纪的历史变迁里已经被彻底废弃，成为空具躯壳的残骸。

古村落的一个普遍特征是保有儒文化的浓重氛围。遍布的村落书院和众多的私塾、家塾以及居处环境幽雅高深的文化趣味，昭示着渔樵耕读生活方式在当地的普遍存在。家族制度要求并保障村落中每一个人都享受到良好的教育，因而“山间茅屋书声响”“十户之村，不废诵读”曾成为古徽州一景。徽州历史上以科举入仕者众多，“一门九进士，同胞两翰林”“父子尚书”“弟兄翰林”的佳话多有流传，成为它在科举时代的骄傲。自然，这些也早已成为悠久依稀的梦。

我感慨在这偏僻闭塞的崇山峻岭中，竟然有着如此发达的乡村社会和如此浓郁的人文环境！它吸引我去追溯其久远的源头和漫长履迹，去试图寻找其中掩藏着的历史际遇。

我惊讶地发现，徽州许多古村落的形成，竟都可以归结到历史上多次大战乱中的中原衣冠南移。永嘉东渡、五胡十六国、宋室南迁，一次次的历史动荡，使得北方的众多衣冠旧族，为躲避战乱而举族南迁。他们到达徽州，发现在僻地偏壤间有着丰田沃土，于是择地建村，聚族而居，累世繁衍至今。这里常常一个村落只是一姓，族姓许多被作为村名，如郑村、许村、江村、黄村、方村、王村等，这些村落一般都能归源到一个始祖或迁祖。徽州有着千年世系的村落比比皆是，由于每一个家族都非常重视建宗立祠、修继族谱，因而往往经历千年而谱牒不乱。

这是一条绵延不绝的历史链。

二、昔日辉煌的颓圮遗迹

中国社会生产力曾经长期处于自然经济阶段，聚族而居、渔樵耕读的乡村社会形态是中国封建社会之本，是其最小的细胞。封建时代的士子、官僚、商人，都是以乡村生活为依托，从这里出发走向城市、走向全国，然后又回到乡村。读书做官的、经商的，往往在城市生活中仅为过客，城市只是他们暂时的栖身之地，无论走多远，他们最终还是要回到生养自己的乡村来度过晚年，乡村才是他们的归宿。乡村是中国封建社会的家园。

因而，历代成功人士都经营乡村。他们在外面做了官、赚了钱、见了世面、提高了文化品位，然后就携带着巨大的财富和丰富的文化信息回来，将心力倾注于营建乡村生活环境。他们的实绩是极大地提高了乡村生活的品位，留下众多令我们今天惊叹不已的文化遗迹。这些遗迹是中国封建时代官、商、农结合而一社会形态的产物，是那个时代辉煌的印证。

然而，由于19世纪、20世纪100年的连绵战争以及20世纪100年的政治、经济和文化更迭，旧有的社会结构与生活模式被彻底涤荡，传统的乡村社会也受到强大冲击而风化，遭到极大破坏而残毁，彻底失去了往昔的面貌。

刚刚被纳入全国重点文物保护单位的呈坎村，是一座基本呈自然状态尚未开始全面维修的村子。它的历史悠久，南宋理学家朱熹曾为之题联曰：“呈坎双贤里，江南第一村。”呈坎三街99巷，旧有“呈坎民居甲徽州”之誉，今有300余幢建筑，80年代属于明代的尚有30余所。但我们一路上看到它的村落破败，屋宇凋敝，到处布满了柴草和灰土，又脏又乱。路旁的水渠久不疏浚，淤积了烂泥，发出恶臭，尚有村妇在里面刷洗童鞋。古民居现在或几家合住，或空置而堆积柴草杂物，一般都倾侧颓圮，村民在其中点火造饭，烟火把四处熏得漆黑。村中水循环系统已经长久废弃，取水扑火困难，又无其他防火措施，溪东街罗会鑫宅（明建）近年就被火灾焚毁。村中又有许多乱占乱建而有碍环境的新房，夹杂于古建筑之间，都是水泥筒子，无任何美感可言，和老房子风格极不相称，破坏了村庄的整体协调感。新中国成立前留下来的旧照片显示出呈坎村周围的山上原有浓密的古茂森林，也早已砍伐净尽。

来到呈坎村中心的钟英街，嗬，好气派，几座大宅第傲然并立着，虎死不倒威，仍然是那样显赫。街巷上面有钟楼跨街，宣示着曾经有过的繁华。然而钻进第一幢“石柱厅”大宅，破败之象立即显现。分住的村民在里面分割出一块块的领地，各自堆积着如山的柴草和杂物，到处杂乱昏黑。偏门外有厨房、庭院，皆又破又脏，四外恶水横流。村主任说老宅子一般由后人多家挤住，或是土改后分入人家集体杂住，大家顾不上维护环境。

战乱导致清末以后的农村凋敝，没有了做官的、经商的回家经营，村落往日辉煌成为颓圮的遗迹。20世纪一个世纪农村极度贫困，依靠自然经济不要说维持不了以往的排场，甚至连支撑之力都没有。今天住在这些老宅第里面的人们生活贫穷、文化素质低下，无法有脸面地生活。农作之后的疲惫使他们无力擦拭门窗，收拾庭院；熏烟把梁栋染成漆黑，居民逐渐忘却了上面的雕绘；祖上传下来的牌匾、字画、条幅与生活距离遥远，被逐渐烧劈贱卖了。村人时而抬起疑惑的眼睛，不明白以往祖先怎么会有这么大的家业？当然，这只是一瞬间的事，糊口要紧，他们顾不上多思，就又辛苦劳作去了。

然而，近年来旅游热的升温和旅游购买的膨胀，似乎为村人和文物贩子打开了赚钱的门径。拆卖古民居建筑构件的事情大量发生：窗棂、门扇、雀替、斗拱、砖木石镶饰件都成了商业对象，在旅游市场的摊位上比比皆是。当地政府主管部门既没有文物鉴定权，也没有文物执法队伍，对于此类现象看得到管不到，只能眼睁睁看着这些精美的构件在市场上消失。

老房屋年久失修，不利居住，而村里控制建房用地，不能搬迁，村民就要求拆老屋建新房。老屋是他们的私产，是老辈传下来的，没有人能干涉得了，因此古民居每年都有被拆毁的。黄山市徽州区文化局方耀进局长说，现在许多古民居风雨飘摇，住在里面的农民想自行改建变更结构，甚至拆房。而当地文物部门无力把它们买下来，只好向农民画饼充饥，说是国家早晚要开发利用这些古建筑，发展旅游业，那时你们的老房子就值钱了，要有长远眼光，现在先坚持一下，可暂时做些局部维修。农民不愿意出钱维修，维修了并不能解决他们的住房问题，但也希望日后能有发财的机会，于是在矛盾中坚持着。但这种状况是坚持不了很长时间的。

黟县2000年财政收入4300万元，可用财力仅2900万元，属于吃饭型财政。而全县拥有3000多幢明清古建筑，无力开展全面的维修保护。1999年、2000年县里为西递村、宏村申报世界文化遗产投入了600万元，对核心保护区古民居进行修缮，对村落环境进行综合整治，已经是竭尽全力，对其他众多古村落则实在是无能为力。

代表了中国封建社会细胞标本的乡村社会遗迹，正在以飞快的速度消失。

三、人间仙境涂染了杂色

徽州众多的古村落得以绵延千年，得力于它的地僻人稀。然而几十年来，皖赣铁路的开通，黄山机场的修建，黄山名胜风景旅游区的建设，以及近期合黄高速公路的即将完工，越来越增加了这里的喧闹。旅游开发，使得参观者日益如潮水般涌向这以往的世外桃源，保存了千年之久原始面貌的徽州乡村社会开始了它最终的风化历程。这是一种暴露的风化，它正在危及徽州乡村社会的根脉。

当地政府有关部门虽然在尽力采取措施，但限于条件，在思维方式、整体思路、注目重点等方面往往不能兼顾。由关注所带来的维护措施中，又有许多反而加剧了对象的风化。

宏村，有着清幽奇丽的景观。一汪碧水环村，清澈宜人，为这炎炎夏日散播着沁凉。水面上有荷花片片，岸旁则杨柳拂水。远处是群山、白云、蓝天，山影云影和民居的倒影荡漾在水中，晃成一片波光，成为一个巧借自然的人文景观。三三两两散在水边的年轻人，是美术学院的学生，支起画夹，傍村临摹。

窄窄的街巷，石板铺路，路旁窄渠里流水潺潺，流经每一户人家时都拐进院落。这是宏村的水系，是村中的生命线。每天早上8点钟以前，渠水供村人食用，8点钟以后可供洗衣日用。马上看到令人不快的事情发生。一个在巷子里绘画的女学生，把涮颜料笔的水顺手倾倒在渠中，渠水马上变成乳灰色。导游阻止她，她理直气壮地说别人都这么倒。不错，上游的渠水也是乳灰色的。村中鸭子不识水色，仍在里面欢快地觅食嬉戏。在一栋大宅院门前，几个学生把擦满颜料的五彩布抛在地上，弄得原来纯青的台阶石和石板路面红一片紫一片，手上的颜料又顺手擦在青石门框上。

我曾向有关主管反映在宏村看到的问题，回答是游人不自觉。我指出应该有一个参观规则，同时又要现实解决涮笔问题才能允许画者进村，比如说准备一口大缸。回答是该村已经交由旅游公司开发经营——似乎颇有管理权限方面的难度。

村中一座大型民宅承治堂里，一间原来的大厨房，正在施工改建为旅游餐厅。我不知道擦去了古人日常生活的痕迹之后，剩下的空院落和房屋还能用来表示什么。一些对游人正式开放的厅堂里，有旅游管理人员在陈设的八仙桌上摆酒吃饭，看到导游带我们进来，和导游彼此招呼着、笑着，说是自己连个躲的地方都没有。

对古民居形成破坏的还包括影剧摄制组。徽州古牌坊、古民居的声名远播，引来了蜂拥的摄制组，到处拉扯电线拍片子，带来严重的火灾隐患。一次竟然在属于国家重点文物保护单位的呈坎村罗东舒祠里，架起一个硕大的火盘，弄得当地管理者心里战战兢兢。我说你不能制止他们吗？回答是人家来头大，说话横，我这小干部管不了。他们往往都持有省里领导的条子，上面说拍的是重大题材，必须支持。我问，拍片你们会增加些经济收入吧？回答是免费！或者人家也给个三五百的，可摄制组二三十人的门票钱就得五六百。一次一个摄制组在古建筑墙壁上刷上红军标语，拍完片掉头就走了，标语也弄不掉了。我说你们为什么不坚持原则坚决阻止？“坚持原则？我刚说完按照文物法不能办，省里大领导的电话就打来了，命令你办。”

古民居保护时常遭到开发的干扰和破坏。地方旅游部门热衷于和文物管理部门争夺管理权，以便于对之进行直接的经济开发。然而由于责任和观念不同，双方对待古民居的态度、方法和手段就不同。文物部门通常以保护为重；开发部门通常以经济效益为重。前者注重保护第一，注重对象的长远文化价值；后者注重效益第一，注重对象的现实经济开发价值。然而，“旅游是地方政府财政收入的一个重要支柱，文物保护则只会要钱，人家当然说话气粗。有些东西划归了人家管理，他们就愿怎么弄怎么弄，经常损害了文物，我们也没有办法。”一位县文物局长道出了他的无奈。

我们有责任和义务，为中华民族保存好这些文化遗物，并传给我们的子孙。单纯强调文物保护而不赞成旅游开发，当然是不切实际的。开发有利于早日开始保护行动，有利于增强保护实力，有利于提高当地居民的保护意识。保护与开发应该是相辅相成的关系。问题在于如何进行开发，如何体现“保护优先”，使文物能够得到永久利用。如果错误地把发展旅游业、带动地方经济理解为可以对文化遗产进行无限制的肆意开发和索取，可以带有掠夺性和压榨性地开发，那就等于把这类公共资源变成地方和局部利益集团的摇钱树。另外，为追求直接经济回报而对文化遗产进行过度开发，使之城市化、商业化、工业化，带来的负面影响是巨大的。浙江温州雁荡山小龙湫承包给个体公司经营以后，私人老板在悬崖上修建水泥电梯房，电梯的震动会造成山体松动不说，美丽的自然景观也被破坏。开发旅游，如果缺乏成龙配套的法律法规和政策，就会被一些利益驱动者钻空子。

一些地方官员保护生态环境、可持续发展的观念淡薄，注重的只是现时政绩，是短期经济效益，是上开发项目，是直接收益的大小，统计数字注重的是投入产出比。很少有人从避免超载开发、错位开发、过度开发，尽可能为后人保留文化遗迹的角度看问题。从理论上讲，文化遗产的产权归国家所有，然而这种拥有在法律上缺乏明确的排他性，各级政府及部门都可以把自己视作拥有者而抢占其经济开发权，并进一步认为自己对这种开发权有着随意处置权。在急于开发思路的支配下，国家的文化遗产往往被地方资本化、企业化和股份化，地方政府部门因而向旅游开发公司出让遗产资源管理权，让他们承包开发并经营。

近代以来中国从农业社会形态向工业社会形态的转变，导致了农村经济的崩溃和古民居的衰败，我们多年来的限制政策加剧了这种衰败。现在，社会又开始向信息时代过渡，媒体与现代交通，方兴未艾的旅游业，再加上汹涌的人口流，使上一个社会转型期尚未触及或触及不深的部位，开始加速它的风化。

延续千年的文化营养基，被彻底摆上了现代化的餐桌。

四、保护好这支传统血脉

中华民族在她几千年的繁衍和发展中，创造了灿烂的民族文化。封建时代中后期，尤其建立起以儒学为主导的社会政治形态、文化形态和生活形态。这种形态渗透到社会的各个角落，体现于人们生活的各个方面。乡村社会，就是其中极其重要的组成部分。

中华民族曾经构筑起古代严谨的社会结构与生活模式，它包容了从宫廷到民间、从城市到乡村各个社会阶层的生活。随着上层建筑的改变和社会的转型，宫廷和城市生活早已发生了天翻地覆的变化，旧式的生活模式一去不复返。然而，乡村社会仍然保留着少部分旧有空间。儒教统领与宗法结构合一的乡村社会，是中国封建社会的根基和底座，一滴水可以折射大海，透过它可以反映出整个封建大厦的面貌。

虽然，20世纪的狂飙似乎已经扫荡了一切，然而中国地博途僻、水重山复，在远离大道通衢处、山泽僻壤间，仍然保存有星星点点的乡村社会遗迹，遗留有一些比较完好的古村镇群落。近年来为世人所熟知的山西中部以几个大院为中心的古民居群落，安徽黟县、歙县古民居和古牌坊群落，环太湖水乡诸镇（周庄、同里、角直、乌镇、南浔、西塘），浙江楠溪江古民居群落，江西乐安县流坑村古民居等等，皆是这样的历史遗漏，事实上还有更多。

这些乡村社会遗迹保存了中国传统生活的旧有格局，例如聚族而居、耕读为本、保持井然的宗法秩序、家族共同繁衍、与周围环境和谐相处于天人合一的时空之中等等，反映出中国封建社会基本细胞的真实面貌，为我们了解自己的传统提供了典型实例。

我们还注意到与乡村社会有着紧密联系的、古人历史的和观念的世界。历史的世界，指的是一个村镇的历史文化渊源。长江流域及以南地区的古老自然村镇，许多都可以一直上溯至中原南迁的某个始祖，而几百上千年地延续连接不断。正是由于这个原因，才形成其严密的宗法规制、强烈的家族观念、浓郁的归属意识。而避世远祸的思想，使这些族居村落都选建于群山林莽间、人迹难至处。也恰恰由于这个原因，这些乡村社会才得以生生不息地长期延续下来。我们今天要寻找中原文化的活体遗迹，在中原地区很难找到，却要到这里来寻求。观念的世界，指的是村落建构所遵循的宇宙、哲学和人生的理念，从中体现出古人对于天人关系、人与自然关系、人与环境关系的深刻理解。当我们看到那些严格按照天人合一、顺从自然、注重和谐原则规划出的古老村落状貌，借山引水育林而成一方水土，无不叹为观止，其中掩映着神秘而科学的宇宙生存法则，又岂能仅仅用一句风水谶纬的迷信观念来概括！

乡村社会是中国传统社会的基础，它从历史和观念的角度，对今天的民众社会心理以及世界华人的宗族观念和文化情结，发挥着深层作用。虽然，经历了巨大的历史变革，乡村社会已经成为现代社会荒圮后院中的断瓦残垣，其遗迹仍在继续风化。然而，它又是中国现代文明中极其宝贵而又无法复制的文化资源，是中华民族内聚力和向心力的物化体现与观念寄托物。

乡村社会是中华民族的一支传统血脉，是民族文化的根须、土壤和灵魂。我们必须把仅剩的血脉、根须、土壤和灵魂保持住，使之成为宝贵的文化遗产而存在。同时，在21世纪里让它对世界开放，使之成为世界遗产而进入全球化的文化交融。

告别徽州之前，和某县一位分管文物的副县长聊天。他三十几岁，精明能干的样子，一直滔滔不绝地展说他的自然文化旅游开发计划，如借助某商业公司力量扩展古民居群项目，开辟新安江生态环境游，开发清凉山等。他的谈话极富鼓动力。我相信这样一位既懂得文化和文物价值，又充满实干热情的年轻人，一定能够大展宏图的。但不知为什么，我心中又不时泛起一股隐隐的忧虑。从道理上讲，我知道开发自然遗产与文化遗产的必要性和重要性，但是……

让我们在有所作为的同时，更多地想到一点后人吧。

中国乡村社会遗产考察

一、关于乡村社会

（一）文化内涵

所谓乡村社会，指的是人们按照传统生活方式建立起来的村镇社会形态及其文化空间。中华民族在她几千年的繁衍和发展中，创造了灿烂的民族文化。封建时代中后期，尤其建立起以儒学为主导的社会政治形态、文化形态和生活形态。这种形态渗透到社会的各个角落，体现于人们生活的各个方面。乡村社会，就是其中极其重要的组成部分。

中国社会生产力曾经长期处于自然经济阶段，聚族而居、渔樵耕读的乡村社会形态是中国封建社会之本，是其最小的细胞。封建时代的士子、官僚、商人，都是以乡村生活为依托，从这里出发走向城市，走向全国，然后又回到乡村。乡村是中国封建社会的家园。

然而，由于社会变迁和改造，这些遗存形态也正在急遽风化，而由关注所带来的维护措施中又有许多反而加剧了其风化。政府有关部门虽然对之投注了相当的注意力，但在思维方式、整体思路、注目重点等方面都有很大的偏离和问题，主要是只把它们作为物化的具体对象来看待，未能认识到其作为乡村社会缩影的文化价值。也就是说，只专注于有形遗产部分的维护，而未意识到对其辐射而出的无形部分意义和价值的保护与发掘。

（二）认识基点

我们以往都是从文物保护的角度涉及乡村社会的。然而，仅仅依靠个别物化对象，远远不足以维持乡村社会这一空间结构。单讲文物保护，往往会只注重于单个的实物对象，而忽略了它的生存空间及其发散式意义蕴涵，仅仅撷取花蕾，而忽略了其根、茎、叶脉、土壤、肥料及生态环境。而且，从文物保护的角度看问题，乡村社会的价值似乎不够大，它的物化形态时代比较晚，存留又相对普遍甚至普通，常常是一个一个的村落，甚至一片村落，整体保护则投入过巨。

我们不能停留在一般的文物保护意义上来看待这一对象，必须更新观念，重新认识其范畴、内涵、意义和价值。

有重要参照意义的是目前世界文化遗产保护的一种新方式：文化生态保护方式。这种方式对有形遗产连同形成这种遗产的人类生存方式一并保护，在保存一个古老村镇原貌的同时不打乱其传统的日常生活方式。我国已经在贵州、云南等省份开始了对少数民族地区的民族民间文化生态保护行动，例如1995年建立的贵州六枝梭戛生态博物馆（原生态苗族居住村寨的活性博物馆），这是十分必要也是及时的。

然而，这里所说的乡村社会，主要是汉族聚居区的文化遗迹，其民间文化生态结构已经被打破，传统的活文化（亦即传统生活方式）已经基本荡然无存，村落中的人们早已开始了不同于以往的生产和生活行为，他们对传统的乡村社会已经产生了很大的隔膜。这一点与少数民族个别自然村落中的人们仍然采用着古老的生产方式、保持着旧有的生活习俗不同。如果按照国际通行的标准，它已经不符合进行生态保护的基本条件。

但这不等于说，乡村社会形态所负载的历史文化信息也已经一并涤荡净尽。恰恰相反，从这些有形古村镇中，我们可以强烈感受到传统文化包笼天地的裹卷力和固有生活方式持久向今天渗透的气息。

眼前正在发生的是，面对社会生活的巨大变革，也面对一个世纪乡村传统经济和文化的凋敝，乡村社会正以极快的速度萎缩和消亡。新的社会结构及其物化成果正在长入和彻底覆盖传统。

旧有的文物保护模式不足以抵制这种长入和覆盖。

代表了中国封建社会细胞标本的乡村社会遗迹正在消失。

我们必须拓宽眼界，另辟思路，寻找更切合实际的保护方法——独立于旧有文物保护模式和民间文化生态保护模式之外的第三条道路。

这是一种介于文物保护和生态保护之间的文化保护模式，它吸收前者对固定对象的保护法则，也汲取后者对活文化的传承经验，建立起一种既保护原有村镇建筑及其环境，又注重研究挖掘其意义蕴涵，并且按照这种内涵来维护甚至恢复传统社区环境的方式。

（三）意义

中华民族的强大繁衍力和亲和力，使之在以往的几千年时间里，构筑起严谨的社会结构与生活模式，它包笼了从宫廷到民间、从城市到乡村各个社会阶层的生活。随着上层建筑的改变和社会的转型，宫廷和城市生活早已发生了天翻地覆的变化，旧式的生活模式早已一去不复返。然而，乡村社会仍然保留着少部分旧有空间。儒教统领与宗法结构合一的乡村社会，是中国封建社会的根基和底座，一滴水可以折射大海，透过它可以反映出整个封建大厦的面貌。

国家正在陆续启动的民族民间文化生态保护工程，是针对少数民族地区的。乡村社会更多的则是汉族聚居区域的文化遗产，代表了封建生活的主流形态。汉民族的民间文化资源已经遭到破坏性侵蚀，又由于结构的庞大积重而长期不自觉，致使延续了数千年之久的汉文化传统资源已经被耗竭殆尽！然而，以汉文化为主要特征的中国传统儒教宗法社会形态，是长久支配了中国历史、迄今仍然对国民文化心理产生影响，并直接对亚洲儒文化圈以及国际华人世界发挥现实支配力的形态。我们必须了解我们的传统，台湾地区和海外华人需要找到他们的根脉！因此，开展乡村社会保护工程义不容辞，刻不容缓。

21世纪是文化交流与融合的世纪，同时也是文化多元化的世纪。21世纪一个强大的经济支柱产业是文化旅游。文化旅游的开发依赖于文化资源。中国最丰富也最具代表性的是传统的儒教和乡村文化资源，它的影响力和辐射力已经遍布全球，成为21世纪文化交融中不可缺席的重要成员，同时也是形成世界各地华人向心力和凝聚力的本源。

以往我们注意了黄帝陵墓、孔子故里、北京故宫等中国历史上重大政治和文化遗迹的宣传保护，众多历史名城、名胜古迹的开放游览，这些都是有助于文化保护和扩散的。但是，随着民主和多元化时代的到来，世界的注意力有着向民间形态日益贴近的趋势，普通游客会更有兴趣去观赏凭吊古人日常生活的遗迹，因此乡村社会被推向前台。在中国广袤的大好河山之间，也应该有着不同形态的文化遗迹供人游览。

借助于乡村社会的保护，可以有效吸引海内外同胞和华侨对这方面的投资赞助。乡村社会带有明显的宗族痕迹，同宗同姓的情况普遍，同时又谱系完整，族规、村规民约健全，并具备祠堂、牌坊等显性宗法文化象征物，可以成为海内外华人追究姓氏来源出处或分支走向、寻祖问宗的目的地。以此为依托建立起寻根文化之旅，可以有力地引导旅游趋势，充实和丰富旅游的文化含量。更重要的是，可以通过调动血缘情感来最大幅度地吸引投资，用于乡村社会的保护。例如利用姓氏来网络族人，开辟经费来源。

（四）内容

我们所面对的乡村社会是一整个古代乡村生活的空间，它不仅仅是人们的住所、祠堂、牌坊、街巷等单个物化形态，也不仅仅是展示屋宇的内部功用：门额、天井、堂屋、厢房、寝室、闺房、读书楼、厨房、厕所、柴房、仓廪、作坊、花园、夹道、边门等，还不仅仅是展示人们的生活质量和文化品位，例如建筑艺术、庭院艺术、雕刻艺术、牌匾对联、家具摆设等等，而且包括当时人们生活方式各个方面的遗存，像体现宗法生活和乡村管理方式的宗祠分布、宗法权力及其运转规则，体现家族制度的族规族谱及其执行和传衍，体现日常生活内容及其节奏的街巷和更鼓楼设置及其制度，体现阶级和邻里关系的房舍占地和连接方式，体现人们经济关系的买卖和租赁契约及其订立规则等等。然而，这还远远不够。

我们还必须注意到与乡村社会有着紧密联系的、古人历史的和观念的世界。历史的世界，指的是一个村镇的历史文化渊源。长江流域及以南地区的古老自然村镇，许多与东晋时期的五胡十六国、唐末的藩镇之乱、两宋时期的宋室南迁等重大历史事件相关联，其最初的源头可以追溯到中原衣冠旧族的举族南迁。这类村镇的家族谱系可以一直上溯至那个时代的某个始祖，而几百上千年地延续连接不断。正是由于这个原因，才形成其严密的宗法规制、强烈的家族观念、浓郁的归属意识。而避世远祸的思想，使这些族居村落都选建于群山林莽间、人迹难至处。也恰恰由于这个原因，这些乡村社会才得以生生不息地长期延续下来。我们今天要寻找中原文化的活体遗迹，在中原地区很难找到，却要到这里来寻求。观念的世界，指的是村落建构所遵循的宇宙、哲学和人生的理念，从中体现出古人对于天人关系、人与自然关系、人与环境关系的深刻理解。当我们看到那些严格按照天人合一、顺从自然、注重和谐原则规划出的古老村落状貌，借山引水育林而成一方水土，无不叹为观止，其中掩映着神秘而科学的宇宙生存法则，又岂能仅仅用一句风水谶纬的迷信观念来概括！

除此之外，乡村社会的空间里还要包括丰富的无形文化形态：民间习俗、宗教仪式、交接礼仪、生活习惯、地方音乐舞蹈和戏剧、手艺工艺和技巧等等。

具体而言，乡村社会里所包含的环境文化、牌坊文化、祠堂文化、屋宇文化、家居文化、营商文化、姓氏族谱文化、民俗文化等等，都是值得我们今天格外重视的对象。

（五）结语

乡村社会是中国传统社会的基础，它从历史和观念的角度对今天的民众社会心理以及世界华人的宗族观念和文化情结发挥着深层作用。经历了巨大的历史变革，乡村社会已经成为现代社会荒圮后院中的断瓦残垣，其遗迹仍在迅速风化。然而，它又是中国现代文明中极其宝贵而又无法复制的文化资源，是中华民族内聚力和向心力的物化体现与观念寄托物。

我们有责任和义务，为中华民族保存好这些文化遗物，并传给我们的子孙。

二、徽州地区乡村社会遗产考察

（一）选择徽州地区进行考察的原因

近年来，随着国民文化生态意识和文物保护意识的不断提高，也随着申报联合国自然和文化遗产活动的展开，人们越来越加强了对各地现存古村镇的注目。其中，古徽州地区的古村落有其突出特色。这不仅因为黟县的西递村、宏村古民居，歙县的棠樾牌坊群，已经列入世界文化遗产名录和国家重点文物保护单位，而且因为当地还有着未能引起注目但具备相同价值的众多古村落，更因为徽州文化的博大精深，使我们能够进一步了解和探讨乡村社会与古代文化生活形态之间的关系。

古徽州原又称新安，即今天的黄山市所辖地区。黄山市的古代文物遗存主要体现在古民居方面，地面文物5000多处，其中古建筑4700余处，主要是明清民居和祠堂，又有古牌坊110余座，可以说在这里古街镇、古村落、古巷里比比皆是，保存比较完好的古村落有近百个。

明清时期，由于徽商崛起，徽州拥有了很强的经济实力，成为富庶繁华地区，徽文化在此基础上发达起来。徽州最著名的历史建树当然是徽商网络，绵延上千年，雄踞四百载，明清时期成为与晋商并立的两大经济力量，支配着中国的商业命脉，我国长江流域中下游地区曾有“无徽不成镇”的说法。文化方面的概念则有新安理学、新安医学、新安画派、新安弈派、徽派朴学、徽派篆刻、徽派建筑、徽派盆景、徽版印刷、徽州木雕石雕砖雕、徽州古傩戏目连戏、徽菜、徽漆、徽墨、歙砚等。徽文化研究今天已经引起学界的注目和重视，据说徽学和藏学、敦煌学并列为中国地方文化的三大显学，国际讨论会已经开过多次，世界上产生了众多的徽学专家和专著。

徽文化的兴盛，为乡村社会注入了深厚的文化底蕴，以至今天的古村落遗存里保留着众多而典型的传统社会特征。

徽州又具备相对封闭隔绝然而却秀丽神奇的自然地理环境。徽州地处皖南重峦叠嶂的群山之中，主要以黄山为依托，周围有九华山、天目山、昱岭、白际山作为屏障。在古代条件下，这里交通比较闭塞，社会联系相对隔绝。过去进出山走陆路翻山越岭十分艰辛，主要依靠水路沿新安江向东南连接浙江千岛湖。这种环境条件为徽州乡村社会得以隐藏自身、躲避战乱与人祸、长期自我繁衍保存提供了便利条件。

近代以后，由于外部条件的变化，徽州乡村社会走向衰败与消亡。而皖赣铁路的开通，黄山机场的修建，黄山名胜风景旅游区的开发，以及近年合黄高速公路的开通，增加了这里的喧闹。旅游开发，使得保存了千年之久原始面貌的徽州乡村社会开始了最终的风化历程。

（二）徽州地区乡村社会特征

1. 历史悠久而传承性强。

徽州许多古村落的形成，都可以归结到历史上中国多次大战乱中的中原衣冠南移。史书记载，三国时期古歙古黟地区为山越人所盘踞，孙权派大将贺齐荡平之。今天定居于此地的各姓居民，大多是此后迁自中原地区。北方的家族，为逃避战乱，举族南迁，在徽州这一僻地偏壤择地建村，聚族而居，累世繁衍至今。常常一个村落只是一姓，“绝无一姓掺入者”。族姓许多被作为村名，如郑村、许村、江村、黄村、方村、王村等，这些村落一般都能归源到一个始祖或迁祖。徽州有着千年世系的村落比比皆是，所谓“千家之冢，不动一抔；千丁之族，未尝散处；千载谱系，丝毫不紊；主仆之严，数十世不改”。（赵吉士：《寄园寄所寄》）随着族众繁衍，当村庄发生人口稠密、不利居住的情形之后，族人就会在旁侧另择地点、按照房系分建他村。每一个家族都非常重视建宗立祠、修继族谱，因而往往经历千年而谱牒不乱。这些家族由于是易地建宗，脱离了本土环境，反而有着不化的中原情结，因而其初祖都顽固守护中原习俗，继承者则小心翼翼地保持着对原有文化传统的传承。以之与中原地区今天的情形相对照，则后者由于战乱频仍，民族杂居，村落多为杂姓，不见宗祠，少有族谱，历史晚近，文化习俗变迁甚大。

2. 有着严格聚族而居的宗法社会结构。

出于敬宗收族的需要，每个族姓都建有规模不等的各级祠堂，分为宗祠、支祠和家祠。村中寄托信仰、处理大事的地方是宗祠，宗祠集政权、族权、神权于一身，放置祖宗牌位，享受祭献香火，是村中绝对权威的象征。村人历代都以宗祠为社会中心，宗祠总是村中最豪华的建筑场所。家族中人如果出人头地，首要任务就是翻修或重建宗祠。宗祠之外，各个分支房系还有自己的支祠，在其中处理自己房系的事务。有些村有多个支祠。另外还有家祠。祠堂的普遍存在，体现了乡村社会严谨的宗法体制。祠堂有着建立法统观念、维护村落秩序、协调族际和人际关系以及救助贫弱的功能，体现了家族对于族属的控制和扶助，既有强硬的专制性又有充分的人文关怀。

3. 天人合一、顺从自然的居住思想。

村落选址大多依山傍水，营村竖幢力求贴近自然，讲究天人关系，注重与环境的和谐，村庄被建成“山为骨架，水为血脉”的生命有机体，或云“以山水为血脉，以草木为毛发，以烟云为神采”（呈坎村楹联）。呈坎村为丰山等山峦环绕，中有坎水过村。呈坎村楹联曰：“丰山拱应家声振，坎水环流世泽长。”“形如八阵迷宫似，得天独厚少灾情。”当地村庄许多都是这样水流进村、傍路开渠、绕户穿室、聚塘成湖，既方便日用、点缀和改善居住环境，又可防火、供应田畴用水，一举数得。如果缺乏自然水系，居民就从远山凿渠引水。周围环境也进行生态规划，并制定严格的村规民约，力图保持久远的生态平衡，村规中常见有禁止开山采石、滥伐林木、破坏水土的条款。黟县西递、屏山、临溪、龙井等著名村落，都是在自然中谋求最佳生态聚居空间的实例，充满了生机活力。徽州村落规划一个特点是运用仿生学原理，将村庄布局建成牛形、船形、棋盘形等。例如黟县宏村为"牛形村"，亦即以耸峙的雷岗山为牛头，山上高大苍翠的古树为牛角，全村鳞次栉比的屋舍为牛身，清波荡漾的塘湖为牛胃，九曲十弯的穿村水渠为牛肠，村边四座木桥为牛腿。四面山青峰黛、水碧湖蓝，村落就如一头牛静卧于青山绿水中般悠然自得。

4. 注重儒教，强调读书和明理。

徽人以读书为要务，保留了中原衣冠的文化底蕴，走科举入仕的道路，是其人生价值的首要选择。当地许多村落都建有书院，著名的如紫阳书院、环古书院、东山书院等，时而延请大家名流前来讲学、切磋学问。南宋朱熹就曾经在紫阳书院讲学。徽州历史上以科举入仕者众多，"一门九进士，同胞两翰林""父子尚书""弟兄翰林"的现象多见，明清时期产生了胡宗宪、汪道昆、许国、戴震这样名重朝野、事见史传的鸿儒硕士，近代又有陶行知、胡适等文化名人出现。家族制度要求并保障村落中每一个人都享受到良好的教育，因而徽州一景是"山间茅屋书声响"，（康熙《祁门县志》卷一）"十户之村，不废诵读"。（徽州楹联）当地家族以文教育人，以文化立村，颇为自负的是："礼乐传家绳祖武，诗书继世翼孙谋"；（呈坎村楹联）"几百年人家无非积德，第一等好事只是读书"。（西递村楹联）而认为"三世不读书，归于小人"，（呈坎村《罗氏族谱》）或曰"三世无读书，三世无仕宦，三世不修谱，则为下流人"。（同前）

5. 开放的、向外开拓式思维方式。

限于地理条件，徽州人口繁衍到中古时期已经是"地狭人稠"，当地俗称"八山半水半分田，一分道路和庄园"，失去了充分延展的空间。自然资源的匮乏，迫使徽人建立起向外拓展谋生道路的勇气和眼光，不断地向外寻求生机。与此相适应，徽人教育重实用，重视对其生存技能的培养。村人于课举子业之外，或学算学、医学，或习文学画学厨艺砖木技艺，而尤重商业。经商获利迅捷而报酬丰硕，俗谚说："出门包袱雨伞，归来腰缠万贯。"这种暴发梦却是许多徽人获取成功的真实人生写照。尤其在明清时期，徽人经商取得全国性成功，为家族和村落带来最大的利益，使得他们对经商刮目相看，封建时代重儒鄙商的观念在徽州是不存在的。西递村楹联说：“读书好营商好效好便好，创业难守成难知难不难。”就充分透露了这一信息。由此，徽人往往年少即告别家乡，出外闯荡，学习经商，遍尝人世艰辛，当地民谚因而有“前世不修，生在徽州。十三四岁，往外一丢”的心酸叹语。然而，徽人走向山外，见了世面，开阔了眼界，历练了人世交际本领，砥砺了营商才干，获取了事业的成功，也提高了家族的自信。歙县昌溪村祠堂楹联所谓“科第尚哉必忠孝节廉自任畿端方可无愧祖宗，读书贵矣但农工商贾各专一业便非不孝子孙”，体现了徽人重实用的人生目标和价值追求。

6. 深厚的宗族观念。

徽人的人生价值取向不仅仅指向个人的获取事业成功，更重要的还在于获取成功之后的为宗族和乡里造福，保证和维护村落繁荣与家族昌盛。徽人外出做官、经商都是昌衍宗族的手段，目的则是回归乡梓、造福里人，这使得他们在外时总是互帮互助、互牵互引、誉损并承、荣辱与共。徽商的网络联谊行为极其突出，徽商会馆遍布长江水域，网络信息与乡梓信誉是徽商有着巨大竞争潜能的重要原因。获利之后，徽商不是努力使之向产业资本转化，把兴趣倾注于无限的增值生息上，而是将大量钱财携归乡里，耗费于村落建设中，营建居室、祠堂、坟墓、牌坊、学校、街巷，或开渠引水、疏浚河道，或筑路架桥、便利交通，或购置义田、大办福利赈济，或续修族谱、为族人接宗继统。作为个人，他们博得一个乐善好施的美名；作为宗族，则由此得以休养生息、恢复生机。

（三）徽州地区乡村社会遗迹的内容

1. 环境文化。

徽州“山限壤隔”“丛岩复岭”，一个个家族村落避地于山重水复里，隐藏于崇山峻岭间，因而历史上少遭战乱兵燹破坏，当地人颇盛行抗日战争时期日寇扫荡绕山而过不见村落的传说。我们在徽州坐车行进，公路总是沿着山罅延伸，路旁一道清澈的溪流伴随，旁侧一座座清丽的山峦掩映。山环水绕、峰回路转之间，忽然就有一片田园乐土出现在眼前。那往往是一处山中坪坝，周围群山环绕，中间田畴碧绿，上面点缀着“暧暧远人村，依依墟里烟”，人民安居乐业。其情其境，颇似东晋陶渊明文赋里所描述的桃花源状貌，无怪有一种说法桃花源就在徽州。古人讲地气，山水氤氲为地气胜出的征象。徽州自然风景如画，所谓“黄山向晚盈轩翠，黟水含春傍槛流”，（宋郭熙《林泉高致》）占尽地气，“有好山好水当门环抱地气盛人文自盛千秋叠出英奇”，（呈坎村宗祠楹联）因而为历史孕育了一方文明，为当代保存了一缕文脉。幽清者如黟县宏村，一汪碧水环村，清澈宜人，为这炎炎夏日散播着沁凉。水面上有荷花片片，岸旁则杨柳拂水。远处则是群山、白云、蓝天，山影云影和民居的倒影荡漾在水中，晃成一片波光，成为一个巧借自然的人文景观。

2. 牌坊文化。

今天的徽州大地上，到处可见雄踞的石牌坊。这些石质的古代建筑物，骑路而踞，高插入云，牢固地矗立在田野山庄间，构成一种特异的生存方式，发出强大的精神威慑力。它提示着乡村空间的为传统礼教稳固盘踞，而用这种昭然的姿态告知世人，同时也警示村人。外人从村旁路过，感受到的是村庄的赫赫声威；到外地游宦或经商的人归来，感觉到的是家族的泱泱气度。竖立牌坊的直接或表面目的是旌表显宦、廉吏、乡贤、孝义，内在精神则是维护一种井然而不容违僭的礼仪秩序。徽州竖立妇女节烈牌坊甚多，除了表明宋明理学的控制深入民间以外，还有着极其现实的功利目的。由于外出游宦和经商是徽州男人的一般人生方式，留下女人长久守候家园，因此宗族需要用极其严格的节烈观来控制妇女的精神。徽商许多在扬州经营盐业，娶回扬州女，当地称之为“扬州太”，“扬州太”是徽州一大特色。扬州女在繁华开放的城市长成，贞节观念相对松弛，来到徽州，徽文化立即用缜密逼仄的宗法空间来控制和约束她们，迫其恪守妇道。节烈牌坊就在这种无言的压迫中发挥着形象震慑作用。牌坊为皇上钦赐，荣显门庭、光宗耀祖。族人由此得沐皇风、骄傲乡里。徽州各个家族村落之间竞相竖立牌坊，就展开了事实上的竞争，彼此以量多为胜，在结构和雕刻装饰上也竞新逐异，竞争反过来又促进了牌坊的繁衍。歙县见于记载的牌坊有200多座，今存者仍有80多座。棠樾村原有牌坊10座，现存7座，皆为四柱三开架结构，在村头一字排开，巍峨高耸，参差列队，梁柱硕大，气势轩昂。黟县西递村口，原来甚至立有牌坊12座，是一个气势更为宏大的牌坊列阵，可惜一旦毁于“文化大革命”，现在只剩下一座“胶州刺史坊”，每日茕茕孑孑、孤单望月，独自回忆着昔日的峥嵘。

3. 祠堂文化。

徽州村村有祠堂。黄山市徽州区呈坎村曾建有大小祠堂二十余座，今天保存下来四座。歙县棠樾村鲍氏宗祠里还有男女祠堂各一，呈坎村罗氏宗祠里面也有一个附属女祠。棠樾人鲍象贤于明隆庆元年（1567）所撰《西畴祠规》曰：“祠堂所以尊祖，尊祖所以敦睦。一本之义既明，亲爱之心自起。”（载《棠樾鲍氏族谱》）明确宣示了祠堂维护宗族繁衍的社会功用。宗祠里都藏有宗谱，其准则为祠堂功能的细化，一般包括敦孝悌、睦宗族、勤职业、慎婚娶、严继祧、重坟茔、崇祭祀等。呈坎罗氏宗祠享堂墙壁上悬挂的八块字匾，赫然刻出该族的族规：一、妥神灵；二、严非族；三、戒妄婚；四、勉右文；五、敦本业；六、勖长厚；七、警入祀；八、议综理。内容涉及族人生活的各个方面，包括对神灵祖宗的态度、婚丧嫁娶、生老病死、为人处世、职业道德等。违反了族规要受到处罚，处罚方式有打板子、挖眼睛、开除出族、驱逐出村甚至处以极刑等等，严苛而血腥。族人的责任和义务还有维护族产、兴修水利、发布赈济等。牌坊、祠堂、宗族事务，构成乡村的小社会空间，不管它是建立在一种怎样的基础之上，客观上稳定了社会的道德秩序和行为规范。呈坎宗祠楹联因此曰：“十四世本源深远赖前人教孝教忠俎豆常新春祭秋尝崇典制，五百年树叶繁荣愿后嗣学诗学礼簪缨弗替左昭右穆肃成仪。”

4. 屋宇文化。

汽车从徽州丛山间狭窄的平原上驰过，到处可以看得到黑白相接的马头墙和错落有致的民居，构成复杂而洗练的空间几何图形，那是典型的徽州民居样式。由这些民居组合成的村落空间变化而有韵致，建筑色调朴素而淡雅，狭窄细长的街巷，一色的青石板路，路旁细渠的水淙淙流动，夹巷而起的高墙及其上面的挑檐拱角遮蔽着、切割着天空，这些共同构成徽州民间生活观念的和现实的世界。徽州民居建筑的一个显著特点是屋宇和院落结合而不分、融合为一体，当地俗称“一颗印”结构，即在四方印框里面展开布局。跨入高大的马头墙门楼，里面即是一个小天井，天井对面即厅堂，却没有前墙和门棂隔开，就那么空敞着，对着天井，天井成为人在屋里的有机活动空间。原因是当地气候温暖，不用封闭式屋宇。天井采光、散热，天井中部的方形水池又成为承接和储存雨水的地方。厅堂两旁有侧房，顶部有二楼甚至三楼，用于住人，有木楼梯上下。四外砖墙虽高却非承重墙，因此仅一砖厚。内部还有独立的梁架结构，通常明露在墙外面。建房程序为先起梁架，后添砖墙，砖墙拆去梁架不塌。“一颗印”结构造成高墙深宅的感觉，外墙窗户又少而小，便于防盗阻窃，为青壮男人外出后的老人、妇女和儿童建砌一方平安世界。房屋内部充满了砖雕、石雕、木雕镶嵌，为居室平添一派艺术氛围。最有特点的是门罩，每家门前都在高大的平面墙壁上，按照门楼的式样建起仿木结构的飞檐斗拱，竞奇逐异，主人的财力和气势都在门罩上显现。大的门罩，甚至模仿四柱三间五檐的牌坊建砌，远远望去，在门墙上矗立起一座牌坊。徽州居室就这样在有限的空间内调整结构布局，并进行精心雕琢，构筑起温馨宜人的居处环境。

5. 居处文化。

与别有特色的民居相辅相成的，是伴随传统居处生活、无处不在、不可或缺的大量人文创造，楹联、字画、碑刻、木刻、古籍、牌匾等皆为其内容。楹联文化是徽州古村落一大景观，这里几乎家家户户都有楹联，既体现人们的人文关怀、处世哲理、生活态度，又展示书法艺术，四处看得到笔墨意趣，闻得到翰墨飘香。牌匾文化是徽州另外一大景观，当地的祠堂、社屋和高门大宅中，都有牌匾作为文化点缀。呈坎村曾有着众多的牌匾，“文革”散落毁弃星散，近年来共搜集得28块。最早为元至大四年（1311）光禄大夫李孟书赠国子监祭酒、村人罗绮的“大司成”匾，另一块是明洪武二年（1369）翰林院学士宋濂为村人罗颂、罗愿兄弟题写的“文献”匾。著名的如明万历年间名士书法家董其昌为罗东舒祠题写的“彝伦攸叙”匾，清嘉庆皇帝于嘉庆十年（1805）敕赠村人罗廷梅的“七叶衍祥”匾，清道光十九年（1839）两广总督林则徐题赠村人罗绶的“累世簪缨”匾和同年题赠罗绶、罗宏化的“观察河东”匾等。众多的楹联和牌匾，与遍布乡民宅第的字画、经籍、古玩、饰物等，共同奠定了徽州乡村社会的文化品位。

6. 营商文化。

徽商少时大都接受过正规的儒学教育，或在家乡浓郁的儒文化氛围中耳濡目染，因而崇儒尚文，具备一定文化知识，从商之后则“贾而好儒”，少金银气，而有着鲜明的儒商气质。徽人经商多明义理，义理由读书得来。棠樾村人鲍元康《棠川诗会序》论及读书明义理与经商的关系曰：“夫不读书而专意于理财，其流必归于不义；不力学而专意于俭家，其弊有至于忘亲。何者？身不修也。读书以理财，则知取与之分；力学以治家，则知本末之序。”强调经商要知道取与之分、本末之序，这就是徽商的境界。徽商能够做到儒商合一、先儒后商、以商助儒，经商之道以诚待人、以信接物、以义为利、以心为质，加上肯于吃苦，管理精细，洞察“盈虚之数”，精于“进退存亡之道”，因而才获得事业上的成功。当然，徽商的成功因素也还有借助族力、优游官场、以官保商、官商一体等诀窍。徽商的支柱产业为盐业，其次为典当、钱庄、南北杂货、丝绸布业等，范围宽广，其日常经营的成功还得力于经商求利的豁达态度。西递村楹联就透示出徽人目光长远、雍容大度的气势，如“做退一步想”“世事让三分天宽地阔，心田存一点子种孙耕”“快乐每从辛苦得，便宜多自吃亏来”等等。

7. 族谱、族规文化。

徽人重视族谱，各个家族都以连续修谱为要务。朱熹说“三世不修谱，则为不孝”成为徽人的警语。徽州谱类众多，生子入添丁簿，然后有家谱、支谱、族谱、世谱、宗谱、通谱等谱牒。谱序严整，便于族人寻根找姓、序长幼辈分。呈坎村罗氏，唐末由江西南昌柏林村迁来，带来排辈的“柏林世称”，亦即生子起名字的时候所遵循的世序，其歌诀云：

> 盛世实用君，成彦伯公叔。以之懋宪光，秉兴克永福。亨运会时来，贤嗣序昭穆。富有本日新，德业世常禄。

每一代人起名，都要取其中对应的一个字插入，作为排列世序的根据，决不紊乱，为的是“叙彝伦修名孝第，陈俎豆登进诗书”。（呈坎村楹联）族有族产，平时用于祭祀及支持丧失劳动力的家庭，荒年用来对族人施行赈济，家族则通过赈济规条来调节风化秩序。棠樾村鲍氏《敦本、体源二户规条》规定，族产收获的稻谷平时用于赞助“本族鳏、寡、孤、独四穷之人”，每人根据不同情况领取不同数额；逢灾年可以平粜给族人，但“盗卖祖坟公产，盗砍荫木者”“聚赌者”“酗酒、打架者”“干犯长上、品行不端及好与人寻事争斗者”“妇人打街骂巷、不守规法者”都不准粜。家族通过实施族规来调节邻里关系，维护风化。

8. 其他民俗文化。

徽州乡村社会里还有着丰富而种类繁多的民俗文化形态，许多今天都可以划归无形文化遗产的范畴。例如每年隆重举行的社屋祭祀、祠堂祭祀、神庙祭祀仪式，届时有着迎取神像游街和众人参拜赶寿的热闹活动，并演出各种民间社火和民俗曲艺节目。徽州还有着古老的戏曲文化，例如傩戏、目连戏等。徽州是目连戏的故乡，因而明嘉靖末年祁门县的郑之珍才得以根据民间演出本进行加工整理，结为篇幅最大的传奇剧本《目连救母》，而剧本的定型反过来又进一步推动了当地目连戏演出活动的兴盛。明代嘉靖年间这里还产生了南戏旁支徽州腔，万历时期兴盛一时，与青阳腔（池州调）共称为“徽池雅调”而流行全国广大地面，其遗韵保留在清代的徽戏里，而徽班的足迹遍及长江流域和东南各省，成为今天徽剧的前身。又有皖南花鼓戏、黄梅采茶调等民间小戏盛行。

让文化遗产在我们的手上完好无损！

让乡村社会的物质和精神形态成为我们与后代共同分享的资源！

让文化继续成为我们的立国之本！

地方戏研究

地方戏是中国独有的戏剧现象，它曾在中华大地上长期流传繁衍，催生了地覆海涵的明清民俗文化。近年，全球开始重视对人类非物质文化遗产的保护，中国民间存活的众多地方戏再次进入了国人眼帘。

对一个当代中国人来说，你可以从来不进戏曲剧场，也没看过什么留下印象的戏，但张嘴总能哼出几段熟悉的地方戏旋律来，这应该是无可辩驳的事实。地方戏，就是这样进入我们的生活、头脑与精神的，它成为我们许多人似乎与生俱来的潜质、原旨和蕴涵。然而，瞬息万变的现代生活已经把地方戏抛入了高速旋转的分离器，使之处于无所措手足之中，进退失据。因而，我们需要进一步正视、端详、思索和对待地方戏。

正是在这个基点上，我们来探讨地方戏的内涵。

一、正名

地方戏是戏曲分类的近现代概念，此前人们只讲声腔剧种，诸如南戏、杂剧、昆山腔、弋阳腔、梆子腔之类。从字面意义看，与“地方”对应的是“中央”，与“地方戏”相对举的就应该是“国剧”。这种分类法虽然没有多少科学性可言，但20世纪中期以来已经约定俗成、相沿成习，其思路实则由明代的“杂调”与“官腔”对举、清代的“花部”与“雅部”对举承袭而来，如果再追溯根源，则是由中国传统文化里的“郑卫淫邪之音”与“大雅正声”的对立观念演变而来，标示了官僚政体社会烙在传统戏曲上的深刻文化印痕。

在国人的传统观念里，朝廷采用的戏曲声腔就是“正音”。因此南宋后期咸淳年间（1265～1274），江西南丰一带虽然“永嘉戏曲”（即南戏）极其盛行，“州里遗老”却仍然推尊“汴都正音教坊遗曲”。①明代前期虽然宫廷盛演的北曲杂剧在南方已经衰落，一些上层士大夫仍然以北曲为正宗，妓女如果唱南戏则视为“犯禁”。②明万历年间北京人看戏“一以昆腔为贵”，③皇宫里也设置了昆腔戏班，④在文人和宫廷的共同作用下，时人开始把昆腔视为“官腔”，而把其他声腔称为“诸腔”和“杂调”。⑤沿袭到清代乾隆年间，宫廷和官方把戏曲声腔划为“花”“雅”二部，雅部指昆曲，花部则指其他一切声腔剧种，⑥并针对当时昆腔衰落、花部勃兴的社会现实，动用行政力量反复禁抑花部而帮抬昆腔。⑦历史上这种艺术势位观念曾一再遭到时代清议的诟病，一些清醒文人不断抨击其权势立场的愚昧可笑，然而我们今天仍然在沿袭其思维余势！

让我们看看时下的名词释义。打开网上百度百科，就可以看到这样的词条：“地方戏：流行于一定地区，具有地方特色的戏曲剧种的通称。如黄梅戏、越剧、淮剧、秦腔、川剧、泸剧，是同流行全国的剧种（如京剧）相对的。由于中国地域辽阔，民族众多，各地的方言不同，除了京剧以外，还形成了丰富多彩的地方戏。据统计，中国的地方戏遍及全国各地，有300多种，可以称得上世界之最。其中影响比较大的有昆曲、评剧、粤剧、淮剧、越剧、豫剧、黄梅戏等。”具体说，就是除了京剧之外的剧种都是地方戏。但它的解释是似是而非的，多有自相矛盾之处。首先，确切意义上“流行全国的剧种”没有一个，京剧也未能覆盖无遗，因此京剧也只能说是“流行于一定地区”或流行于大部分地区。其次，其中提到的“地方剧种”豫剧、秦腔、昆曲、评剧等也都是流行较广的剧种，覆盖面不限于一省一地而是延伸到较广大地面，昆曲、秦腔历史上的流行地域还都要远远大于今天，和京剧只有程度差异。其

① （元）刘埙《水云村稿》卷四《词人吴用章传》，四库全书本。

② （明）徐渭《南词叙录》。

③ （明）史玄《旧京遗事》。

④ 参见（明）沈德符《野获编补遗》卷一。

⑤ 参见（明）胡应麟《群音类选》编选体例。

⑥ 参见（清）李斗《扬州画舫录》卷五、吴长元《燕兰小谱》“例言”等。

⑦ 清廷曾于乾隆五十年（1785）、嘉庆三年（1798）发布禁演花部戏曲令，规定“嗣后民间演唱戏剧，止许扮演昆弋两腔，其有演乱弹等戏者，定将演戏之家及在班人等，均照违制律一体治罪，断不宽宥”（苏州老郎庙清嘉庆三年《钦奉谕旨给示》碑。载江苏省博物馆编《江苏省明清以来碑刻资料选集》，北京三联书店1959年版。但此书误将碑名录作《翼宿神祠碑记》）。

三，京剧也有地方特色，只不过不单单是北京特色，也包括其形成地安徽、湖北等地的特色，这是复合声腔剧种的特点，下面还要论及。其四，其中提到的地方剧种川剧、粤剧等，同样属于复合声腔，也不仅仅只有四川、广东的地方特色。①

上述解释，更为人们留下质疑。例如许多人为昆曲鸣不平，认为它才是戏曲的真正代表，这种理解自有它绝对的道理在。昆曲比现今舞台上存活的大多戏曲腔种都要古老，其起源可以追溯到600年前的元末，成熟于400年前的明朝嘉靖年间，是兴起于清代嘉庆年间、现年200岁的京剧的长辈。在其悠久的经历中，经过一代代文人和艺人的共同培育，逐渐蒸馏、凝结为纯美的舞台艺术样式，成为包括京剧在内各个剧种继承与借鉴的源泉。所以当年文化部副部长、文学史家郑振铎曾这样充满憧憬地说："我有个幻想，也是愿望吧，假定我们有个国家剧院，如同莫斯科歌剧院一样，贴出海报去，头一个肯定是昆剧，因为真正能表示民族戏剧的最高成就的还是昆剧。"②

但为何更多人心目中的"国剧"代表是京剧而不是昆曲，也有它的道理。京剧至少有三种可以傲居昆曲之上的资本：一是晚清以来京剧吸收了众多声腔剧种的优长，在京都相对开放和高品鉴的环境中提升了自身的艺术品位，锻铸出凝练、大气的表演特质，其唱腔、表演、程式、做派都臻炉火纯青的境界，无论是儿女情长还是斩杀征伐都能恰当表现，尤其擅长演出宫廷袍带大戏，其表现力已超出昆曲。二是清代后期京剧占据了京都舞台和戏园，受到宫廷、民间一致爱好，尤其为主政的慈禧太后所赏识，先后赐予其代表人物程长庚、梅巧玲等以六品顶戴花翎，由其担任北京老郎庙首、总揽天下戏界事宜，京剧因而更获号召力和影响力。三是清末京剧沿运河、长江传播至全国广大幅面，覆盖南北诸多地域，受到众多戏迷人众的爱好与追捧，此时任何一种声腔剧种都无法与之相抗衡。反过来，昆曲的衰落不始于京剧兴起，早在清前期的"花雅之争"时已经颇现疲慵颓圮之态，新中国成立前已经沦落到少有专业戏班可以支撑的局面，北方许多人已经不知道昆曲为何物，全赖20世纪50年代的

① 川剧含括"昆、高、胡、弹、灯"5种声腔，除灯戏为本地产外，其他都是外来声腔。粤剧原本就是外地戏班（"外江班"）带来，唱梆子、二黄、昆、弋等声腔。

② 郑振铎：《有关发扬昆剧的三个问题》，《郑振铎文集》，人民文学出版社1988年版，第7卷第299页。

社会机制更换才为其延续和中兴奠定转机，所谓“一出戏救活一个剧种”。[①]两相对比，京剧和昆曲的强弱自现。

所以，虽然一些学者仍然坚持昆曲正宗的认识，实际上已经是传统理解的后滞，即使有相当的理论根据，已不符合民情与时事，没有尊重声腔剧种影响力随时代与风气变化而转移的客观规律。如果我们举明代后期清代前期的剧种代表，那一定非昆曲莫属。由于此，联合国教科文组织在2001年评选首批人类非物质文化遗产代表作时，在中国的戏曲种类中拣选一个剧种代表，才选择了昆曲而不是京剧，因为它的标准中有一条是“濒临灭绝的”。甚至于2009年9月30日公布的人类非物质文化遗产代表作名录，入选的仍然不是京剧而是粤剧，这是由于粤剧以往比京剧更加为世界所知，在20世纪前比京剧的国际影响大。早在十七八世纪广东人涌向海外谋生之时，粤剧就被带到了世界各个角落，不但东南亚普及，也通过唐人街染指欧美，俗称“有华人处必有粤剧”。京剧则是尾随粤剧之后到达欧美的，并且一直到2010年11月17日联合国公布的名录中才入选。

如果讲影响，还别有其他说法。例如20世纪40年代越剧蓬勃兴起，骎骎乎直望京剧项背，当时戏剧大师田汉就预言越剧有一天可以与京剧和话剧三分天下，[②]尤其20世纪后期在京剧的一再颓势背景中，越剧却焕发出璀璨的光焰。田汉的京剧、话剧、越剧鼎立而三说当然不具备太多的科学性，凭的只是一种感觉，而且是立足于北京和上海的感觉，如果到了河南、陕西、四川、广东，恐怕又是别种说法，豫剧、秦腔、川剧、粤剧论者可能都会出来。但它说明一个事实：当时越剧的受注目程度也已经超过昆曲。

既如此，一定要在二三百种戏曲种类里选出一种作为“国剧”，除了一些人坚持的“好对世界宣传”的似是而非理由以外（粤剧不用你宣传也早已为世界许多地方所知），没有更多的实际意义。我们也只听到过国歌、国旗、国徽的说法，以及一些国家确定官方语言和台湾地区人说“国语”，从来没有听

---

① 1956年浙江昆剧团《十五贯》进京演出取得成功，昆剧因受到重视而出现发展势头，周恩来总理因而誉之为“一出戏救活一个剧种”，《人民日报》1956年5月18日专门为此发表社论《从“一出戏救活了一个剧种”谈起》。

② 田汉说越剧“将来能和平剧、话剧‘三分天下’”，见《田汉论越剧》，1946年9月19日《大晚报》。

到世界上哪个国家的"国剧"是什么的说法，只知道古希腊悲剧、喜剧，英国莎士比亚戏剧、法国芭蕾舞剧、意大利歌剧、日本能乐和歌舞伎。那种非要在戏曲剧种中选出老大的思维立场，距京剧功臣齐如山七八十年前的境界还差得很远，他1931年就坚持"国剧"应该是指中国戏曲，包括了全部地方剧种，而不是单纯突出京剧。①20世纪50年代毛泽东主席也不赞成称京剧为国剧，②因为他不希望京剧一花独大而提倡各个剧种"百花齐放"。所以，笔者的观点是：称京剧为当下中国戏曲的代表则宜，称之为国剧则不宜。

平心而论，20世纪50年代政府部门使用"地方戏"这个名词时，其潜在的对举概念是"京剧"而不是台湾地区人说的"国剧"。差别在于，说"京剧"时，概念只隐含"北京的代表性剧种"之意，与"其他地方的剧种"名词相对举，而没有台湾地区人离开大陆之后对于"国家的代表性剧种"的那种眷恋与标榜情怀。如果从这个角度来理解，京剧也只是各地方戏里的一种，只不过它是"京"地的戏而已，像历来对它的称呼"京调""京戏""平剧"（北平之剧）那样，也就没有对其他地方戏的观念歧视了。其实早在清初，流传到北京的高腔也曾被一度称作"京腔"。可惜，现在许多人还是习惯于强调京剧的霸主势位。由此，地方戏的范围就被划为京剧之外的所有其他地方的剧种，也包括北京除京剧之外的剧种如评剧、梆子、曲剧等（当然评剧不止流行于北京，所以当年北京的评剧院定名为中国评剧院而不是北京评剧院）。至于台湾地区人的标榜京剧为国剧，则又有追溯文化正宗的内涵在，无可厚非。

至此，本文的立场已经明确：在中国戏曲的大家庭中，任何一种声腔剧种，历时态地看都是地方戏，因而都有其鲜明的地方特征和内蕴，只不过其涵括范围和程度有大小、广狭、深浅的区别而已。因此，本文运用"地方戏"概

① 齐如山《国剧艺术汇考》（辽宁教育出版社2010年版《齐如山文集》第12册）说："有许多人认为皮簧是国剧，其余如四川戏、云南戏、河南戏等等，都算地方戏，这就完全错了。要说是地方戏则都是地方戏，要说是国剧，则都是国剧。"（第2页）"有人说皮簧就是国剧。这句话虽然不能算错，但说法不是这样简单。按国剧这个名词，最初是鄙人办国剧学会创出来的……其实我所谓国剧者，乃国民国货之国，不是国旗国歌之国。说皮簧是国剧，当然不能算错，但他不过是国剧的一种，若以为国剧就是皮簧，那是不对的，可是皮簧界中人，或能唱皮簧的票界诸君，往往有这种思想。"（第104页）

② 王蕴明在《何为国剧》一文中说："20世纪80年代的两次戏曲会议上，有人称京剧为'国剧'，张庚先生提出不同意见，并指出：'毛主席曾说过，不赞成单称京剧为国剧，要百花齐放。'"载2005年8月4日《文艺报》。

念的范畴大略等同于“戏曲”概念，只是比“戏曲”更加强调不同声腔剧种的地方性和特色而已，用之于“明清以来的地方戏”这样的场合，而与宋元南戏、元杂剧、明清传奇相对举。

二、形成

事实上，中国戏曲史上的一切声腔剧种最初都是典型的地方艺术。宋杂剧虽因唱腔尚未成熟，人们不以声腔剧种目之，其发展最成熟的一支则是汴京杂剧，盛行于北宋时期，流行于汴、洛一带的黄河两岸，也具有典型的地方性。南戏声腔最初起自浙江温州，南宋时的称呼是温州杂剧，干脆直接以地名为冠，直至元代末期它的流传范围也不出浙、闽、赣三省，是东南地区的地方戏，但已经被统称为南戏，其目的是为了与北杂剧声腔区分。

明代前期南戏在浙、赣、闽、徽一带变化出诸多腔种：弋阳腔、余姚腔、海盐腔、昆山腔、杭州腔、乐平腔、徽州腔、青阳腔、太平腔、义乌腔、石台腔、潮腔、泉腔等等，都是地方腔种，所以皆以地名为冠。这些腔种彼此竞争、你消我长，一些得时势者迅速崛起为广为流行的腔种，就具有一定的全国性了。例如弋阳腔，产生于江西省弋阳县，因为“错用乡语”，[①]加用滚调，通俗流畅，内容浅显，因而得以在民间迅速传播，很快就传遍了除浙江外的整个南方地区。它以江西为基地，向南发展到福建、广东；向西浸润到湖南，进而远至贵州、云南；向北先是到安徽的徽州地区，随后到南京，甚至最远一支到达北京。[②]这个过程大概发生在嘉靖之前的15世纪、16世纪之交，为时几十年。例如青阳腔，出于安徽省青阳县，在嘉靖、万历年间也是最为风行、传播最快的声腔，没有几年的光景，就进入江西，传入福建，进入北京，并且风行天下。昆山腔乃后世昆曲之祖，但一直到明代中期仍局守昆山一地，等待魏良辅和梁辰鱼的历史助力，至于万历之后迅速发展到广东、湖南直至北京，崛起为“官腔”，雄踞于“诸腔”之上，则是遭遇了特殊文化姻缘的结果。

归纳起来，地方戏形成主要有以下三条路径。

---

① （明）顾起元《客座赘语》卷九“戏剧”条。

② 根据明代徐渭《南词叙录》、魏良辅《南词引正》所提供的资料。

（一）由地方方言小曲发展演变而成

明人徐渭《南词叙录》说，南戏最早就是吴地民间的村坊小曲、里巷歌谣，“宋人词而益以里巷歌谣”“即村坊小曲而为之，本无宫调，亦罕节奏，徒取其畸农士女顺口可歌而已，谚所谓随心令者”。在最早的南戏剧本《张协状元》里，就收录了吴地民间小曲［东瓯令］［台州歌］［吴小四］［赵皮鞋］等，并且采用方言演唱。声腔剧种的这种原初形成在戏曲历史上一直发生，但清代则是涌发期。由于一些大的声腔剧种流传各地，在民间产生了深入肌理的影响，促发了各地的歌舞说唱表演纷纷向民间小戏转化，这个过程主要发生在清代以后。地方小戏主要有两种类型。一种来源于社火、社会、灯会等年节歌舞表演，如花鼓、花灯、秧歌、连厢、唱灯、采茶、彩调等，形成各地的花鼓戏、采茶戏、秧歌戏、灯戏、彩调戏等。另一种来源于曲艺演出，如在道情、摊簧、落子、琴书、坠子、八角鼓的基础上，形成各地的道情戏、摊簧戏、曲子戏等。

（二）由某种声腔剧种传播演变而成

前面说到南戏在浙、赣、闽、徽一带变化出弋阳腔、昆山腔、杭州腔、徽州腔、青阳腔等是一个例子。又如明代中后期，中原一带在俗曲小令的基础上产生了弦索腔，陕甘一带在西调基础上产生了秦腔，它们都迅速向各地蔓延。弦索腔繁衍出了河南女儿腔、山东姑娘腔、柳子腔、罗罗腔等弦索腔系的众多剧种，秦腔繁衍的梆子腔系剧种，山西有蒲州梆子、中路梆子、北路梆子和上党梆子，河南有河南梆子豫东调和豫西调、大平调（大梆子戏、大油梆）、怀调（淮调、槐调）、南阳梆子（宛梆）、怀梆，山东有山东梆子、枣梆、莱芜梆子和东路梆子，河北、北京有河北梆子等。

（三）由多种声腔剧种聚合而成

例如清初形成昆腔、高腔、弦索、梆子四大声腔统治全国的局面，而四大声腔中，高腔和昆腔属于南方腔系，弦索和梆子属于北方腔系，当这南北两种系统的声腔在长江沿线交合时，因为当地恰恰处在南北方言区的交界地带，对两种腔系的语言基础都有更大的接受可能，因而发生融会交流，从而又繁衍出带有南北双重特色的新的复合声腔来，这就是吹腔系的枞阳腔、襄阳腔，梆子腔系的梆子秧腔，以及两者结合的梆子乱弹腔。枞阳腔与襄阳腔进一步互相吸收融合，又陆续从更多声腔里汲取养分，还一直不断地受到秦腔的新的刺激，渐渐脱胎出进一层的复合声腔——皮黄，皮黄遂跃居其他声腔之上，成为至今影响最大的声腔之一。

这些复合声腔剧种在各地与流行当地的声腔剧种结合，就形成面貌各异的复合声腔剧种。例如川剧的音乐包括五种成分：昆、高、胡、弹、灯。其中“昆”指昆曲，“高”指来自南戏遗裔的高腔，“胡”指胡琴（又名丝弦子），来自皮黄腔；“弹”指弹戏（又名川梆子、盖板子），源自秦腔。五种成分融会贯通，形成统一而又别具特色的艺术风格。又如湖南的许多腔种，都具备复合特点。如湘剧唱腔由高腔、低牌子、昆曲、乱弹组成，高腔主要来自弋阳腔，低牌子可能属于另一种戏文声腔变体的遗裔，乱弹则为皮黄，又分为南、北路，即南路二黄，北路西皮。如祁剧（祁阳戏）源于弋阳腔，又融进了昆曲和乱弹。如辰河戏唱腔分为高腔、昆腔、低腔、弹腔。如常德汉剧、衡阳湘剧都兼唱高、昆、弹三种声腔，以弹腔南、北路为主。如巴陵戏（巴湘戏）唱昆腔与弹腔南北路等等。如果我们分析浙江婺剧还会发现，它的内存保留了戏曲史上不同时期盛行声腔的成分，如古南戏系统的高腔和昆腔，花部勃兴时期的乱弹和徽戏，乾隆之际的滩簧和时调，有的声腔在它的起源地已经凋零了，但在婺剧中仍然还保存着。[①]这种现象在江浙一带许多剧种里都有显现。一般来说，长江沿岸地区由于南北复合腔种长期在此流行的缘故，形成了更多的复合声腔剧种。

清代中期以后，一方面，由于各声腔系统的戏曲剧种在全国传播，与当地流行的腔种结合，形成当地有特色的剧种；另一方面，各地又在民间歌舞说唱的基础上，汲取大戏的营养，繁衍出众多的小剧种。这样，在清末民国时候，中国戏曲剧种达到了其发展的鼎盛阶段，形成三百多个剧种流行全国的整体格局。

三、流变

由上述可知，各地流行的地方剧种，不一定都产自本地，许多是外来剧种或其变种和衍脉。例如清代乾隆年间江西的情形是：安徽、陕西、湖北的“石牌腔、秦腔、楚腔时来时去”；[②]扬州的情形是：“句容有以梆子腔来

① 叶开源、张世尧：《婺剧高腔考》，中国戏剧出版社2004年版，第39页。

② 《乾隆四十六年江西巡抚郝硕覆奏遵旨查办戏剧违碍字句》，《史料旬刊》第22期载，商务出版社1931年版。

者，安庆有以二黄调来者，弋阳有以高腔来者，湖广有以罗罗腔来者。”[①]清嘉庆三年（1798）苏州的情形是：“元明以来，流传剧本皆系昆、弋两腔……近日倡有乱弹、梆子、弦索、秦腔等戏。”[②]因此各地剧种多呈现出多来源、多出处的多头混杂局面。各省分布又不均匀，一般来说中心省区的腔种多而杂，边缘省区则相对少而简，东南地区的腔种分布则又多于西北、东北地区。

这里先举陕西为例来说明问题。陕西是秦腔的发源地，秦腔流派众多，又有许多出自民间弦索的剧种，出自花鼓、道情的剧种，出自皮影戏、木偶戏的剧种以及古老的仪式戏剧等。秦腔在陕西分为四派：西路（西府秦腔、西路梆子）、东路（同州梆子、老秦腔、东路梆子）、中路（西安乱弹）和南路（汉调桄桄），另外，阿宫腔（遏工腔）、汉调二黄（靠山黄、山二黄）也和秦腔关系密切。出自民间弦索的剧种有眉户（郿鄠、迷糊），出自民间歌舞说唱的小戏有陕西道情、陕南花鼓戏（包括安康八岔戏、大筒子戏、商洛花鼓戏等），出自当地皮影戏、木偶戏的剧种有弦板腔、安康弦子戏（弦子腔）、碗碗腔、老腔、合阳线戏等。另外，还有一些古老的祭神仪式戏剧如陕南端公戏、合阳跳戏等。这些共同构成陕西戏曲声腔剧种的整体面貌，而它们的来源十分复杂、脉系众多。

陕西由于是秦腔的发源地，因此拥有较多的本地腔种，其他省份就不一定有这种先决条件了，一些地区外来声腔剧种的成分还占了优势。例如同为戏曲大省的湖北，除了花鼓、采茶戏的民间小戏外，主要流行腔种是皮黄声腔系统的戏，乃在与秦、徽两省声腔的长期融合中逐渐形成，如汉调（现称汉剧），承自襄阳腔，唱西皮与二黄，为湖北省的主要剧种，又分为襄河、府河、荆河四种流派；山二黄（汉调二黄），为汉调的一支，乾隆年间鄂东二黄戏进入鄂西北山区后形成；荆河戏，唱腔分为南、北路，流行于荆州、宜昌和湖南常德地区，又分为荆河、府河两支流派；南剧，为荆河戏流入鄂西在当地演变而成的剧种。另外如清戏、越调等，也难称本地剧种。清戏为青阳腔在湖北的存留，曾流行于黄州、汉阳、德安、安陆、襄阳五府的广大地区。越调（四股弦）明末已见于记载，唱腔以［越调］为主，可能是在南、北曲的宫调

---

① （清）李斗《扬州画舫录》卷五。

② 参见苏州老郎庙清嘉庆三年《钦奉谕旨给示》碑。载江苏省博物馆编《江苏省明清以来碑刻资料选集》，北京三联书店1959年版。但此书误将碑名录作《翼宿神祠碑记》。

演变中，专门发展了［越调］一支，又分为湖北越调和河南越调，两者在风格上稍有差异。湖北越调流行于襄阳、郧阳、荆州、宜昌等地，目前已近失传。河南越调又分两派，一派流行于南阳地区，另一派活动于豫东南地区。广西的情况与湖北略同。

还有一些省份干脆就只有外来腔种，或在外来表演成分基础上形成的新腔种。例如辽宁，拥有的几种小戏都是从关内流入的，一为彩扮莲花落，从河北东部流入辽宁锦州以西地区，又受到了辽西蹦蹦戏的影响；二为海城喇叭戏（柳腔喇叭戏），在山西商贾带到辽宁海城的庆春歌舞基础上形成；三为辽南影调戏，为河北滦州皮影戏传到辽宁盖县后，逐渐发展并改为真人演出。例如台湾地区，明代有福建泉腔、潮腔渗入，清后随着大陆成批民众到台湾定居，闽广两省的龙溪、漳州、同安、安溪等地的锦歌、车鼓、采茶等民间曲艺歌舞也传入台湾地区，后出现以说唱锦歌为主的民间乐社“歌仔馆”，又吸收车鼓、采茶等形式，逐渐走上戏台，在弋阳腔、乱弹、白字戏、七子班等影响下，发展为成熟的戏曲剧种。20世纪后，歌仔戏又返回中国大陆，在漳州、芗江一带形成芗剧，又流传到东南亚地区。

不管哪里来的剧种或演变声腔，在一地扎根以后，都会在当地环境的塑造下发生变化，成语说“橘过江则为枳”，物候尚如此，作为复杂型综合艺术的戏曲更是会出现质的裂变和基因转型。例如昆曲在各地流传过程中不断发生变化。清康熙时人刘献廷《广阳杂记》里记述他在湖南衡阳观看村优演出昆曲《玉连环》，说是：“楚人强作吴歈，丑拙至不可忍。如唱‘红’为‘横’，‘公’为‘庚’，‘车’为‘登’，‘通’为‘疼’之类……使非余久滞衡阳，几乎不辨一字。”清人顾彩《容美记游》写他曾在湘、鄂西一带的容美宣慰司听女优唱昆曲，说她们“初学吴腔，终带楚调”。孔尚任乾隆年间在山西平阳看昆曲，写有《平阳竹枝词五十首·踏歌词》咏其事，说当地演员是“扮作吴儿歌水调，申衙白相不分明”[①]，没有入声字，不押闭口音，已经唱走了声。例如潮腔在南戏基础上形成。编纂于明代嘉靖十四年（1535）的《广东通志初稿》卷十八《风俗》篇《御史戴璟正风俗条约》第十一条“禁淫戏”记

① 《孔尚任诗文集》，中华书局1962年版，第二册第401页。

载："潮俗多以乡音搬演戏文。"其结果便在以后形成了潮州腔，刊刻于嘉靖末年（1566）的《重刊五色潮泉插科增入诗词北曲勾栏荔镜记戏文全集》，就在文中明确标出"潮腔"字样。

植根地域文化土壤的结果，首先是表演语言靠向地方方言，其次是音乐唱腔逐渐吸收当地成分而发生地方性转化，其三是舞台表现方式和内容逐步趋向于当地群众的欣赏习惯和审美趣味。举粤剧为例。粤剧原系广东的外来剧种，始自清代中后期常来演出的徽班、湘班、汉班等，唱梆子、二黄等声腔，当地人称之为"外江班"。后来当地人向外江班学戏并演出，组建起本地班。本地班先是学演外地戏，逐渐创作出本地戏，并用当地方言演出，同时唱腔、伴奏、装扮、舞美等也发生变化，粤剧的地方化就完成了。[①]这些转变使得剧种日益具备浓郁的地方特色，反映了一方民众的心理特征，因而也为当地群众所喜闻乐见，深入到其起居文化中成为不可或缺的内容。

至于少数民族地区，也大多在汉族戏曲声腔剧种的影响下，形成自己的民族腔种。例如云南白剧，由白族"吹吹腔"和"大本曲"融合发展而成，可能受到弋阳腔的影响，产生于明末，流行于滇西白族居住区，剧目内容为汉族历史故事和白族民间传说。如壮剧，源自壮族元宵歌舞，形成于乾隆时期。又分为两个支派，一为土剧，流传于富宁壮族支系土族人中；另一为沙剧，流行于广南壮族支系沙族人中。又有傣剧，源于傣族歌舞，形成于清末，流行于德宏傣族、景颇族自治州。

因而，由戏曲声腔剧种的历史流动性、互为交融性和广泛包容性所决定，我们所说的地方戏拥有地方性特征，也只是相对而言。

四、定名

统计中国戏曲剧种的国家行为，发生在20世纪50年代，中华人民共和国各省的区划划定以后。和确定"国剧"的冲动一样，当时每个省也都有一种确定省剧的欲望，纷纷挑选一个本省影响最大的声腔剧种作为省剧，因此剧种以区划为名的现象多见，如京剧、豫剧、滇剧等。而这些剧种名称的确定，通常都

① 李新华：《粤剧的起源及粤剧粤曲的关系》，《清远日报》2007年5月8日B2版。

有一个先在民间发生、渐成公众的约定俗成、最终被权威机构认定的过程。举豫剧为例。“豫剧”一词最早见于1924年《京报》副刊《戏剧周报》上河南王义成的文章《豫剧通论》，其时“豫剧”还是指在河南流行的所有剧种，包括河南梆子、二夹弦等等。但是到了20世纪40年代，开封、兰州、西安的报界已经普遍用“豫剧”一词专门指称河南梆子，因此1947年河南太康人李战在兰州拉起一个河南梆子剧团，直接就称名为“新光豫剧团”，次年他又创办了“私立新光豫剧学校”，这是最早将豫剧名称用于剧团机构的做法。1951年，中南区军政委员会副主席邓子恢在武汉看了“群众河南梆子剧团”的演出后说：“河南梆子是个小名，豫是河南省的简称，我看可以取个大名为豫剧比较恰当。”该团后即更名为“武汉市群众豫剧团”。①1952年12月北京举办全国第一届戏曲观摩演出，河南梆子便被统一指称为豫剧了。20世纪初还有不同剧种争夺一个地方官名的事件发生。流行于华北、东北、西北地区的评剧，起初在乡村演出时俗称蹦蹦戏、落子戏，后也叫平剧梆子腔，有剧团进入北平演出，当时皮黄称作平剧，皮黄班主就煽动武戏演员闯进落子戏班闹事。此事惊动了市政，派人进行调停，报界人士李大钊为落子班演员出了个主意：把“平”字加上言字旁变成“评”字，取其以评书说唱来评论社会针砭现实的意思。此议为社会认可，为落子班采纳，评剧由此定名。②

概括起来，地方戏的定名规则主要有四类：一是以地命名。这其中又有以古地域命名的如秦腔、楚曲、越剧，以省市简称定名的如湘剧、闽剧、赣剧、粤剧、贵剧、川剧、黔剧、桂剧、沪剧、晋剧、吉剧，以地域命名的如汉剧、淮剧、琼剧、陇剧、辰河戏、西秦戏、芗剧、龙江剧，以府县为名的如婺剧、锡剧、扬剧、绍剧、瓯剧、睦剧、苏剧、宜黄戏、祁剧、潮剧、莆仙戏、黄梅戏、庐剧、泗州戏、蒲剧、西安乱弹等。二是以声腔、音乐、乐器或语言特征为名。如阿宫腔、耍孩儿戏、曲剧、越调、彩调戏、柳腔、柳琴戏、扬琴戏、大弦子戏、二夹弦、四股弦、肘鼓子、拉魂腔、碗碗腔、平弦戏、正字戏、白字戏等。三是以声腔（或种类）与地名结合命名。如秦腔有西府秦腔、老秦腔等，梆子有上党梆子、同州梆子、莱芜梆子、枣梆、宛梆等，又如新昌高腔、绍兴乱弹、武

① 参见《豫剧的由来》，《中州统战》2003年第8期。

② 参见《万事由来全知道·“评剧”名称的由来》，同心出版社2006年版。

安平调、灵邱罗罗等，率皆此类。花鼓、花灯、采茶、秧歌等民间小戏系统的剧种也大多如此，诸如皖南花鼓戏、湖南花鼓戏、荆州花鼓戏、陕南花鼓戏、安康花鼓戏、云南花灯戏、贵州花灯戏、江西采茶戏、祁太秧歌戏、陕南道情戏、洪洞道情戏等。各地又多有各地的傩戏和目连戏，这里不再举名。四是以民族命名，如侗戏、布依戏、壮剧、白剧、傣剧、彝剧、藏剧等。

当然，戏曲剧种的名称五花八门，这里只是略总其命名的主要路径，仍有许多无法归纳。例如吕剧由“驴剧”而来，更名是为了文雅；五音戏由“五人戏”而来，定名时误读了方音；眉户戏又称迷胡戏，民间有不同叫法，对其定名也有不同说法，前者说是据眉县、户县地名而定，后者说是据其音乐旋律效果迷人而定，至今不能统一。

至于常见一剧种多名的现象，则是由于民间长期有不同称呼，或不同地方叫法不同，即使有权威机构已经发布定名，民间仍然相习不改。例如肘鼓子又叫周姑子、肘骨子、诌鼓子、郑国戏等，传说出自鲁南一种敲狗皮鼓演唱的姑娘腔，与清初山东姑娘腔有某种联系。在山东各地的长期流传过程中，演变出许多流派，又都有新的名称。在诸县、高密、胶县一带的称为本肘鼓（又叫老拐调、哦嗒唵），后称茂腔。本肘鼓的一支发展到胶东半岛的即墨、平度、掖县、莱阳一带，形成柳腔。章丘、历城一带的肘鼓子发展为五音戏（又叫五人班、五人戏、秧歌班），又分为东路、西路和北路。临沂、枣庄等地的肘鼓子则变化为拉魂腔，后称柳琴戏，逐渐扩展到苏北、豫东和皖北，也分为东路、中路和北路。拉魂腔在安徽北部产生了泗州戏，在江苏北部产生了淮海戏。

民间约定俗成和官方确认的结合，成为地方戏定名的主要途径。尽管其中的不尽科学之处比比皆是，但经过数十年的长期运用，已经相沿成习。

五、根性

地方戏与民众互为依存的特殊关系是它的根性。首先，不同的声腔剧种对于民众的影响面是不一样的。例如“花部”与昆曲不同，其发挥影响的观众也平民与士大夫有异。昆曲唱词文雅、情调悠闲，多表现青年书生的科举事业与爱情，受到士大夫阶层的欢迎，普通百姓则不喜欢这类掉书袋子卖弄学问、书生小姐调情骂俏的戏，而更喜欢情节紧凑、故事集中、戏剧性强的武戏、鬼戏、功夫戏，于是弋阳、乱弹、梆子等剧种更盛行民间。清人焦循《花部农谭》自序就谈道：昆曲深奥难懂，小民不喜，“花部”则农夫渔父都爱看，各村“递相演唱”“聚以为欢”。

其次，不同的声腔剧种流行于不同地域，成为当地观众的娱乐对象和文化主体，而与当地民众发生精神融汇和情感关联。例如陕西民谣说：“八百里秦川尘土飞扬，三千万老陕齐吼秦腔。”清代乾隆时期山东流行的是“山东姑娘腔”，时人唐英《梁上眼》传奇里有一段说白：“你儿子在山东，每日里听的都是些姑娘腔，那腔调、排场，稀脑子烂熟。待我随口诌几句，带着关目唱一支儿。”乾隆后期河南流行声腔是罗罗腔、梆子腔和弦索腔，乾隆五十三年（1788）重修河南《杞县志》卷八“风土志”说，当地乡民“好约会演戏，如逻逻、梆、弦等类”。嘉庆年间浙江衢州流行乱弹，《衢州县志》里录有郑桂东《竹枝词》曰：“乡风贪看乱弹班。”一地的流行腔种也不断发生变化，例如清代乾隆以前北京流行声腔是秦腔、弋阳腔和罗罗腔，张坚《梦中缘》传奇乾隆九年（1744）序云：“长安（指北京——笔者）梨园，所好秦声、罗、弋。”而道光以后北京则流行二黄和梆子，杨懋建《长安看花记》说：“若二黄、梆子靡靡之音……台下好声鸦乱。”

地方剧种由于含有不同的文化特色，因而具有相异的文化品性与特征。它们彼此之间形成明显的区别，主要可以从以下五个方面来分判其根性。

（一）方言不同

运用不同方言是各地方戏最本质的区别。如清人李斗《扬州画舫录》卷五“新城北录下”说扬州：“郡城花部，皆系土人，谓本地乱弹，此土班也……然终止于土音乡谈，取悦于乡人而已，终不能通官话。”说的就是扬州本地乱弹腔运用当地方言——所谓“土音乡谈”而非“官话”演出。观众常常亲近本地剧种而疏远外地剧种的重要原因，就是由于方言。例如明刊《金瓶梅》第六十四回写西门庆在山东请两位北京来的宦官看海盐腔，薛内相看后不喜欢，说：“那蛮声哈刺，谁晓得他唱的是什么？”清人庞树柏《龙禅室摭谈》说，一次阮大铖为清军将领唱昆曲，清军多是北方人，听不懂，没有反应，阮大铖改唱弋阳腔，大家于是鼓掌称赞。清中叶小说《品花宝鉴》第三回里提到北京人听戏的嗜好：“不是我不爱听（昆曲），我实在听不懂，不晓得唱些什么。高腔倒有滋味儿。不然倒是梆子腔，还听得清楚。”这三则史料说明了方言演出与观赏效果的对应关系。当然，外地传播来的声腔剧种，使用的不一定是纯粹的当地方言，如京剧韵白念湖广音。

（二）曲调不同

各地曲调由于不同方言的作用而形成不同的地方风味，比如山西人唱《兰花花》，苏州人唱《好一朵茉莉花》，两者一粗犷率真一缠绵细腻风味大不相同。腔调区分自古以来即形成。春秋战国时期的楚地民歌不同于中原，越歌又不同于楚歌，六朝时的吴歌、西曲构成与北方民歌完全不同的乐歌体系，两者风格差异很大。戏曲声腔剧种形成后，不同的腔种有着不同的特征，例如“秦声激越，多杀伐之声”①“乱弹者，其声甚散而哀”②“弦索腔……其声悠然以长”，③它们各自培养起了不同的观众群和拥戴者。各地民间熟稔了当地流行声腔后，会对之产生亲切感和情感依赖，外地人则或许听不惯。例如清代《缀白裘》第七集收有传奇《麒麟阁·反牢》一出戏，写程咬金、尤俊达被囚禁在山东历城县监牢里，众囚徒和狱官聚首，就一起唱山东姑娘腔。而清代雍正年间写《粤游纪程》的录天，则讥刺广东的广腔是“一唱众和，蛮音杂陈，凡演一出，必闹锣鼓良久，再为登场”。这两个例子说明了对待地方声腔的不同态度。一般来说，曲牌体腔种声多字少擅长抒情，而板腔体腔种则字多声少擅长叙事，所以有人厌烦前者的行腔抒缓，而爱好后者的急劲快捷。例如清人焦循《花部农谭》说“吴音（昆曲）繁缛……听者使未睹本文，无不茫然不知所谓”。而昭梿《啸亭杂录》卷八说秦腔则是：“词虽鄙猥，然其繁音促节，呜呜动人。”

（三）乐器不同

梆子声腔的通用乐器为梆子。乾隆二十一年（1756）李声振《百戏竹枝词》说：“梆子腔，以其击木若柝形者节歌也。”④康熙五十一年（1712）四川绵竹县令陆箕永《绵州竹枝词》描写秦腔则是“铁拨檀槽柘为梆”。⑤乱弹腔的特征是不用拉弦乐器，只用月琴一类弹拨乐器伴奏。二黄腔的主乐器是

① （清）叶德辉：《重刊秦云撷英小谱序》，载清刊本《秦云撷英小谱》卷首。

② （清）刘献廷：《广阳杂记》。

③ （清）李调元：《剧话》卷上。

④ 引自路工编选《清代北京竹枝词（十三种）》，北京古籍出版社1982年版，第157页。

⑤ 《绵阳县志》卷三十六引。

胡琴，李调元乾隆四十年（1775）写的《剧话》卷上说："胡琴腔起于江右，今世盛传其音。专以胡琴为节奏，淫冶妖邪，如怨如诉，声之最淫者。又名二黄腔。"许多剧种拥有自己的专用乐器，例如陕西老腔用木块砸板凳作为敲击乐，福建莆仙戏里保留了宋元时期的筚篥。一些剧种的名称即带出其伴奏乐器与曲调特色，如北京丝弦腔用月琴伴奏，清人李声振《百戏竹枝词》说："月琴曲，形圆如月者以节歌。然曲近秦声，俗又名丝弦腔。"[①]又如河南坠子嗡用坠胡，大弦子戏用三弦，大笛子戏用唢呐（俗称大笛），山西碗碗腔的响铜敲击声清脆悦耳，河南曲剧的曲胡婉转悠扬。声腔剧种使用的乐器也会随历史进程而发生变化。例如早期秦腔不用拉弦乐器，只用月琴一类弹拨乐器伴奏，[②]乾隆后期魏长生改革秦腔，添加进胡琴，于是天下风靡。[③]罗戏原先敲击大锣，用三弦伴奏，有康熙三十二年（1693）篆刻的《燕九竹枝词》里陈健夫词可证："锣鼓喧阗满钵堂，鸾弹花旦学边妆。三弦不数江南曲，唯有啰啰独擅场。"但后来河南罗戏所用主乐器已经演变为唢呐，所以又称大笛子戏。

（四）表演方式不同

昆曲载歌载舞、声清韵悠，多表现文士书生的琴棋书画、礼尚往来，青年男女的眉目传情、卿卿我我。花鼓、采茶、花灯一类民间小戏的表演靠近生活动作，多为小生、小旦、小丑的民间生活戏，生动活泼、情趣盎然。乱弹戏重动作，李斗《扬州画舫录》卷五"新城北录下"条说它"以旦丑、跳虫为重，武小生、大花面次之"，很明显，这种角色结构是以表演动作戏为重的。所谓"跳虫"即武丑，李斗解释说："跳虫又丑中最贵者也，以头委地、翘首跳道及锤锏之属。""以头委地、翘首跳道"就是翻花样筋斗，又应工锤锏等兵器格斗。武丑、武小生、大花面的设置都是为表演武戏服务的，于是，乱

---

① 引自路工编选《清代北京竹枝词（十三种）》，北京古籍出版社1982年版，第159页。

② 乾隆四十年（1775）李调元在《剧话》卷上说："俗传钱氏《缀白裘外集》有秦腔，始于陕西。以梆为板，月琴应之，亦有紧、慢。俗呼'梆子腔'，蜀谓之'乱弹'。"康熙五十一年（1712）四川绵竹县令陆箕永所写《绵州竹枝词》，描写秦腔则是"铁拨檀槽柘为梆"（《绵阳县志》卷三十六引）。"檀槽"，指琴、琶类乐器，用拨不用弓，此处即指月琴。陆箕永跟李调元的说法是一样的。我们从李氏的说法里还可以知道，秦腔当时除了被称作梆子腔外，还被称作乱弹，乱弹的名字是从月琴弹拨而来。

③ 写于乾隆五十年（1785）的吴长元《燕兰小谱》说："蜀伶新出琴腔，即甘肃调，名西秦腔。其器不用笙、笛，以胡琴为主，月琴副之。工尺咿唔如话，旦色之无歌喉者，每借以藏拙焉。"

弹戏在舞台上充分地发展了武技。京剧在京都环境下博采众长，发展成庄严、典雅、凝练、厚重的剧种，程式规范、行当谨严、行腔流畅、做工精细、声调铿锵、词情并茂，尤其擅演表现宫廷政治和军事斗争的大戏、袍带戏。各个剧种都有自己独特的绝活，如川剧的藏刀、变脸、矮子步，如莆仙戏的旦行走蹀步、丑行走矮步等。京剧在清廷限制下发展起成熟的男旦艺术，越剧则形成了以女子扮演生、老生、净、杂隶各路男性角色的舞台特征。

（五）风格不同

由于所运用方言、曲调、表演方法和伴奏乐器各方面的差异，地方戏之间有着明显的风格差异。例如昆曲典雅绮丽、文辞华美、轻歌曼舞、婉转悠扬，梆子腔剧种高亢激越、浑朴苍凉、行腔快捷、一泻千里，秧歌、采茶、花鼓戏活泼轻盈、欢快亮丽、民间气息浓厚，20世纪新兴的越剧、沪剧等则舞台齐整、台风亮丽。一般来说，由于自然物候、民间心理等原因所决定，南方产生的剧种通常轻盈、亮丽、婉转、悠扬，北方形成的剧种多粗犷、高亢、厚重、质朴；而由渊源、传统、积累厚度和舞台经验等因素所决定，大剧种往往法度谨严、台风庄重、程式烦冗、手法多样，小剧种则轻巧活泼、简单粗陋、手法单一、避重就轻。

六、濡染

明清以后的中国民间生活里，地方戏演出占据了绝对重要的位置。人们一年之中的主要文化生活，从祭祀敬神、年节庆贺、红白喜事一直到日常交往和娱乐，都与戏曲结下不解之缘。于是，地方戏所具有的文化特性与审美特征，就在当地人耳濡目染的过程中浸润渗透为其心理结构中的文化沉淀，成为其精神家园的珍藏。

中华文化中的诗乐传统常有盛行佳话，例如唐朝白居易的诗歌平易浅近流传最广，有“妇孺皆知”说；北宋柳永的词作婉转凄清流传最广，有“凡有井水饮处，皆能歌柳词”[①]说。这种极言之的比喻对地方戏来说最终成为事实，中华大地上可说凡有人居处皆有戏曲，这在世界文化中是一大奇迹。而晚

① （南宋）叶梦得：《避暑录话》。

清以来地方戏共形成了300多个剧种，积累起51876个传统剧目，[①]其中京剧、秦腔、豫剧、川剧等大剧种都各有5000个以上的剧目，把中国历史从上古神话开始到二十四史的内容一直到现代生活都敷衍净尽，其范围可以涵盖一整部中国文明史，这种情况在全世界也是唯一的。传播的覆盖靡遗与内容的地覆海涵，使地方戏将它的辐射力，投影在中国人的整体精神家园中。

地方戏是一座联结精英文化和大众文化的桥梁，上至宫廷贵族士大夫、下到平民百姓三教九流，都成为它的爱好者，其影响因而深入民间。明清以来，它以民俗文化主流的姿态进入并牢牢占据着村落社区的精神空间，孩子从小就在其中濡染中国文化的传统墨色，如鲁迅小说《社戏》里所描写的生动情景那样。清人焦循《花部农谭》自序说地方戏："其事多忠孝节义，足以动人，其词直质，虽妇孺亦能解，其音慷慨，血气为之动荡。"古代普通小民，尤其妇女没有读书识字的条件，他们的历史文化知识、善恶观念、审美能力和情趣都从看戏中来，他们同时也从戏曲演出中得到娱乐，看戏成为其日常生活中最为流行和风靡的事。地方戏承载众多的文化负载，因而成为中国人性格的组成部分，成为中国人文化性格的核心，成为我们今天的生命基因。

肤色、种族、语言、习俗是一个文化共同的基因，离家在外，乡音乡曲则成为乡情的寄托物。李白《春夜洛城闻笛》诗说："此夜曲中闻折柳，何人不起故园情。"乡音曲调有着浓重的移情作用："一声何满子，双泪落君前。"[②]地方戏兴起后，不同地域观众都培养起了对地方戏的熟悉感、亲切感和牵情感，走遍天涯海角，只要听到地方戏曲调，心底就会涌起五味俱全的复杂情感。古代条件下戏曲的传播多得力于这种乡梓文化需求，许多地方剧种都沿着本地会馆在各地建立的路线而流动，甚至传播到南洋、美国、澳洲、欧洲各国的唐人街。而在外地看家乡戏的活动，常常会演变为民俗狂欢的盛会。今天华人的足迹遍及全球，我们也听得到地方戏唱腔在世界各地的回响。

眼下我们面临全球化背景下保护本土文化资源、守望精神家园的重任。

---

① 此剧目数字系1957年文化部召开的第二次全国戏曲剧目工作会议统计，是当时全国经过整改的传统剧目数。高义龙、李晓主编：《中国戏曲现代戏史》（上海文化出版社1999年版）第195页；《中国大百科全书·戏曲曲艺卷》，中国大百科全书出版社1983年版，第329页。

② （唐）张祜：《宫词二首》其一。

什么是中国人的精神家园？乡音乡曲是中国人寻找情感寄托、身份认同和精神归属的对象，传达乡音乡情的地方戏就成为我们最重要的精神家园之一。

七、挑战

地方戏不断繁衍分化出新剧种的趋势至20世纪50年代达到高潮，然后逐渐止息，中国开始了由农业社会向工业社会、由乡村生活向都市生活的社会转型。产生于农耕文化土壤上的地方戏遭遇了时代窘境，于现代工业经济迅速崛起的80年代以后走向萎缩。这一文化景观成为当代中国的复杂社会存在。

经历了长期战乱动荡的社会安定下来，开始从事固定的生产和生活。在民间自由流动的地方戏戏班，也按照行政区划固定在都市中，并且通过制度改造，全面改变了传统的经营方式、训练方式、传承方式和演出方式。剧团固定化、都市化、剧场化和行政化，以及戏曲演员干部化的做法，违背了戏曲600年来在城乡自由流动和演出与民俗活动结合的天性，地方戏的发展演变在饱享时代机遇的同时也遭遇了体制"瓶颈"，而舞台的西化倾向以及社会左倾思潮的钳制加剧了其危机。

进入现代社会以后，地方戏的生存环境改变了，都市的背景改变了，人们的生活节奏改变了，人们休闲娱乐的方式改变了，时代审美主潮改变了，众多时代流行艺术吸引和分散了观众的注意力，这些决定了地方戏必然面临时代性压力。地方戏所遇到的现代挑战是严峻的，去掉社会和环境的重重压力不论，地方戏在形式发展上也深陷进退失据的泥淖，这其中，又有其作为戏曲整体而面对的共性挑战，以及作为地方戏所面对的特殊挑战。

作为戏曲整体所遇到的问题是，它的内容必须与现实生活密切关联，才得以维持自身生命的鲜活状态。而在反映现代生活的路途中，如何既遵循传统的美学原则以保守住自己的传统质，又能吸收新的表现手法来体现时代特色，构成了一对难以调和的矛盾。从形式上说，戏曲创新和表现现实生活的难点在于：由古代现实生活动作总结、提炼、升华、美化后形成的传统程式，怎样用来描述现代生活行为；那些附载于袍服、水袖、靠旗、靴子而形成惯例、构成审美欣赏定式的一招一式的表演功夫，如何能够移接于今天的人物动作；扬弃了古人的马鞭、车旗、轿子、刀枪把子之后，现代人怎样在舞台上行进、交接与打斗；更重要的，古人行腔缓慢、摇曳多姿、有板有眼、一唱三叹的唱腔艺术，能否成为今天快节奏社会的审美聚焦？反之，抛弃了这一切古典特质的舞台样式，还能够被称为戏曲吗？缺失了传统美学韵味的戏曲，又有多少存在的价值？充盈着丰厚民族审美积淀的古典程式与现代生活内容的错位，造成传统与现实的矛盾，成为戏曲继承与创新的“瓶颈”。

今天戏曲的尴尬在于其自身特征的逐步消失，这在很大程度上一方面来自现代科技对戏曲舞台的支撑与阉割；另一方面来自戏曲对于舞台公共导演越来越多地依赖。新时期舞台技术的巨大跨步，造成重大的时尚转移。现代戏曲在舞台设备现代化、电子化、程控化的基础上，广泛受到影视艺术和其他综合艺术的影响，舞台为日益加重的声光电效果所充斥，改变了其自身的原始质朴与浑融。戏曲表演对声光电特效的依赖日益严重，这既反映了戏曲的时代性进步，也使舞台受到严重的物理冲击，而减少了表演的独立含量。对舞台公共导演的依赖导致戏曲的进一步话剧化、歌舞化、影视化，使得原始的戏曲质被众量消除。戏曲的面目正在模糊，棱角分明的塑形正在融为一团混沌。时代共力的作用，使戏曲日益泯灭了独特性。

然而，当经过了长期的摸索，戏曲终于有了一些可以较好地解决内容和形式矛盾的舞台手段时，时代审美却已经疏远和放逐了600年来人们钟情的戏曲，转向其他林林总总、五光十色、亮丽炫奇、令人目不暇接的当代艺术、外来艺术和流行艺术，戏曲剧场门可罗雀！

地方戏遇到的特殊挑战在于，地方小剧种受到成熟大剧种磁场的吸引，在不断朝向正规化、规范化、成熟化发展的同时，也泯灭了其活泼、天真、稚嫩、拙朴的本性，这在戏曲史上虽然是趋势性规律，但个性泯灭的代价就是剧种特征的消除及其存在价值的消失，众多的地方小剧种、特征不够鲜明艺术不够独立的剧种迅速消亡或被同化掉了。坚持用方言演出是在维护地方戏的基本阵地，但是，全国范围内人口的再次流动和世界性交流的日益加强，强化了对于普通话的使用，缩小了方言进而地方戏的领地和影响力。舞台公共表意手段的经常共用，使得地方戏的地方文化和民俗特征逐步湮灭——许多地方戏的独有特征仅剩下唱腔，而地方唱腔又在外来音乐和配器的掺并下开始了蜕变。一些有特点的传统行当渐渐消亡，如京剧、川剧里的丑行，造成了地方戏审美概括力的蜕化。伴随着众多传统剧目消失的，是现在属于“人类非物质文化遗产”概念范畴的舞台表演艺术，其中包括各种表演特技、各种特殊的演唱处理方法及其韵味、各种特色装扮和服饰道具等等。

地方戏遭遇了艰难的文化转型，其传统的舞台方式因受到现实需求的冲击而扭曲，它更在期盼时代审美潮流对自己反顾与择取的等待中一直忐忑不安。

八、思考

然而，地方戏仍然是广大民众爱好的艺术样式，它每日每时都在广袤幅面的城市乡村间演出，有着广泛的观众群和爱好者。经历了曲折的探索、尝试与调整之后，地方戏这种典型的传统艺术，正与各种现代艺术样式一道，蹒跚地走向未来。

今天，随着昆曲、粤剧和京剧相继成为人类非物质文化遗产的代表作，人们已经有了保护好地方戏的普遍意识。在各种保护思路、方案和措施陆续出台的时候，对于地方戏的时代性存活与发展，我们有如下的进一步思考。

首先，继承与创新是地方戏发展的必由之路。地方戏的本质要求它的发展轨迹必然是不断地继承和不断地创新。京剧在它200多年的演变史中从来没有凝固化，从徽班、汉调的二黄西皮到吸收梆子、昆曲到改良新戏、时装和古装新戏一直到现代戏，创造出日益丰富的表演手段和日益增强的舞台表现力。一部地方戏的历史就是不断发展变化提高、不断推出各时代的代表人物、代表剧目和唱腔流派的历史，地方戏只有不断地继承与创新才能保持旺盛的生命力。

这一点和日本的能乐、歌舞伎的完全保留原样有着本质的不同。日本古典戏剧有着代代承袭固定不变的文化性格，而中国戏曲在漫长的历史发展过程里，始终处在渐进式的演变之中，从杂剧、南戏到昆曲、梆子、皮黄，一直到各种地方戏，因而先天具备“时代化”的基因，它在现代社会里发生改变仍然是性使之然。只是这种改变以往都在相对固定的古代生活方式中完成，因而显得“润物细无声”般不着痕迹。20世纪社会生活从古老向现代的巨大飞跃，使得舞台转变遇到了实质性的跨越障碍，戏曲要面对的已经不是古代性质而是现代性质的现实生活了，地方戏的转变也就面临着“变质”的危险。

问题似乎还应该反向思考：地方戏如果不能继续像以往800年一样在现实

生活里保持活性繁衍，它是否也就被改变本性，从此失去了生命活力乃至生命力？与时俱进是中国戏曲的本质特征。我们不能违背戏曲的本性，不能违背艺术规律。即使是已经成为人类非物质文化遗产的昆曲、粤剧、京剧等古老剧种亦需要创新。然而，戏曲又必须拥有丰盈的传统美学元素，仅仅继承唱腔不等于传承了戏曲，“话剧加唱”不为观众认可与接受，实现戏曲美学神韵的传递成为现代戏曲追求的方向。但是，戏曲必须创造现代生活程式吗？现代生活可否提炼为程式？程式与观众的现代审美心理是否构成矛盾？这些都成为地方戏所必须面对与超越的课题。

其次，地方戏的继承创新要遵循特定的艺术规律，尊重其质的规定性。大家都认可梅兰芳先生为京剧继承创新所归纳的“移步不换形”法则，这是大师自己长期继承创新的经验积累和理论提升。地方戏既要创新又不能离开它的本体、它的根、它的魂，即它的综合性特征，它写意性、程式性、虚拟性的表现手法，以及它的独特地方风味，这是它的美学本质。其创新一定是建立在这种传统基础上的，任何脱离传统的创新都是拔根行为。

当下舞台上地方戏的同质化趋势，成为它的发展“瓶颈”，造成地方戏最大的断根危机。地方戏最本质的部分除了方言之外，就是它的声腔曲调，是它的基本旋律和韵味，这是它区别于其他声腔剧种的决定性要素，是它的独特属性，也是它不能被危及的根本部位和命脉所在。这部分出现问题，观众就不买账，就会问你究竟是姓京、姓昆还是姓梆。

其三，任何地方剧种，无论它的覆盖面、观众群、影响力大小，也无论它的历史长短、积累厚薄、特征强弱、美学形态完善与否，都具备同等的价值。我们决不可凭依一个剧种当下呈现的强弱态势来判断其存在价值和意义，历史上曾经盛行的强大声腔剧种最初都由弱小发轫，占据中心舞台的艺术种类永远都是从边缘走进来。历史机遇也并不都永远青睐当时的强盛种类，南戏于宋杂剧兴盛时起自温州的村坊小曲，昆曲于北杂剧炙手可热时起自昆山；而清初统治全国的昆腔被花部挤垮，清乾隆年间统治北京的京腔被皮黄挤垮。这些还都是正向发展的例子，违背常规的姻缘机遇也时见成果：20世纪50年代初奄奄一息的昆曲重新崛起，21世纪开端青春版昆曲再次耀目。甚至还有更极端的实例：当代已经几无人知晓而质野古朴的陕西老腔，经导演林兆华之手搬上话剧舞台，竟然在观众心中产生长久消失了的审美震撼！

事实上，对传统的发现与再发现，为人类艺术史特别是当代艺术提供了不竭的动力源。20世纪欧美艺术家从非洲、澳州土著艺术里寻找到创作灵感，诱发了现代派艺术的崛起。欧美戏剧家从日本、中国、巴厘岛古老戏剧样式里发现了表演的原始可能性，促成了舞台变革的大潮。中国戏曲研究者从边缘闭塞山野乡村的傩戏、目连戏里发掘出传统表演的始原基因，惹动了当代戏剧创新的灵感。传统激成了人类历史上无数次的创造力迸发重复证明着一个真理：人类文明的任何过往都在指向着未来。

今天的时代已经走到人类文明发展的最高阶梯，一些普泛化的价值观得到越来越多的国际认可。如同弱势群体必须被同样尊重一样，如同异质文明必须被同样理解一样，如同任何一种民族民间艺术都有其特殊文化意蕴和审美内涵必须被同样关注一样，所有的地方剧种都具备其不可替代的价值。

社会整体认识到地方戏的特殊文化价值与审美价值，认识到它的民族性与根性，认识到中国人对它不可替代的情感依赖与原乡情结后，会加强对它的保存和保护意识。我们尤其还观察到，不同的地方剧种都有自己或大或小的观众群和拥戴群，以自己的特色和风格吸引着一方爱好者。无论地方剧种欣赏对象的群体大小、人数多寡，也都应受到同等的尊重。每一地人的寄托、记忆、眷恋各异，故地方戏的精神和艺术价值要由各地人去认定，甚至由每一位个体的人自己去认定，绝非外人可以随意评判、任意肢解、代替处理、率意罢黜的。①

让我们共同为地方戏做一点工作，让我们为传统的地方戏辟出一方适宜领地。

地方戏的未来，正在寄望我们的时代于期待。

① 余秋雨先生最近提出“文化淘汰论”，说太多的传统挤占了空间不利于创新，必须消除一部分来为创新腾出地方；地方戏种类繁多形态各异成熟程度不同而不都具备保存价值，可以消除一部分。（余秋雨：《文化被淘汰不是坏事，淘汰腾出创新空间》，《人民日报》2011年2月11日）本人对此议不敢苟同并感到惊讶。文化发展永远都是通过创新来淘汰陈旧，但永远不是通过消灭陈旧来促使创新，所谓“破旧立新”“不破不立”。创新只能在继承的基础上起步，在旧的肌体上（例如传统文化、相沿艺术）自然长出，清除了传统拔着头发离开地球的创新只能是空想。文化发展的前提是种子的先决存在，一旦遇到适合的条件新苗即会蓬勃而发，失去种子任何东西都无法凭空而生。而哪一部分传统、哪一个种子会勃发，是无法料定并事先作出选择的，并不是只有时尚认可的种子就一定勃发，先期“淘汰”或许就会消灭一个未来能够走向蓬勃兴盛的艺术种子。

戏曲生态八问

新时期以来，中国社会审美潮流发生了巨大的变化，流行艺术倏忽变换。与新媒体紧密相连的新型艺术样式迅速占据了主流和支配地位，许多传统艺术一落千丈。这其中，曾经长期独占鳌头的中国戏曲一直处于不尴不尬的境地，生存状况十分堪忧。

时运更迭，一个时代有一个时代的代表性艺术。任何时代的舞台中央、聚光灯下，都被它所钟情的艺术样式所盘踞，而排挤淘汰掉不适宜的传统样式，这是历史规律支配下的新陈代谢，不可抗拒也无可厚非。今天，传统戏曲的生态环境彻底改变了，它早已从曾经是领衔艺术独领风骚的大一统格局中退缩向边隅穷落，这其中当然有着时代审美心理变化的支配因素在起作用。

然而，戏曲仍然是受到民众欢迎和喜爱的国粹艺术，它的受众仍然巨大，审美口味和艺术趣味仍旧与民众水乳相融。尤其是，作为民众与生俱来、相习相伴而又长期耳濡目染、耽性耽情的艺术对象甚至是精神寄托对象，它仍然深植于广大民众的审美习性和情感方寸之中。一句民间俗语“八百里秦川尘土飞扬，三千万老陕齐吼秦腔”，就生动状摩出戏曲扎根民间广袤厚土的情形。

这使我们不得不思考，戏曲的生态环境尽管改变，但是否就恶劣到让今天的戏曲存活如此举步维艰？我们对于生态环境的改造和建设，是否尽皆合宜而有利于戏曲生长？是改善了还是更加破坏了戏曲的生态？

一、关于戏曲生态

首先谈一谈，戏曲曾经拥有什么样的生态，其现状如何？

戏曲是中国农耕社会自给自足经济形态晚期的艺术形式，因而它的盛期在20世纪前，它的市场是当时的农村和城市市民社会。自然经济状态下的戏曲，拥有自生自灭的原始生态，兴起于宋朝的市民社会和村镇土壤，元明清不断发扬光大。

明清以后的中国民间生活里，戏曲演出占据了绝对重要的位置，形成全国城乡遍布戏台、民众生活无日不看戏的局面。人们一年之中的主要文化生活，从祭祀敬神、年节庆贺、红白喜事一直到日常交往和娱乐，都与戏曲结下不解之缘。戏曲以民俗文化主流的姿态进入并牢牢占据着城镇村落社区的精神空间，孩子从小就在其中濡染中国文化的传统墨色，如鲁迅小说《社戏》里所描写的生动情景那样。于是，它所具有的文化特性与审美特征，就在人们耳濡目染的过程中浸润渗透为其心理结构中的文化沉淀，成为其精神家园的珍藏。

20世纪前后，受到战争、社会动荡和自然灾害的巨大侵蚀，戏曲的民间土壤迅速衰竭。尽管清末民初还有过璀璨的京剧之盛、二三十年代形成四大名旦叱咤风云的局面；更多的剧种也还在陆续生成，例如今天令人瞩目的黄梅戏、越剧，以及众多花鼓、花灯、秧歌、滩簧小戏，许多是那时的产物——我们所说的中国戏曲300多个剧种的概念，除了长期历史演变而来的基数外，许多是清末民初的生成物。然而，连年战争和农村经济破产的巨大戕害，致使1949年新中国成立前许多剧种临近衰亡。

新中国成立伊始，小农经济环境被迅速形成的社会新机制取代。强大的社会改造运动急剧集聚起新的经济力量和文化力量。在大块落后迷信民间文化空间被涤除的同时，戏曲也分离了它的旧有土壤，进入新的人造生态。我们在改造私营工商业的同时也改造了戏曲剧团，用先公私合营然后转变为清一色国营的方式，清除了民间私营成分。国营职工的身份，使戏曲艺人从遭人鄙视的下九流“戏子”一夜之间超升为人民演员，得到了彻底翻身解放的愉悦和欢乐。然而与国有企业一样，戏曲剧团从此进入另外一种“包办”环境，并在指令性生产方式的长期笼养中萎缩了艺术生产力和市场开拓力。

新时期以后，面对改革浪潮，文化界首当其冲的就是臃肿而半死不活的戏曲队伍——5000个国营剧团和几十万从业者。为了重振国粹艺术和解除财政难题，时代要把“驯养戏曲”重新放归市场山林，让其在归返自然的野化过程中恢复生存竞争力。我们倏忽变换地为戏曲开出了一个又一个让人眼花缭乱的药方：从艺术角度的观念变革、舞台鼎新、艺术嫁接、调演振兴、评奖办节，到机制方面的剧团改制、推向市场、断奶催生、扶上马送一程、区分重点和一般院团、纳入非物质遗产、纳入惠民工程……然而经过30年来的扰攘，人们似乎感到事与愿违，因为戏曲今天仍然进退失据，举步维艰。

如果我们实实在在地对当下艺术市场做一个调查，就不得不承认，其中生存最为艰辛、生态环境最为混乱的艺术门类就是戏曲。我们只能不无遗憾地承认：尽管社会各方面不断地做出各种努力，戏曲生态却不容乐观。

二、戏曲的时代价值

戏曲今天的生存困境，难道是现代社会不再需要它造成的吗？戏曲今天究竟还有没有价值，还有没有观众？

首先我们应该承认，新媒体时代已经彻底改变了传统戏曲的生态，戏曲的困境是历史的必然；时代审美潮流的变迁和民众口味的改换，也使得戏曲的受众急剧减少。其次是戏曲的手工生产与营销方式——类似于手工制品要一个个制作、依赖于固定剧场的场次销售，使它既难以与远距离快节奏的都市生活接轨，也难以与青壮缺失老少留守的乡村生活接轨，因而无法与批量生产的大工业倾销式艺术品（例如影视品）相抗衡，这使它的观众群进一步锐减。

然而，这不等于说戏曲完全失去了现代价值和观众基础，而且还恰恰相反。在当今时代的中国，戏曲至少拥有下面六个方面的价值和意义。

（一）戏曲仍然是民间社会的文化活动主体

中国民间600年来以戏曲活动为最基本公共文化空间的传统延续至今，尽管新中国成立以后有过几十年的低潮期，21世纪以来这种民间空间恢复了很大部分。如果说，在中国有哪一种艺术样式是全民性的，体现了最为广泛的审美趣味和欣赏口味，成为从城市到乡村众多民众的一致爱好，那就是戏曲。

（二）戏曲是传播中国传统文化价值的重要载体

它善恶分明、惩恶扬善、褒忠贬奸，传达民众的理想和愿望，所体现的爱国情怀、优秀品格、善良人性、传统美德，是中华民族的宝贵精神财富。时下外来文化强势入侵，我们正面临丧失文化标识的危险。而要弘扬传统文化和民族精神，离不开它的承载物戏曲。

（三）戏曲是国宝性质的艺术样式

在众多传统艺术品类里，戏曲的艺术含量和文化营养最为丰富。戏曲是优美的综合艺术，是所有艺术门类的综合体现，包括故事情节、音乐唱腔、舞台表演、舞蹈杂技、灯光布景、服装化妆等等。她因而既是传统审美的结晶，又是历史积淀的遗产；既是地道的民族艺术，又是民众参与度最高的大众艺术，她的价值远远高于诸多文艺品类。

（四）戏曲是中国人最重要的精神家园

千百年来，中国民众培养起了对戏曲不可替代的情感依赖和原乡情结。走遍天涯海角，只要听到地方戏曲调，人们心底就会涌起五味俱全的复杂情感，在外地看家乡戏的活动，常常会演变成民俗狂欢的盛会。今天华人的足迹遍及全球，我们也听得到地方戏唱腔在世界各地的回响。全球化背景下，乡音乡曲是中国人寻找情感寄托、身份认同和精神归属的对象，传达乡音乡情的戏曲就成为我们最重要的精神家园。

（五）今天戏曲仍然是广大民众爱好和参与广泛的艺术样式，有着强烈的民间需求

各地雨后春笋一样涌现出来的民间剧团（虽然新时期以来国营剧团数从5000家减到了2000多家，21世纪伊始民间剧团却冒出来5000多家），社区广场、村镇街头随处可见的群众戏曲演唱集市，各类火爆的戏曲演唱大赛、票友大赛甚至儿童大赛，以及戏曲进校园经常受到学子们的热捧，这些都说明了戏曲为民众所欢迎和所需要的程度。

（六）近年全球开始重视对人类非物质文化遗产的保护，中国民间存活的200多种地方戏再次进入了国人眼帘

原来我们习常见到、不以为贵反以为贱、为赶时髦随时弃之如敝屣的戏曲，特别是偏僻山乡里那些纯粹、原始、粗粝、土俗的剧种，竟然统统都是重要的人类遗产而具有不可复制与再生的文化价值，需要特别关照和保护！

三、关于戏曲市场

那么，戏曲今天究竟还有没有市场，有多大的市场呢？

戏曲原本不是一个纯粹的商品对象，而是一种历史性的文化创造和精神

现象结晶，它的存在主要不是或者不仅仅是为了市场，有着远超市场之外的价值。今天的剧团既是经营性的演出单位，又负载了部分社会公益性职能——兼有传承民族艺术、维系地区文化生态、满足群众精神需求、维护社区文化饱盈度的功能，因而具有一定的准公益性。如果非要以市场为衡量标准，那么我认为，戏曲虽然有一定的市场价值，但这个价值在农耕时代即不能完全直接变现，今天就更加枯萎。

处于农耕时代繁盛时期的戏曲，其市场与我们今天的理解相去甚远。虽然对都市戏院来说定点售票演出是基本常态，但对剧团来说，它的常态却是经常性的城乡之间、地区之间甚至全国性“走码头”式的流动演出，服务对象多数还是年节庙会、庆丰还愿、酬神祭祖、红白喜事，演出环境多数是庙台、搭台和堂会，营运方式是庙董集资或个体包场，观看方式则是全民免票集体狂欢。而商业戏院日常性的售票演出只占很少比重，并且一直到清末，演出运营还与酒宴茶饮混搅在一起。

今天，戏曲发育并不完备的传统民间市场正在死灰复燃，戏曲民俗环境也在慢慢恢复，但绝非一朝一夕之功可以奏效。而观众看白戏历史习惯的养成，城市戏剧节组织观众填场的习常做法，剧团的都市演出因种种原因甚至仅因上座难而送白票的环境胁迫，都在恶性循环、冤冤相报似地侵蚀着戏曲市场，使之远离良性轨道。至于戏曲遭受新媒体艺术、流行和时尚艺术的排挤与压迫，就更是其扼喉之痛了。

事实上，人类戏剧在今天遇到相同的商业困境。发育较为完备的西方发达国家的市场也没有足够的份额留给戏剧，通常都采取政府财政、民间基金和剧团营销的经济来源“三一制”。也就是说，戏剧真正能够从市场得到的回报通常只有三分之一，其他要靠社会的无偿支持。

我们不能把戏曲一下子全都扔给市场。这就是前面谈到的，我们的认识也有一个过程，从开始以为市场万能，到中间知道撒手进市场不仅不能激活反而会断送戏曲，到今天才明白戏曲运营机制的转型有着复杂的社会和环境条件要求。其实道理很简单：把习惯于喂养的羊群直接放归荒漠化的草原，很快就会饿死，更可怕的是一夜之间就会被狼群吃掉。这就是为什么新时期以来的文化政策一再发生变化，从最初的直接“断奶”，到中间的扶上马还要送一送，到后来又要国家拿出钱来养重点院团，再后来各地强烈要求把地方剧种纳入非物质遗产保护的范畴，现在又有很高呼声要求把戏曲纳入国家惠民工程以获得财政支持。

政策可以摸着水里的石头走，不行就改。但是，戏曲却在这30年中被“折腾”得颠三倒四。奇怪的是，戏曲在我们这里似乎是要被“甩”掉的敝屣，是姥姥不疼舅舅不爱的丑小鸭，在人类非物质遗产挽救者那里却成了最为重要的宝贝！国家惠民工程近年发挥了很好的作用，送给了民众许多好的文化产品，但有些也不对胃口不解渴，却长久遗忘了戏曲——广大城乡地区，尤其是落后地区、偏远少数民族地区的文化贫困群体，对戏曲欣赏可望不可即。

四、关于戏曲院团改制

那么，为什么还要进行国营戏曲院团的改制？其目的究竟是什么？

我认为，是要改变过去“等靠要”的旧式思维模式，解决长期以来束缚艺术生产力的体制弊端，建立符合艺术生产规律同时也符合市场规律要求的运行机制、用人机制、经营机制和分配机制，从而在体制创新中焕发生机与活力，增强艺术创造性与市场竞争力，以便出人出戏出作品，承载起继承与弘扬优秀文化的使命，更广泛地满足人民群众日益增长的精神文化需求。

其中的关键在于给戏曲培育出一个良性生态，以便更好地出人出戏出作品，满足观众的观赏需求。国家有关政策的设定，尽管走过弯路，但眼下已经回到上述轨道了。

但是，在政策的具体执行过程中，还会忘记或者说并不理睬这些根本目的，经常是一窝蜂地走向极端，或者干脆一刀切下来。因为执行者的任务往往变成了落实政策要到位本身，而忘记了政策制定的初始目的或根本目的，在做法上甚至与其背道而驰，那就南辕北辙了。例如执行者会用简单命令的方式，要求剧团在某一个时间节点一定要做到如何如何，而不管其他。如果以为设定一道命令、一个时间关卡，剧团按期执行，就实现了转制，那真正是天方夜谭！其结果是徒引起生态扰攘，更加搅乱了出人出戏出作品的环境。

戏曲院团改制长期难以奏效，原因比较复杂。总体来说，一是历史包袱太重；二是惰性观念抵制过强；三是缺乏市场出口——没有一个良性演出市场与社会保障机制的必要支撑；四是并不具备乐观的市场前景；五是经常性地受到主管部门扭曲政绩观的干扰而被拉回原轨道。

改革开放初期，5000个国营戏曲院团大多队伍老化，管理机制陈旧，结构单一，机构臃肿，人财物浪费，严重平均主义，习惯于躺在那里吃财政饭，习惯于伸手讨要乞，难出和少出作品与人才。舞台艺术的主导地位逐渐被电视和网络等大众传媒所取代，演艺市场被多种现代文化消费方式严重挤压后，戏曲的生存空间又大大缩小，更是雪上加霜。根据文化部计划财务司《2004中国文化统计提要》，剧团的经费自给率，改革开放初期是40%左右，20年后则不足30%，可见演出市场的萎缩度。国营戏曲院团的演出只占有很少的市场份额，而外部缺少市场竞争力，内部缺少经济增长点，演出又少有回报，在很大程度上是多演多赔，少演少赔，不演不赔。

众多的国营戏曲院团在城市已经丧失了适宜生存的土壤，而深入乡村一是“降低了身份”，二是增加了艰苦度，三是提高了路途成本，四是要和众多的民营剧团形成竞争，五是乡村市场也受到“空巢”与城镇化的挤压，因此不易推行。全国戏曲院团的布局结构也不合理，一些地方重复设置，与需求市场不对接，不能形成合理的供求关系，不利于实现市场对资源的优化配置。又缺乏良性演出市场，看白戏习惯使得人们普遍缺乏买票看戏的基本意识——此情形尤以北京为严重，因为全国各地为评奖和其他目的都会送戏来然后免费组织观众。而眼下知识产权保护的法律与政策实施还都不到位，致使院团的文化产业链割裂，艺术产出无法有效形成辅助收益，使之更成为市场经营中的弱势群体。

五、政府的责任

戏曲院团改制最希望政府做些什么？院团改制是一项综合治理工程，要顺利而平稳地推开，就需要先行致力于相应社会配套政策和措施的设立与完善，从而为改制扫清障碍、铺平道路，使之有一个可持续发展的良性推进。它应该得到下述支持。

（一）对于国营院团的财政支持总量应该是不减反增，根据财政收入的上升幅度逐年适度上调——这是国际通行的社会必要文化事业开支

当然支持方式和渠道可以探讨不同的路子，例如改变投入的结构和方

式，以着重体现分类指导和重点扶持；在固定数额的财政拨款之外，利用剧目资助、公益活动资助、艺术探索资助等不同名目，分渠道拨款，以鼓励服务与创新等。这是眼下正在实行的政策。

（二）分级设定财政支持的国营院团重点对象

眼下政策只明确了国家支持代表国家和民族艺术水平的院团，各级政府也应根据不同文化生态需要来确定支持代表地方文化特色的院团，以增加从业人员的稳定心理。当然，这个过程绝不是将剧团按照不同类别一划了之，即使是明确为国家和地方财政重点支持的院团，同样也要大力推进体制改革和机制创新。

（三）帮助所有国营院团开辟固定财政支持渠道

前若干年国家对院团的财政划拨经费缩减后，并未建立起辅助的财政支持渠道，院团大多度日维艰。眼下是通过各种方式各种渠道到处讨要，而主管部门则拨款渠道不一、人为性随意性较大，院团吃偏食的情况普遍。这种情形必须打破。

（四）加大力气培育良性演出市场

这是各级主管部门推动院团改制应该做的主要工作，包括：一是要从一点一滴培育良性演出市场做起，做艰苦细致的工作，并带头维护和不破坏演出市场。二是通过调整、合并、转制等方式，合理配置文化艺术资源，改变院团设置不均、服务单一状况，充分发挥院团在区域文化和社会公益事业中的作用。三是保证剧团能够制定常年规划，固定全年演期，不受临时计划冲击，维持一个与固定观众的平衡观演生态。即使是巡回演出，也要由剧团根据内部需要来计划和实施，而不是受制于外在行政干预。四是帮助和扶植剧团建立与地域文化资源、地方文化特色相结合的演出市场与剧种、剧目品牌，创造出不同级次、不同内涵、不同形态的演出生态环境。五是通过调研制定良性演出市场标准，监督各级主管部门切实遵照实行，并以之作为检验其工作的依据之一。

（五）制定合宜的税收和保障政策

例如开设社会对文化资助的减免税制度，帮助建立或鼓励设立各种演出基金，以支持院团从事艺术探索。维护演出院团的剧目知识产权和人员使用权，建立相应法律法规和纪律，以避免社会强势团体对演出节目和院团人员的无偿占有和使用，摒除剧团养人、他处用人的怪象，以维持演出生态。

（六）提供国营院团的改革成本

国营院团改革是一项综合性、系统性非常强的工作，它与劳动、人事、财政、税收、分配、社会保障、行政管理等许多方面的政策互相联系、相互衔接，有关配套措施涉及财政、税收、工商管理、投资、融资、国有资产处置、收入分配、人员分流、社会保障等多个方面，只有综合解决这些问题，才能为戏曲院团转制提供有力的政策保证。

那么，管理部门应该注意避免什么呢？应尽量消弭掉一些不恰当做法的干扰。例如不鼓励、最好是制止党政领导直接抓创作。除了个别领导出于个人爱好动用手中权力为自己做戏外，通常一有政治任务，某级领导就会说：写一个戏吧。政绩工程的最便捷抓手就是戏曲，因为各地都有剧团，剧团都青黄不接拼命寻找生路，给钱就演。投资立即见效，几天就可以排一个戏（“大跃进”时期有过三天排一个戏的纪录）！命题作文对戏曲的伤害和对观众的驱赶，愈加置戏曲于死地。

值得提出的是，形象工程在经济建设领域已经注意克服，在文化领域仍然十分兴盛，给国营院团改革增加了很大阻力。这需要中央果断决策，明令禁止，杜绝行政冲击市场行为，像否定单纯经济指标一样否定单纯文化政绩工程。在此基础上，才能培育与规范演出市场，制定配套的扶持政策，保证改革的顺利进行。今后看哪个地方和部门的文化政绩，就看当地的演出市场是否达到良性要求，当地表演院团是否能够在市场上良性运作，真正为百姓而不是为领导提供了优秀剧目和人才。

六、关于戏曲评奖办节

为激活戏曲的创造力，近三十年来的习惯做法就是评奖办节，实际上带来很多问题。评奖办节究竟对戏曲起了什么作用，是满足了其内在生长的需要，还是仅仅为之注射了强心针？这个问题同样比较复杂，是一个需要进行冷静理性思考的事情。让我们来分析一下它的历史作用和现实作用。

封建时代晚期有过戏曲进京为皇帝、太后贺寿的举动，明显是地方官吏讨好皇室和粉饰升平的动力所促成，其经济支撑除了皇室、地方官、盐商与其他商行赞助外，剧团自身也承担风险——戏曲剧种的流动演出、开辟市场特性支持它冒这个险。一个看得见的积极成果，就是乾隆末期徽班进京、扎根京都，最终孕育形成了清末民初风靡天下的京剧。京剧在20世纪20年代有过评选四大名旦的举动，是在崇旦心理支配下的商业行为，由报业发动戏迷投票，但对旦角艺术流派的形成影响巨大。

新中国成立初期热衷于举办戏曲会演，除了提振信心增强热力的作用外，其积极意义是让人们注意到并引起对众多地方剧种的重视，也确实促发了全社会对民族艺术的热情，促进了戏曲艺术的舞台创作积极性，提升了当时戏曲剧团的演出活力。但那时不评奖。

新时期以来的评奖办节效果，就需要进行具体分析和客观认定了。它的正面意义是：在生存环境日渐恶劣的背景下，肯定和张扬戏曲艺术的魅力和价值，褒奖与推掖优秀从业者和创作成果，在一定范围内暂时性招徕公众的注目与热情，在一定程度上缓解戏曲被娱乐聚焦旁置的心理焦虑。例如，评出的优秀演员就具有更大的公众影响力和市场号召力，该剧团的生存条件也就相对改善。

然而，评奖办节也带来越来越大的负面影响，因为目标决定结果。参加评奖办节使得剧团不是瞄准市场和观众，而是瞄准奖节和评委；剧目创作不是为演出，而是为争奖；布景服装制作不是依据实际能力和演出需要，而是迎合争奖需要；常常一个戏的投入完全没有回报，而且节奖结束即再无演出可能。在当下体制转轨的艰难阶段，由于缺乏市场的托助，戏曲用节奖来增加维系力的结果，却是使自身更加脱离市场，失去原生土壤。还有更大的艺术后遗症，后面还会提到。

总括来说，评奖办节正面的积极意义日益缩小，负面的消极影响日渐扩大，尤其是它对正在艰难拓展的戏曲市场形成一波又一波的冲击。几乎任何一个剧团和演员，说起评奖办节来，都是一肚子苦水，一言难尽。所以我在20世纪90年代就说过，对于处于时代焦渴状态的戏曲来说，评奖办节只是一种饮鸩止渴——暂且维系生命，但中毒日深。

但是，我们那么多的管理和服务部门，出于部门重要性和政绩的需要，甚至只是自身的生存需要，似乎认定了对戏曲的“抓手”就是评奖办节，因而积极性非常高，一度弄到终年不断、连篇累牍的地步。如果不是因为社会舆论的督责，以及受到了上级政策和强硬指令的限制，早就泛滥成灾了。

承办奖节、参加奖节、争夺奖项，成为管理部门的热衷点，其动机和目的基本与艺术无关。当夺取奖项不用力在提升艺术水准而是动用权力、财力和人情来打通关节时，评奖办节的味道就变馊了。其极端体现的是一度公开出现“攻关办公室”之类的官方组织，堂而皇之地对评奖办节开展腐蚀活动，对组织者和评委进行物质拉拢、情感投资甚至权力威逼。当我们看到在艺术的名义下推衍的是卑劣行径的时候，评奖办节受到了极大的讽刺，而最终受到身心伤害的是戏曲。

这里我们扪心自问：评奖办节难道真的都是为戏曲吗？或者有多少是为了让戏曲生存得更好？更有多少是为了让戏曲回归到良好生态？

那么，是否就当一概取消戏曲评奖办节？当然不是。主管部门应该适当举办有关评奖或调演活动，以促进艺术提升与演出繁荣，但前提是不能冲击演出院团的正常市场运营。评奖、调演是社会主义文艺的优势，是文化发达、国力强盛的标志，但主管部门不能以此作为工作重心，而应把主要精力放在培育和规范演出市场上。举办此类活动的机制也要逐步探讨和摸索，使之专业化和民间化，政府不直接出面，只负责行政保障与监督。拿奖主要应该是艺术创作人员的功劳，而不是领导的功劳，当然，领导的服务是基础。

七、戏曲生态现状

经过三十年的改革阵痛，新体制孕育成型了吗？戏曲眼下究竟是一种什么样的生存状态？我认为，改革冲垮了旧有秩序，新的秩序又长时间未能有效建立，引起戏曲新的生态失衡。时下体制输血、造血和抽血的情况同时存在，戏曲夹在其间惶惶而不可终日。

国营院团眼下生存的最大困惑就是：既回归市场又未能真正进入市场——不被市场所接纳，而旧的输液龙头又被关掉或者拧紧了。于是，过去不愁嫁的皇帝女儿，现在只好八仙过海各显神通地到处求乞，手段和方式五花八门：或是通过旧的渠道“哭奶”，或是通过新的项目制“跑部前进”，或是靠向公私企业“傍大款”。更常见的是到处接手“任务戏”（包括英模戏、行业戏）。无遑艺术立场，无遑创作原则，无遑风格要求，谁给我钱我给谁写戏，谁捧我场我给谁演出，谁付代言费我给谁做广告，成为政绩工程的宣讲者，成为行业需求的代言者，就是不管观众的审美需求……

变革中的国营院团背负着管理和经营的双轨制，一方面在走向市场时遇到很大的障碍难以跨越，另一方面又没有真正脱离传统管理体制的制约，夹杂于市场与权力的坚壁中无所适从。其价值实现仍然以评奖为动力，围绕着行政的指挥棒转，但创作与演出市场严重脱节，得奖剧目得不到普及推广。多数剧团缺乏市场、负担重、营运艰难、艺术创造难以开展，从业者的收入低于当地平均水平。而由于经费困难，除演员外，无力负担编剧、导演、舞美、音乐等艺术创作人员的工资，人才流失、断层现象严重，剧场、排练场等设施破旧，生存环境恶劣。少数有票房号召力的剧团，市场又受到白送戏的冲击和干扰。现行资助政策遇到的具体对策则令人尴尬：剧团用狗熊掰棒子、掰一个扔一个的办法排戏从而认领创作资金，用空头计数的办法来冒领场次补贴。

民间剧团那里则又另是一种面貌。民俗环境的恢复，民间生活空间的打开，为民营剧团生长提供了新的土壤。然而目前尽管基层市场需求旺盛——这也是民间剧团喷涌而出的基础，剧团却严重受制于演出市场不完善、法规和管理混乱、生存条件的恶劣。民间市场无序和恶性竞争，不法中介欺行霸市从中渔利，剧团用工合同缺失，演员缺乏保障，流动演出存在严重安全隐患，而政府监管不是不到位而是基本无作为。多数剧团无力于艺术建设和人才建设，只能把利润作为最高标准，因而饭碗第一、质量低下、剧目老化、设施简陋、粗制滥造、偷工减料、挖角跳班、盗版侵权各种现象从生，而基层民众则难以看到艺术成品。

眼下戏曲的利益诉求，或是建立在评奖机制上，刺激起来的是政绩欲，或是建立在商业机制上，刺激起来的是票房欲，都不是戏曲内在生命力迸发的体现。这是当前戏曲创作在外在利益驱动下所带来的矛盾。而上述国营和民间剧团两种不尽相同的生存状况，陷入的则是同一个困局：造成今天戏曲的迷失，既是艺术的缺失，更重要的是人文精神的缺失。

刚才说到戏曲人才的流失，让我们分析一下究竟情况如何。编导人员许多都干其他的去了不提，单说无法转行的演员。国营院团演员的流向是一部分进入了民间剧团，这尚可说是英雄有了一些用武之地；一部分则脱离舞台、转行到文化馆等财政全额支持的单位去搞普及文化活动，这让我有些痛心疾首，毕竟培养一个专业的戏曲演员不容易。

近年来，各地投资建设了许多基础文化设施，例如“三馆一站”（文化馆、图书馆、科技馆，文化站）、公共剧场、城乡文化中心等，然而常常是公共文化服务硬件具备，软件缺失，厂房有了，没有工人，没有制作，设施缺乏内容的填充，缺乏活的东西——活的东西是需要人才通过创造性的劳动来填入的。一方面是到处剧场林立，另一方面是剧团气息奄奄。我们不得不反思：以为投入就能够产出，用经济和商业的办法来处理文化，只能是方枘圆凿。而人才流失掉了，文化一旦中断，再接续就难了。

八、关于当下的戏曲危机

现在的戏不好看了，我们再也见不到当年京剧《借东风》那样行当齐全、风格整一的戏，也见不到地方戏曲百花齐放、遍地开花的情形。是什么原因?

戏曲遭到了综合性的全方位的冲击。单从舞台艺术角度讲，例如缺失了幽默诙谐的喜剧成分。传统戏曲中喜剧占有很大的比重，事实上戏曲最初诞生就是从喜剧开始的，最早的参军戏、杂剧都是以喜剧为重，最早的演员副净、副末、丑都是喜剧角色。现在因为要表现时代的宏大主题，戏曲摒弃了民间生活情趣，只剩下了正剧，亲和力感染力就极大地减弱了。同样的原因，戏曲的行当减少，难以见到舞台上行当齐全、角色个顶个的完整大戏，尤其是专门承担喜剧任务的丑角即将绝迹。

难道是我们的时代不需要喜剧吗？非也！你只要想想近年来小品的火爆就知道了。群众在戏曲里找不到喜剧因素了，于是转而到小品里去寻求代偿。同样的问题：难道今天的观众不再欣赏地方剧种的美了？亦否也！你只要看看老腔的复活就知道了。当代已经几乎无人知晓而质野古朴的陕西老腔，经现代导演搬上舞台和银幕，竟然在观众心中产生长久遗忘了的审美震撼！

除了生存危机以外，眼下戏曲本身还存在着危机。首先是观念危机。现在反思一下，六十多年来我们一直倡导的戏曲继承创新，实际上继承只是个说法，创新成为重点。于是，众多的传统剧目从舞台上消失了，今天的演员早已不会演，或者很少会演。而创新，对于作为传统艺术样式的戏曲来说，任务又过于艰巨了。我们理想的境界是：戏曲经过脱胎换骨，能够成为表现当代生活的艺术形式，而从帝王将相那里走出来。事实上脱胎换骨谈何容易！更致命的是，时代并不按照我们的良好愿望进展，选择戏曲来作为其审美中介，而只青睐时尚艺术，这时候的戏曲现代化就成了自说自话！

其次是人才危机。戏曲演员的培养本身就是困境，因为需要从小做起，梅兰芳等名角都是十几岁即出道成名了。新中国成立后院校培养演员的方法已经与戏曲生态矛盾，二十几岁毕业就快要过演出盛期了。眼下培养多年的戏曲演员又大量轻易流失掉了，造成的损失是巨大而无法挽救的。而编、导、舞台创作和乐队人员，因剧团难以养活被迫转行，对综合艺术戏曲的伤害则是致命的。

其三是上面提到的表演行当消亡的危机。作为综合艺术的戏曲，要靠“生旦净末丑”各行角色的整体配合，“手眼身法步”各种技能的全面发挥，“吹拉弹拨”各种乐器的帮衬烘托，才能够完成一台美轮美奂的大戏。现在丑行消失，净末衰竭，生旦则“四功五法”不通，通常只会站着干唱。于是眼下的演出，只见“唱戏”难见“做戏”。演出中做功极少，“手眼身法步”难以见到；“千斤唱四两白”的念白也几乎消失；武打则许多成了单纯的场面热闹，而丢掉人物塑造的根本。其结果是戏曲的绝活无传，韵味减弱，特征流失，风情尽亡。

其四是地方特色泯灭的危机。一是地方戏创作受制于统一受过概论训练的公共导演、编剧、舞美、灯光设计，而缺乏为自己量身定做的技术力量，全国一个舞台、“一盘棋”。二是地方戏独特而丰富的音乐与表演特色，随着演员与舞台人员的流失，随着新式乐器和表演方法的掺入，迅速减弱和丧失。诸多因素的促动，例如舞台审美标准的整齐划一：一个冠冕堂皇的说法——提升舞台水准，就使得地方小戏的表演风格靠向了大剧种，使戏曲极大减弱了多样性。最后，评奖的导向作用——评委们只有“公共”标准，忽略地方戏曲的特征评判，使得获奖作品整齐划一，个性泯灭。

最后，当下真正的戏曲批评发声稀少，也应该是戏曲危机的征象之一。戏曲批评作为对舞台实践的理论干预，在今天舞台不受制于艺术理性而受制于社会支配力的情形下，显得是那么苍白无力。社会支配力早已击穿批评的底线，统摄媒体，左右评奖，轰垮批评家的操守，使得戏曲生产无视艺术引领而走向权力操作，制造出许多非驴非马的舞台产品。在这种洪水滔天的生态环境中，许多批评家只好无奈地三缄其口，我本人也从戏曲批评界退隐有年，经受着良心责罚的熬煎。与20世纪90年代剧作家的整体溃散一样，21世纪初戏曲批评家的整体溃散，放纵了权力对戏曲舞台的随心所欲。

委员随感

梯田中国

彩云之南、红河南岸、云雾缭绕的哀牢山深处，有着哈尼族耕种千年的万亩梯田。

时光像红河水一样滔滔流逝了，外面的世界早已是沧海桑田，哈尼梯田却躲藏在山罅林翳里，不受打扰地进行着自己生命的自然轮回。

20世纪90年代初，一位身背相机的法国小伙子游逛到此，突然“发现”了这个人间奇迹。他兴奋地带着“新的世界奇观”摄影作品回国，惹动公众注目，哈尼梯田成了法国媒体所说的“1993年度新发现的七大人文景观之一”。

1995年，法国人类学家欧也纳博士闻讯赶到这里，终于面对大山深处的农耕奇迹时，他激动不已，由衷赞叹这真正的大地艺术、真正的大地雕塑和它的大地艺术家——哈尼人！

信息传播和情感酝酿的结果是，2013年6月22日，在柬埔寨金边举行的第37届世界遗产大会，把哈尼梯田列入联合国教科文组织的《世界遗产名录》。

哈尼梯田“暴露”了。

全世界的摄影家和游客从四面八方蜂拥而至，众多色彩绚烂的照片出现在《地理杂志》一类亮丽的刊物上和手机微信图片库里，纷繁的报纸、网站上留下林林总总的惊叹与赞美语言。

哈尼梯田一时成为时代旅游聚焦的宠儿。

然而，这些就是它的全部吗？

一、彩云上的哈尼梯田

有节奏的电话铃声不断在耳畔响起，我挣扎着把自己从沉沉睡梦中拽出来。睁眼看看，天还是那么黑。

昨天坐汽车从云南红河州进入哀牢山脉，一路爬坡，于山路上颠簸了一整天，终于在黄昏时分抵达山巅之上的元阳县新城镇，晚饭后又止不住兴奋地跑出去游逛这个狭窄的小山城，弄得又困又乏。

这么早，是谁在捣乱！

我伸手抓过听筒。

“您好，这是您的叫醒电话。”

我忽然清醒：今天约好了要起早去拍摄哈尼梯田晨曦的！

一轱辘爬起来，三把两把梳洗完毕，提了相机就跑出去。黑影里遇到同样惶急的伙伴，面包车已经在院子里发动了。

这是2014年4月间，我参加全国政协文史委农耕文明考察团来到云南。马上就会看到魂牵梦萦的哈尼梯田了，我的心情也像欧也纳博士一样隐隐激动。

黑黝黝的盘山公路，汽车在盘旋中颠簸。

车速很快，窗外一片漆黑，也不知司机是怎么看清道路的。想想昨天上来时的惊险山道，心中不免忐忑。但也无可如何，只好强迫自己放下，交给老天吧。

偶尔在山道弯折处，下面一片暗灰色的亮光一闪即逝。

那一定是梯田水面！昨天我们上山时看到过，在没有树丛遮挡的山罅处下望，总能看到一些梯田的山光水色。只是视野过窄，景观不好。

窗外闪过几个赶路的孩子身影。

他们是去上学？太早了，看看表，才五点半。

“这些孩子是到观景台卖食品的……我们快到了。”当地陪同的人说。

哦！辛苦的哈尼孩子，他们难道不上学？

近一个小时，我们的目的地多依树梯田到了。

这里已经开辟为景区，围有铁算栅栏。集体买了门票，汽车开进一个停车坪。车一停，我抓了相机就冲下去。

这里是一弯大山的一个巨大豁口，周围群山环抱。

跟前用木板在制高点上搭建了一片平坦的现代化观景台，上面已经是赏客林立。

不少人用三脚架撑起带长焦镜头的照相机，像架起一堆长枪短炮，更多人则是用傻瓜相机甚至手机，朝着下面"扫射"，"咔嚓"声接连不断。

东方既白。

对面连山上的天空虽然已经是鱼肚色，山峰仍然是黑黝黝的。

眼睛向下一扫，蓦地，一大片亮光闪现在环山之间。

它们像一万面镜子，呈不规则弧形地连缀在一起，一块又一块，一片又一片，把山凹整个铺满，从我的脚下向前方倾倒，一直倾向东方地平线，连接成浩瀚的大海。

然而，东方并不是地平线，只是云层脚线，连片梯田在那里坠入了山谷。云层上面却是黑黝黝的群峰！

谁把水乡江南的景致挪了过来？想一想，这是在海拔2000米的群山之上、彩云之巅！

这时，光线是柔和的，在略显灰暗的背景里，整个梯田宛若一幅淡雅的水墨画。

随着天空的逐渐转亮，开始还在晨曦中隐约闪现的万面镜子逐渐变得光亮起来，成为波光潋滟的湖水，成为盈盈闪烁的玉鉴琼田。

东面山巅上的云彩开始泛红。

"有霞光！"谁兴奋地喊了一声，吸引了大家的目光。

果然，朝霞在升起，逐渐把东天涂成亮红色，又把西侧山坳里的蘑菇房村寨抹亮。水光光的梯田被染上绚丽的红色，但每一块水面的颜色又都不同，有深有淡，有亮有暗，变幻莫测，千姿百态。

"太阳露头了！"

一线火红的太阳从山巅探出圆弧，慢慢升起。

梯田的颜色随着太阳的升高而不断变幻，呈现出万紫千红，让人陶醉，招来了相机一片密集的"咔嚓"声。

这时一侧山罅里的雾气开始上卷，沿着沟沿到达峰侧，慢慢在林间和田间弥漫，把一些梯田和村庄笼罩在彩色的雾气之中。

放眼望去，渺渺云海、浞浞梯田、苍苍山寨、莽莽森林都在若隐若现、缥缥缈缈之中，真个是天光水影，恍若仙境。

从脚下向远方倾斜下去的圈圈斑马弧，那是梯田的堤坝，仔细看，有些上面还长了树木，一律被抹上金光。

我忽然醒悟：昨天上山时眺望到的层层台阶，就是今天下望的圈圈大地弧线。

霞光逐渐退去，太阳变成炽热的圆球，放射出白焰，漫天的云彩都成了银色。

水面变得白晃晃一片，失去了对比的层次。我收起相机，想抓紧时间到旁边山寨去看看。

景区的栅栏门外挤着一群头上包着蓝布包头，身穿斜襟蓝衫、横纹绣花筒裤的女人，她们都用花兜背着孩子，兜绳在胸前交叉成斜十字。

她们进不来景区，只能在栅栏缝里张望，看我过来，殷殷向我售卖鸡蛋、面包和手工制品。我把镜头对过去，她们看到连忙背过脸去。

来到旁边的黄草岭村路口，就在公路下边，有小路下去。我兴冲冲地走进村庄。

石阶路把我带向一个又一个有着蘑菇顶的三层房子，路旁一直有渠水相伴，忽而经过一个蓄水池屋，忽而绕过一个水臼磨坊，有牛、狗在巷子里游荡。

村子下面就是连片梯田，已经放好了水，准备插秧，近旁的秧田里则葱绿成片。

一队头扎蓝布帕、用背篓背着石头的女人从旁边经过，瘦小的女人们都背了太多的石头，腰深深地弯向路面。

她们是为谁家供料，村子里许多家都在盖新房呢！

看到一位靠在坡台上暂时休息的背石大嫂，我问，为啥都是女人背石头？她笑笑，男人都出去打工了。

手机通知我，还要赶路，大伙已经在车上等。我心底也有着更多的期盼，于是匆匆上返。

路旁饭铺门口，年轻的哈尼女老板泼掉一盆洗衣水，洗涤剂沫与饭铺污水混流后，进入水渠。

我望着脚旁渠水流向下面的梯田，不知说什么。

二、山水的律动

汽车又停在了老虎嘴梯田山口。

站在高高的“老虎嘴”崖畔向下望去，我又着实吃了一惊。

这里的视野更加开阔，梯田与我的直线距离一下拉得很远，我俯视到了比多依树要大上许多倍的梯田片区。

与多依树梯田的由近向远倾斜不同，它的形式更像是群山环绕中的一个大湖，湖水由粼粼切切的梯田拼成，千条万条的天然弧线组成水波的密密细纹。

难道是长白山天池、天山天池横空出世？但它却是人造景观，是人间的几千亩田畴。

与多依树梯田的单纯天光水色不同，老虎嘴梯田已经插满了秧，远远望去，水面多了一层淡淡的绿茸。

这里的梯田图案如链似带、高低错落、千姿百态、变幻莫测、藏龙卧虎、引人联想。有朵朵白色莲花，有簇簇杂色花蕊，或似千蛇跳跃，或似万蚕拱揖，或像骏马奔腾，或像老龟静卧，或如洪波涌起，或如暗潮漾动。

田埂间点缀着一座一座的小房子，那是种田人休憩的地方，像是一叶叶帆船在怒海中行舟。

阳光洒下，云朵飘过，粼粼闪烁的波纹忽明忽暗，此明彼暗，组成流光溢彩的世界。

有一条石阶小路一直通向梯田近旁，那里一定有贴近的景致。我不顾一个膝盖酸软，一路跑颠了几百个台阶下到观测点。

下来对了。我靠近了海面，投入地感受着海水的滉漾、光影的变幻、行云流水的大地韵律、妩媚潇洒的曲线世界，整个身心都融入其间。

这毕生未曾见到的山水胜景，弄得我如梦如醉、神倾魄移，最终被同伴喊上来时，似乎已经颠倒痴狂、沉溺不醒。急着上爬，那个有毛病的膝盖却发僵发硬，我一步三顿、咧嘴龇牙。

同伴急着喊我绝对有他们的道理！

坝达梯田的眺望点，是一个更为巨大的山鏄，周回“群峰如簇，波涛如怒”，有着更加宏阔伟岸的景观。

一圈连峰上都是郁郁葱葱的森林，森林整齐的脚线下、大山脖子处是公路相连的一个又一个村落，那就是哈尼村寨了。

再下面，是一面面侧倾的山坡，以排山倒海之势冲泻下去，一直下泻到谷底隐约如线的麻栗寨河。

乍一看，那只是通常的大山陡坡，盯紧了仔细看，却令人倒吸一口凉气！原来几十公里的视野内都是细密的线条组合，千岭万壑全部被鳞次栉比、嘈嘈切切的梯田铺满！由于距离遥远，又由于山鏄中游动的山岚雾气过滤了光线，梯田全部呈暗紫色，仓促间不辨，还以为只是大山本色。

这里是哈尼梯田最为气势磅礴、恢宏壮观之处，遥望的感觉就像站在美国科罗拉多大峡谷的边沿下眺，但却又没有那种亘古的蛮荒与苍凉感，而充满了人间温情。

放眼远望，万亩梯田泛着粼粼波光奔来眼底，似乎在你耳边呢喃软语，向你诉说着哈尼人的艰辛人世劳作、温馨田园生活、美丽人间情愫。

西斜的太阳接近了山巅，放射出万道金光，给漫天云霞涂上了红晕。下面梯田的浩瀚大海，被暮色掩映得扑朔迷离、壮丽雄奇，各种美妙的深浅层次和五彩斑斓的曲线，变幻着绮丽的颜色。

画幅中间倾斜而下的脊梁山，梯田水面都被染成赤红色，像一条浑身喷着烈焰的五爪巨龙，腾空欲飞。

望着这鬼斧神工的造化，你会觉得胸中一团郁积的激情急切想寻找突破口，化作美丽的语言、喷涌的诗句、跳动的音符、流泻的旋律，但却又觉得无以言表，十分无奈。

来时人们告诉我，哈尼梯田的景观依地点、天气和时序变化，会有千姿百态的呈现。果然，我看到的三个观测点彼此不同，互相比较，各有异境：

多依树梯田仿佛是云雾山中的镜湖，老虎嘴梯田像波涛汹涌的大海，坝达梯田则是众多黄河壶口瀑布的飞湍直泻。

据说哀牢山梯田景色四季不同：春天是波光粼粼的妩媚，夏天是青翠欲滴的娇艳，秋天是金波荡漾的丰硕，而最美在冬天，是银装素裹的妖娆。可惜我们在这里坐待四时变化都不可能，更不要说四季风光了。

哈尼梯田是宏阔的山的雕刻，精美的大地艺术，它把高矗于彩云之巅的哀牢山精雕细刻成了一件艺术品，使之成为农耕文明的伟大碑铭。

世界上没有哪一个画家能像哈尼人一样把大自然的颜色调制得如此绚丽多彩，也没有哪一个雕刻家能像哈尼人一样把地球的线条雕琢得如此舒缓流畅！

我们在菁口人家吃饭，主人热情地端上了丰盛的菜肴：田里捕来的鱼、鳅、鳝、螺和水蛋、竹虫，山上采来的蕨菜、水芹菜、羊奶菜、水白菜、马蹄叶、金雀花、树甜菜、树头菜、细芽菜，配上香菌、木耳、鸡枞和火熏腊肉，林林总总、清香扑鼻。

"没有啥子好东西，都是寨子里平时吃的，只是，保证全都是有机食品。"上菜的哈尼大嫂给大家殷勤地夹菜，带着淳朴的笑。

饭后我独自沿村中水渠走到下面的田埂上，眺望成片的梯田。

附近坡上梯田却被建筑工地覆盖了，那里塔吊林立，正在起一片别墅。

看到一个哈尼村民用锄头砸死渠中一条水蛇，我问为什么杀它，说会咬人。问对面盖什么，村民愤愤："开发公司建度假村。毁老祖宗的地，赚我们的钱！"

我愕然！

寨里看到一个穿戴漂亮的哈尼孩子站在路旁，顺手拍张照，她跟了过来，伸出小手："要钱。"

坏了，我悄悄掏兜看看，只有百元大钞，舍不得给，哄她说："我没零钱，等一会儿换了给你吧。"她就一直跟在后面，不紧也不慢，走一阵，说一声："要钱。"弄得我很尴尬，欠了小孩子的钱！

终于见到同伴，赶紧借了十元钱递出去，谁想一下围过来一群孩子，都伸出小手："要钱。"我们连忙走了。

大家心里都有些怅怅然。

三、顺遂山性造田畴

相信无数游客都会和我一样发出这样的疑问：在这大山之上，千磴万磴的梯田，到处镜子一样波光粼粼，它那么多的水是从哪里来的？

我一路仔细观察，大山顶上绝对没有水库！但我在黄草岭村、在菁口村，到处都看到了涓涓细流的渠道，它们从村中流过之后，进入梯田，一层满了又下流到另一层。

几天来，无论是座谈会上的发言者，还是车上的导游，都充满感情地向我们描述着自古以来哈尼梯田的耕作方式，倾诉着他们的自豪与忧伤。

哈尼梯田已经开垦了1200多年，绵延整个红河南岸的元阳、红河、金平、绿春四县，总面积达100万余亩。

其中元阳县有16万多亩，是哈尼梯田的核心区，每级梯田坡度在15度至75度，最多可达3000级。

平日里，红河水汽在哀牢山山罅间蒸腾而上，与来自哀牢山南坡的海洋暖湿气流汇合后，在高处冷凝成雾雨，洒落到山顶的原始森林，形成汩汩山泉，沿沟壑下泻回红河。

正是这样一个完整的自然水循环系统，滋养了哈尼梯田。

哈尼先民聪慧地选择了森林泉水充沛的大山，于海拔2000米的向阳坡地建村，那里气候温和，适宜人居。他们在那里把泉水截流，开渠引灌，在哀牢山上开出了千条万条的沟渠支干。

遇到绕不开的巨石，就先用柴把它烧红，用竹筒背水把石头浇炸，所以古歌里唱道：挖沟“挖出了岩神的三朵肝花，挖出了岩神的七朵腰花”。

条条沟渠如银色腰带般缠绕在大山之间，保证了水稻种植的用水之需。

只用一把锄头在陡坡石岭上挖沟开渠是艰难的，可以想象得到哈尼人世世代代所付出的艰辛。

村寨下方一直到海拔约600米处都是适合水稻生长的区域，开垦成一层一层的梯田，梯田的堤坝就用田里挖出的石头垒砌。

梯田渐渐把整个大山铺满，而将山上截流的泉水用于灌溉。泉水再不从沟壑里无谓地流泻而去，而是涓滴不漏地全部润泽了梯田。

各村各户的水源管理和分配使用则按照古传的“刻木分水”法，在各个水口设置带有刻度的横木，按照约定比例分水引流，保证了大山各处梯田都被润泽到。

人们常说：有山就有水，山有多高，水有多高。即使是北方的大山顶上也多有泉水，高如泰山、有名如北京银山铁壁崖，都曾经是泉水淙淙，但泉水通常都从沟壑里自然下泄流逝了，留下干旱的山麓。

看了哈尼梯田我才知道，原来山上的泉水是能够灌满一座大山的，至少多雨的南方一部分山岭是这样。

哈尼人聪慧地把泉水截住，让水漫山岭之后再放手，哀牢山就变成了湿地。①

只要顺遂了山性，大山就给你丰厚的回报。

哈尼人小心翼翼地依从自然界的大循环，而巧施人力把它改变为可以操控的小循环，就在实现自身生存所需的同时，也供养了大山——这是保持水土的最好方法。

反之则收获教训。我想到北方黄土高原上裸露的贫瘠土壤，千年万年被雨水冲刷成了千沟万壑！

对于稻作生长来说，水源之外最重要的条件就是施肥。哈尼人聪明地发明了“冲肥法”，用最聪慧经济的手段解决了大山施肥的问题。

哈尼每个村寨里都挖有公用肥塘，平时将牲畜粪便和绿肥堆贮于内，沤成乌黑糊状的农家肥，春耕或稻谷孕穗需肥时，开渠放水把肥冲入田中。

冲肥时村中宛若过节，男女老少一齐出动，争先恐后用锄头钉耙搅动黑色的肥水下流，沿渠均有专人照料疏导，使肥水悉数入田，一层田施完再施下一层田。

另外每年雨季初临，也正是稻谷拔节抽穗需肥之时，在峰顶森林里积沤了一年的枯枝败叶、动物粪便，被雨水冲得顺坡而下，进入哈尼人开挖的拦山水沟，也成为肥水。

自然冲肥法省却了大量劳力，也把大山积聚的有机肥料全部截流在梯田里，增肥了它的地力。千余年来，哈尼梯田都没有出现因地力下降而生产难以维持的情况。

日复一日、年复一年、代复一代乃至千年不停地持续劳作，哀牢山被改变了模样，打造成举世无双、令人叹为观止的宏伟大地艺术。它蕴含着哈尼人的全部聪明和智慧，向我们证明了人类所拥有的惊人创造力。

---

① 2007年11月15日国家林业局批文（林湿发〔2007〕233号），红河哈尼梯田成为国家湿地公园。

四、天人合一的典范

哈尼人有着丰富多彩的口头文学，千百年来传唱着创世史诗《创世纪》《洪水记》《哈尼阿培聪坡坡》等。

他们自称为“摩咪然里”（天神）之子，是一个善于和大自然和睦相处的民族。

在长期的生产活动中，他们凛然遵循自然神崇拜，制定了众多严格的宗教礼仪，每年都要按时祭祀，祭天、祭地、祭祖先，祭山、祭田、祭水沟，祭树、祭草、祭庄稼。

哈尼人尊重各种自然神，在自然面前从不敢为所欲为，总是祈求神灵保佑，在自然许可的范围内行事。

每个村寨上方的森林，都被哈尼人视为寨神林，定时祭祀，严禁砍伐——这是哈尼人的命脉，也是打开哈尼梯田的密钥。

寨神林有效保障了村寨避开山体滑坡和泥石流，保障了梯田用水安全，对维护山体生态平衡起了决定性的作用。

哈尼人小心翼翼地守护着他们的森林和水源，也因此保持了哀牢山自然生态的完整。即使是前几年云南连续干旱，这里的泉水依然淙淙不绝。

在上千年的历史长河中，哈尼人都把心力投放在与大山的和谐相处上。

哈尼人出生时，家人就要举行一个仪式：在地上画出梯田方格，生男孩就由一个七八岁的男孩用锄头在方格里挖地，生女孩就由一个七八岁的女孩在方格里摸螺蛳拿黄鳝。这是哈尼人以大山里的梯田劳作为生命的象征。

哈尼族有句俗话：小伙子美不美，要看他造田造得怎么样；姑娘美不美，要看她在梯田里做的活计好不好。

哈尼人一生都在梯田里劳作，死后也埋在旁边的山坡上，仍然守望着梯田。每层梯田下面都掩埋着祖先的白骨，每块梯田都是祖先用生命和鲜血砌成。

哈尼人踏着自然的节拍进行生产活动。

每当阳雀鸣叫、树木吐芽，他们知道，要修理犁耙进行备耕了。听到布谷鸟叫时，他们开始浸种育秧。

栽秧前，要先在田间用鸡蛋祭祀田神，因为在他们看来，水稻丰歉是由田神主宰，然后男子开始犁田耙田，女子赶忙跟在后面插秧。

中耕除草时，又要杀鸡祭祀田神，然后用十个手指头像姑娘梳头一样拔掉田里的杂草，用十个脚趾头像老牛走路一样把杂草踩进泥里做肥料。

稻子熟了收割时，女子用镰刀割稻，男子把稻穗摔打到“谷船”里脱粒。

收获一旦完成，马上要做田埂养护，先用脚踩向田埂内侧，塞住黄鳝洞、老鼠洞，再用锹挖起田埂边沿的泥草培覆在田埂上，做平做整。

然后是“谷倒田翻身”，要尽早犁翻稻田，把稻茬杂草翻在底下培肥，并于农历十二月进行第二次犁耕，次年插秧前进行第三次犁耕。

梯田开得离村寨越来越远，为省去路途之劳，哈尼人在田中建起“田屋”，作为临时住所。

种稻季节他们从寨子里下来，在这里劳动、做饭、养猪养鸭养鱼。稻子成熟了，割下晾晒脱粒后，把稻谷背上去，也把好的稻草背上去苫房喂牛，还有养大了的猪、鸭和鱼，宰杀后做成鲞肉也背上去。

哈尼人种稻注重保种，每隔几年要和邻村邻人调换稻种，人总吃同一种食物会影响胃口，土壤总种同一个品种也会影响收成。

哈尼人种稻又注重养田，每年收稻后把梯田灌满水，一直到来年春耕，有一个长长的浸田休耕期。

哈尼人不担心稻田虫害，由于保持了稻田生态自然平衡，鱼鸭吃掉虫卵虫体，虫害从来不严重。

哈尼人就是这样祖祖辈辈，从不松懈、永不中断地把巍巍哀牢山的千山万岭开垦成了梯田，也用持续性的生产劳作养育了自己一代又一代的儿女。

今天，元阳县的16万多亩梯田仍然哺乳着34万多农业人口，高山上的6万多公顷森林提供着全县人的生活和农田用水，4000多条干渠仍在灌溉着所有的梯田。

它们不是死灭的古代遗迹，不是单纯的自然景观，也不单纯是外人眼中的艺术品。它就在那里，它活着、劳作着、美丽着……

我感叹哈尼人的天才创造。他们的所有活动都不是在做艺术，而是为生活奔忙，但它的结果却是留下了艺术，更伟大的是留下了天人合一的杰作。

可以说，哈尼梯田是哈尼人与大自然和谐相处的结晶，也是文化与自然巧妙结合的产物。

哈尼人把他们伟大的民族力量镌刻在了哀牢山之上，成为后代儿孙、也成为全人类永恒的骄傲和荣耀！

五、民族大迁徙

考察这几天，始终有一个疑问萦绕我胸间不去。

常识告诉我们，开垦梯田要比平坝种稻辛苦一百倍，哈尼人的祖先为什么放着那么多的平原水乡不住，偏偏选择了这边鄙偏僻之壤、崇山峻岭之上来隐居、来自讨苦吃呢？

回到北京，开始翻查哈尼族的历史。谁知看了一些材料，却令我大吃一惊。

我没有想到的是，一个创造了如此稻作文明奇迹的民族，却是直接由渔猎转型而来。更加让我慨叹的是，她曾经历了一场历时千年的民族大迁徙，尝受了极其屈辱艰辛的人世苦难，今天的哈尼族众心中流淌的，是一支延续几千年的苦歌。

哈尼族出自长江、黄河上游甘青藏结合部的高原古羌族群。羌族是中国历史上最为悠久也是最为重要的民族之一，在殷墟甲骨文里有关羌族的记载多达72件。据说炎帝即羌族人，炎帝姓姜，古文字里姜、羌同一。殷商的缔造者成汤王也出自羌族。

从炎、黄的三皇五帝时期开始，中间经历了夏商周阶段，一直到春秋战国，几千年时间里，羌人与其他民族之间的战争不断。强秦崛起，开始向西扩张。为躲避战乱，一些羌人希图寻找和平安定的家园，开始了史称的“民族大迁徙”。其中一部分沿河沟走向东南方，向云贵高原及东南亚半岛流徙。①

走向东南方的这一支，就是哈尼族的祖先。

老贝玛（祭司）的古歌里唱出了心酸往事。

先民们原来生活在虎呢虎那高山，以打猎捕鱼为生。后来猎物渐少，于

① 史学界比较公认的说法是，据《史记》《汉书》《后汉书》等史籍记载，哈尼为氐羌族群一支，原游牧于青、甘、藏高原，公元前4世纪受到强盛的秦国势力逼迫南迁。在迁徙中，南迁的羌人不断繁衍，形成牦牛种和越嶲羌、白马种、广汉羌等若干部落，活动于今川西南、滇西北、滇东北的广大地区。史学家将这些南迁的羌人遗裔统称为“和夷”。和夷名称虽不单指一个民族，但无疑包括哈尼族先民在内。这一记载，与哀牢山区哈尼族的民间传说基本一致。

是从山上下来，在什虽湖畔养殖家畜、种植谷子高粱。但烧山打猎时激怒山神，庄稼不收，又搬迁到南方群山里的嘎噜噶则。

这里是傣族的地方，最初两族和睦相处，后来傣族头人的妻子病死，哈尼人遭到迁怒，只好又离开。

他们找到一个山中凹地惹罗普楚，在那里烧荒开田，建寨定居，盖起蘑菇房，族众繁衍到六千，但一场瘟疫，死人无数，不得已再次逃向南方。

终于，他们找到了大渡河中美丽的平坝诺玛阿美，在那里建起四个大寨，盖起三层的蘑菇房，开出了一块块秧田，繁衍十三代，族众发展到7700户。①

这期间，东方腊伯人的马帮来到这里，被哈尼人招了女婿、分给田地住下，慢慢繁衍起来，却用阴谋诡计与哈尼人争田争地，最后发展到战争。

哈尼人的竹箭竹刀战不过腊伯人的铁箭铁刀。“水急的诺玛河/漂起数不清的死人死马/七千个女人变成寡妇/七千个小孩望不见爹娘/高高的秋房搡倒了/三层的蘑菇房被烧光。”

残存的哈尼人只好离别田园，背井离乡，下撤到洱海旁的色偶作娘。那里的哈厄人最初接纳了他们，把左甸让给他们开垦，但几年后却又变卦。

他们只好继续向东走，来到滇池畔的谷哈咪查。当地的蒲尼头人说，答应做奴仆就留下。哈尼人已经无力继续流浪，于是埋了武器，停止脚步，住了下来。

蒲尼人越来越贪得无厌，哈尼人逐渐无法忍受，蒲尼头人却又把女儿嫁给哈尼头人。终于有一天，两族重新开战，蒲尼人依靠女儿的里应外合战胜。

死了无数人的哈尼得到更加沉痛的教训：“走吧，兄弟姐妹/这里不再有

---

① 大渡河，史称“华阳黑水”。《尚书》中记载：“华阳黑水惟梁州，岷嶓既艺，沱潜既道，蔡蒙旅平，和夷氐绩。”学者史军超认为“和夷”即指哈尼人，说的就是哈尼族先民在大渡河畔疏通水道、开发荒野。1980年，史军超在都江堰二王庙发现四个字“和夷氐绩”，与《尚书》所载相同，他认为并非巧合。都江堰是历史上的水利工程，其方法是把淤在江底的泥沙挖掉，保证江水畅通；同时把塞满石头的竹笼堆在堤岸上，用来稳固堤岸。这些竹笼让史军超想起哈尼人的“哈鲁古哈”。“哈鲁古哈”就是哈尼语防洪笼的意思。将一根竹子破开，里面塞满石头，外面再用竹条系好，就是一个“哈鲁古哈”。哈尼人用“哈鲁古哈”防治山洪，是代代相传的古法。史军超设想：李冰父子看到哈尼人先祖的治水方法之后大受启发，便在都江堰工程中采用相似的方法，结果获得成功。因此才有后人用《尚书》中“和夷氐绩”这四个字来张扬父子二人的功绩。

我们的家园/走吧，兄弟姐妹，舍不得也要舍了/坚强些，兄弟/坚持吧，姐妹/一步两步翻不过十座大山/九步十步/才翻过一座大山/要走多少步/才有我们的家园？”疲惫的哈尼人只好向南渡过湍急的红河。

经过了艰难曲折的长途跋涉，哈尼人来到了哀牢山深处。

这里似乎是一处世外僻壤，没有强邻的窥视，也没有恶里的觊觎，终于可以喘口气了：“从前哈尼爱找平坝/平坝给哈尼带来悲伤/现在哈尼不愿再找坝子了/要找厚厚的森林/高高的山场。”

然而山深林老，野兽出没，瘴疠流行，人迹罕至，哈尼人能够在这里生存和延续子嗣吗？

但，他们已经别无选择。

好在天神眷顾，他们欣喜地发现，哀牢山竟然适宜于开垦稻田！山顶葱郁的森林饱蕴着流淌不竭的泉水，山坡铺着厚厚的肥沃土壤，有着充裕的光照，山的高度适宜于水稻生长。

哈尼人已经有了在河畔丘陵地带的垦田稻作经验，只要有水和土，高山上开田不也是一样吗？所需要的，只是虔心遵从自然生态的冥冥要求，以及长期艰辛的劳作。

从那时起（大约是在唐朝），哈尼人开始了人类最伟大的工程，这项工程一开启就持续了千年。

于是，一个放弃了与其他民族强悍争竞、抢夺生存资源，主动退让、躲往大山里另辟生路的民族，心中祈求着天神的庇佑，运用创造性的智慧和难以想象的坚忍精神，世代累积地开辟出一方舒宜的人间仙境。

然而，他们符合自然法则的创造物，却令全世界为之震惊！

我联想到，中华民族多数部族的发展都是如此不易！当年蚩尤族被黄帝族战败，撤离沃土中原，背井离乡远徙西南边远山区，开辟自己的栖身之地，又经历了何等的艰难险阻和苦难！

六、梯田中国

除哈尼梯田外，中国还有更多的梯田为世人所知。

西南地区如广西龙胜县面积71.6平方千米的龙脊梯田最为出名，由壮族、瑶族开垦；贵州有着众多更加伟岸的梯田，知名的有加榜、摆榜、野钟、堂安、高要五大梯田区，为侗族、苗族开垦；四川珙县和筠连县有着近十万亩的梯田。

湖南新化县紫鹊界8万多亩梯田，是苗、瑶、侗、汉等多民族的劳动结晶，其特点是不需灌溉，山岭上无一口山塘、一个水坝、一条水渠，茂密森林贮存的大量地下潜水，自动润泽了梯田。

东南地区也有着许多美丽的梯田景区，如面积51平方千米的浙江云和县崇头镇畲汉共建梯田、福建政和县念山梯田、江西崇义县上堡客家梯田、婺源县江岭梯田，都是今天游客乐于光顾的景观地。

近年兴起的旅游热和摄影热，促成了许多新的梯田景区的“被发现”。于是，我们不断看到这样的报道：2013年5月15日湖南新化县科头乡发现“秦代梯田”，连绵起伏约800亩，与紫鹊界梯田有着惊人的相似之处；2012年8月22日陕西汉阴县凤凰山南麓发现清代梯田，连片1.2万余亩，绵延几十千米。

事实上我们想象得出，中国有着远较我们知道多得多的连片梯田。

中国是一个多山的国家，山地面积约占全国面积的1／3，因而梯田广泛分布于黄土高原、云贵高原和东南部丘陵地区，而稻作梯田在南方大面积普及。

今天，以秦晋高原为代表的黄土丘陵梯田和以云贵高原为代表的高山梯田，成为中国梯田的主要代表。至于海拔高度偏低的一般性梯田，如湖南洞庭湖周边、江西鄱阳湖周边以及遍布江南丘陵地带的低坡度梯田，则是人们看惯了的江南稻乡景色。

中国人开垦稻作梯田的历史，文献可以追溯到先秦时期。

《尚书·禹贡》记载，早在2300多年前的春秋战国，西南“和夷”在其所居之“黑水”（今四川省大渡河、雅砻江、安宁河流域），已经开垦大山为梯田。①

以后历代载述不绝，如唐代樊绰《蛮书》说云南的“蛮”把山田整治

① 《尚书·禹贡》：“华阳黑水惟梁州，岷嶓既艺，沱潜既道，蔡蒙旅平，和夷氐绩。”

得十分精好；北宋方勺《泊宅编》、南宋梁克家《三山志》都说福建人把山坡开成梯田，一层一层像台阶，从远处引来溪水灌溉；南宋叶延珪《海录碎事》说四川缺少平地，农人在山坡上建起梯田坝来储备雨水，等打雷下雨时就插秧；南宋范成大《骖鸾录》说江西宜春山岭上到处都是梯田，一层层一直上到山顶。①

宋代诗人还留下许多美丽的诗句来歌咏梯田，如楼钥说："百级山田带雨耕，驱牛扶耒半空行。"②陆游说："决江一支溉数州，至今禾黍连云种。"③杨万里说："翠带千环束翠峦，青梯万级搭青天；长淮见说田生棘，此地都把岭作田。"④

元代王祯《农书》还详细描写了梯田的形状、开法、景观等，已经和今天看到的情形一样。⑤

明清梯田为人们所习见，如嘉靖《安溪县志》卷一说福建安溪县是："一岭复一岭，一巅复一巅，步丘皆为穑，掌地也成田。线行山腰路，针穿石眼泉。"清代嘉庆《临安府志·土司志》说云南建水县梯田是"层层相间，远望如画"。

两三千年开垦下来，中国大地一定是梯田遍满。

当我写此文章时，恰有机会从太行山和吕梁山上空飞过，下瞰千山万壑，布满重重叠叠的旱梯田，有新开的，有荒废的，印痕凿凿，边界分明。

至于水梯田，遍布南方山岭地带。我时常在长江以南山区飞行时下瞰，

---

① 唐樊绰：《蛮书》"云南管内物产"条："蛮治山田，殊为精好。"宋方勺《泊宅编》卷三："垦山陇为田，层起如阶级，然每远引溪谷水以灌溉。"宋梁克家《三山志》卷十五："闽山多于田，人率危耕侧种，塍级满山，宛若缪篆，而水泉自来，迂绝崖谷，轮吸筒游，忽至其所。"宋叶延珪《海录碎事》卷十七："果州、合川等无平田，农人于山垅起伏间为防，潴雨水，用植粳糯，谓之磴田，俗为'雷鸣田'，盖言待雷雨而有水也，戎州亦有之。"宋范成大《骖鸾录》："仰坡岭坂之上，沟壑之间，漫山遍野皆田，层层而上至顶，名梯田。"

② 楼钥：《咏冯公岭》诗，《楼钥集》卷。

③ 陆游：《离堆伏龙祠观孙太古画英惠王像》诗，《陆游集》卷六。

④ 杨万里：《过石磨岭岭皆创为田直至其顶》诗，《诚斋集》卷十三。

⑤ 元王祯：《农书》："梯田，谓梯山为田也。夫山多地少之处，除磊石及峭壁例同不毛，其余所在土山，下自横麓，上至危巅，一体之间，裁作重磴，即可种艺。如土石相伴，则必叠石相次，包土成田。又有山势峻极，不可展足，播殖之际，人则伛偻蚁沿而上，耨土而种，蹑坎而耘。此山田不等，自下登陟，俱若梯磴，故总田'梯田'。上有水源，则可种禾秔秫；如此陆种，亦宜粟麦。"

景观无非山、河、湖泊、梯田。

因而完全可以这么说，古代中国是梯田中国！尽管我们平时看到的梯田，仅仅是很少部分。

梯田往往深藏在崇山密林之中不为人们所知，需要时代去“发现”。但是，它们就在那儿。

七、谁开创了稻作梯田?

然而，正当我为哈尼人和中华先民的杰作骄傲和自豪时，却忽然在网上发现，世界上还有似乎更加古老的大山稻作梯田！那是在南边岛国菲律宾。

菲律宾吕宋岛北部伊富高省巴纳韦镇附近的高山梯田，以年代久远、面积广袤和建筑技术高超闻名世界。

人类学家和考古学家认为，约在两千多年前，伊富高民族的祖先就用简陋的青铜工具，在海拔1500米以上开山造田，用石块垒砌梯墙，并开塘接渠灌溉。据说所用的石料比埃及金字塔还多，所开渠道总长度达1.9万余千米，可以绕地球半圈。菲律宾人骄傲地把它称为和巴比伦空中花园、埃及金字塔、中国万里长城等相并列的世界“第八奇迹”。

它早在1995年就被列入世界遗产名录，它的美丽和恢宏也早已为世界所熟知!

我孤陋寡闻了。

菲律宾巴纳韦梯田被认为是世界上总面积最大的梯田，它的五个梯田片区一共约有400平方千米。

但哈尼梯田仅元阳、红河、绿春、金平四县境内面积已达470平方千米，其中元阳梯田规模最大，大约有113平方千米，是世界上连片最大的梯田。当然，哈尼梯田没有巴纳韦梯田古老。

然而，偏处于大陆旁侧的海岛国家，反而首先创造了稻作梯田，这让我难以理解和接受，因为它不合常理。毕竟岛国人种还是从大陆迁徙而至，农耕文明还应该是在大陆而不是边缘诞生。

于是我另开思路，想看看人类稻作梯田究竟起源何地。

原来，中国周边国家除了菲律宾外，印度尼西亚、越南、日本、不丹、尼泊尔、印度北阿坎德邦，都有稻作梯田。

瑞士的拉沃梯田（2013年入选《世界遗产名录》）是葡萄园；南美洲著名的印加梯田遗址是旱田，主要生产土豆和藜麦；中南部非洲也有着几百年前的梯田遗址，它们不在我们的范围之内。

很明显，稻作梯田出现在中国及其周边地区。而且，除了菲律宾，上述亚洲各国梯田，就其规模、精细、历久来说，都无法与中国大陆相比。

由传承来说，越南沙坝梯田在西北部老街省，紧邻云南哈尼梯田。哀牢山脉延伸到这里，红河向西南流来经过这里。沙坝居住的主要是苗族和瑶族的分支。很明显，沙坝与哈尼梯田原本就是同源。

印度尼西亚梯田与菲律宾应属同一系统，此处暂且不论。日本最早的稻谷种植技术是公元前4世纪从中国传入基本没有异议，而且日本学者还认为其祖先来自云南，一个说法直接认为来自哈尼族。

重要的是西边不丹、尼泊尔、印度的梯田。

即使只从地理方位考虑，稻作梯田也是从中国传向西边国家而非相反。我们来看一条梯田分布线。

由中国云南向西，就到了喜马拉雅山脉呈弧形的南坡。在其2000多千米长、100多千米宽的坡地上，排列着一些国家和地区的稻作梯田，最东面是西藏的墨脱县，向西依次是不丹、尼泊尔和印度的北阿坎德邦。这些地方山区，都有稻作梯田，近年来一些游客足迹已经到了那里，留下美丽的照片。

稻作的基础是水，很明显，最早的稻作梯田应该是先出现在河湖旁边的平田里。平田开完后，就会开垦高些的台地。长江以南的丘陵地带，今天仍然能够看到在一个个山丘之间布满了台地。继续发展，就向更高的坡地上升。这时，会有像湖南紫鹊界梯田一样水源自然浸润的地方先被开垦，然后就是像哈尼梯田这样人工把大山变成湿地的地区。

今天所有大山稻作梯田的开垦步骤，也都是从最下层开始，一层层向上发展的，哈尼梯田如此，巴纳韦梯田如此，众多梯田都是如此。

稻作梯田不可能在高山地带直接产生。因此，只能是从中国南方的平地产生，延伸到云贵高原的山地，再向西传到喜马拉雅山脉南坡台地。

现在的问题是，菲律宾梯田与中国梯田，究竟谁先谁后，谁影响了谁？

中国梯田来源有许多传说。

广西龙脊梯田传说始建于元朝，距今700年。福建黄念山梯田，村民口传始于唐末黄巢时期。浙江云和梯田说是开发于唐初，距今1000多年。四川赤水市宝源梯田据说始开于东汉。湖南紫鹊界梯田人称“秦人梯田”，可见早到2000多年前。贵州加榜梯田的由来，传说是4000年前苗民祖先王故拆、王故西兄弟偶落稻种于此，次年发现稻子成熟，于是开垦梯田耕种。

因为失于确切记载，又因为不间断劳作擦去了历史痕迹，中国梯田的年轮不明。

而几千年不断地持续开垦，特别是现代中国“农业学大寨”大规模的造梯田运动，更使它掩藏在了历史“推陈出新”的褶皱里。

我注意到，1998年5月25日《人民日报》还头版头条报道了甘肃省平凉市庄浪县兴修梯田的伟大壮举：从20世纪60年代起，40万庄浪人民苦战30多个春秋，终于建成了占全县总耕地面积90%以上的百万亩梯田。

从目前的说法看，菲律宾巴纳韦梯田距今2000多年，早于哈尼梯田。

但是，它的时间认定本身，也只是根据族史做出的考古推测。根据同样的逻辑，中国梯田可以上推至更早时期！

遍布云贵高原甚至长江以南的民族，多数都会开垦梯田，如壮族、黎族、侗族、傣族、佬族、掸族、芒族、高山族、畲族等等，哈尼人开田是从他们那里学会的。他们的祖先，是先秦时期生活在那里的百越人。

兴起于中原黄河流域的夏商周朝，都把长江以南广大地区土著民族称为“越”。夏朝称“于越”，商朝称“蛮越”或“南越”，周朝称“扬越”“荆越”，到了战国时期统称为“百越”。

数十年来的考古发掘表明：以几何印纹陶为主要特征的遗存，说明了古越人的文化发展水平；湖北大冶县铜绿山古铜矿遗址（相当于商朝时期），说明了古越人的科技发展水平。时间上从4000多年前的新石器时代晚期开始，一直延续到商、周、秦、汉，空间上遍布长江流域以南地区。

古越族语言文化遗留在今天的中国南方和东南亚侗傣族群中，一直影响到台湾地区、印度尼西亚、马来西亚、夏威夷、新西兰等地的南岛民族。

从2000年开始，由复旦大学现代人类学重点实验室与台湾地区慈济大学、印度尼西亚艾克曼分子生物学研究所、越南顺化医学院、广西医科大学合作的一项Y染色体研究，调查了中国大陆侗傣民族的30多个群体、印度尼西亚和越南马来民族的23个群体和台湾地区少数民族的11个群体，从遗传学上证实南岛民族与侗傣民族有着极为密切的关系，其成果发表在英国《生物医学中心进化生物学》杂志上。

根据调查分析，所有侗傣族群、马来族群和台湾族群都发源于大约30000年前的中国广东沿海。

20000年前，古越先民通过当时露出海面的台湾地峡迁徙至台湾地区。10000年前，一部分古越人沿着越南海岸向南迁徙，一直到达马来半岛和印度尼西亚。3000年前，印度尼西亚的马来族群开始向太平洋和印度洋探索，到达夏威夷、复活节岛、新西兰和马达加斯加。

结论只能是：遍及两大洋的南岛居民，源于中国大陆的古越民族。

早在上古时期，住在中国南方山地丘陵地带的古越先民，就开始了开垦稻作梯田的工程，然后随着移民迁徙，把它的方法带入南岛。

另外的科学研究结果也提供了相同的指向：菲律宾巴纳韦梯田文化引起国际历史学家的重视，一些学者深入它的山区，长年累月地考察当地的文化和语言，得出了接近事实的结论。

他们认为，公元前3000年，从中国南方或印度半岛上来的一支移民南渡重洋，在吕宋岛登陆后进入山区，将梯田文化传入。移民继续南下，到达印度尼西亚的爪哇岛和小巽他群岛，又修建了那里的梯田。

然而，他们结论中一个莫衷一是的说法——菲律宾梯田来源于中国或印度，又留下了需要更加深入索解的问题：梯田文化究竟是从印度还是中国发源？

八、稻作中国

我们还应该开启另外一个思考路径：稻作的起源地在中国。

世界上究竟是谁发明了水稻种植？这个问题曾在学术界争论了100多年。

由于印度大面积种植水稻，而且有很多野生稻的变种，又曾于中西部的卢塔尔发现了3700年前的稻谷，西方人就一直认为水稻起源于印度，中国的水稻是从印度传入，这成为国际流行说法。

一直到2007年印刷的第15版《不列颠百科全书·国际中文版》里仍说："稻的栽培历史可追溯到约公元前3000年的印度。"

后来在泰国能诺古塔发现了距今5500年的古稻之后，人们又认为水稻是从南亚传至中国的。

日本学者渡部忠世提出水稻的原产地是从印度阿萨姆邦到中国云南的椭圆形地区，[①]也为许多学者所承认，2010年4月23日他在云南农村干部学院讲学仍然阐述这个观点。

然而，这种推测犯了以偏概全的错误，因而被后来在中国屡屡出现的考古新发现推翻。

1970年浙江余姚河姆渡新石器遗址发现了7000年前的稻谷、米粒、稻壳、稻秆堆积物和大片古稻田遗迹。

先后在长江流域及其以南地区发现新石器时代遗址中有稻谷、稻米、稻禾遗存，甚至古稻田和灌溉系统的有30余处；[②]在北方黄河流域也发现了新石器时代稻谷遗址。[③]

稻谷的品种有籼有粳，地区分布十分广泛，说明中国广大地区，至少远在六七千年以前，已发展到普遍种植水稻的阶段，而且北方也已有稻的种植。

1993年，中美联合考古队在湖南道县玉蟾岩甚至发现了距今11800～12300年的古栽培稻！

这些事实，使得中外学者不得不重新下结论了。

最近美国纽约大学生物系以及基因组与系统生物学中心、华盛顿大学生

---

① 渡部忠世：《稻米之路》第八章，东京日本放送出版协会1977年出版；尹绍亭译本《稻米之路》，云南人民出版社1982年版。

② 如广东英德，江苏无锡锡山公园、无锡蠡墩、无锡施墩，江苏吴县草鞋山，上海青浦崧泽，浙江杭州水田畈、吴兴钱山漾、南京庙山，安徽肥东大陈墩、五河壕城镇，湖北京山屈家岭、天门石家河、武昌洪山放鹰台，江西万年仙人洞、修水、清江营盘里，福建福清东张，广东曲江石峡马坝，湖南澧县彭头山、澧县八十垱、澧县城头山、澧县鸡叫城，云南元谋，淮河下游遗址等。

③ 如河南裴李岗、舞阳贾湖、洛阳西高崖遗址。

物系、斯坦福大学遗传系、普渡大学农学系的研究人员共同开展的国际水稻基因定序工程，最终证明水稻的起源地就是中国大陆。①

水稻源自中国，这一点已经得到世界公认。

稻作起源的历史错误实际上是这样形成：最初的西方研究者无法或不便在动荡的中国大陆和后来的红色中国进行考古，因而只取了周边的材料；又盲目地把历史遗留的点解释做面，把晚期的点解释做早期的面。

单纯依赖一个考古发现做孤证是危险的。古代文明一定是一定范围地域内的文化共同体，但今天遗留的只是点。越古老的就越丧失了面。例如非洲"露西"所证明的人类非洲同源说，就日益被新的发现所否定。

所以我们就理解了：当国际学者对菲律宾巴纳韦梯田文化开展研究时，全世界还都认为是印度培育了最初的水稻。他们不能违背这一结论，但又感觉到中国应该是梯田之源头，因此留下莫衷一是的推测。

事实上，水稻在中国广为栽种后，逐渐南传越南、菲律宾、印度尼西亚，东传朝鲜、日本，西传印度。公元5世纪经伊朗传到西亚，中世纪传入欧洲南部，新大陆被发现后，再由非洲传到美洲以至全世界。结合云南与印度已出土的原始栽培稻遗存的时序分析，中国原始稻作农业西传的时间在距今4500～5000年。

古越民族的先民，创造了稻作文明和梯田文明。这是古越民族对中华也

---

① 《最新PNAS研究证实水稻起源于中国生物通》，网址：www.ebiotrade.com，时间：2011年05月04日，来源：生物通。近日来自美国纽约大学生物系以及基因组与系统生物学中心、华盛顿大学圣路易斯分校生物系、斯坦福大学遗传系、珀德尤大学农学系的研究人员组成的一个科研小组，利用大规模基因重测序技术（gene re-sequencing），对数千年来水稻的进化历史进行了追踪研究。研究结果表明，大约9000年前在中国的长江流域即出现了最早的家养水稻。过去的研究认为家养水稻有两个起源地：印度和中国。该研究第一次证实了水稻最早起源于中国。相关研究论文发表在最新一期的《美国科学院院刊》（PNAS）上。在过去的10年里考古学家们证实栽培稻在8000～9000年前出现在中国的长江流域，而在大约4000年前出现在印度的恒河地区。"稻米有可能是通过贸易商和迁徙的农民从中国带到印度，进而与当地的野生稻发生了广泛的杂交。"论文的共同作者、纽约大学生物学家Michael Purugganan说："因此过去我们认为水稻起源于印度，而事实上它的起源应该是在中国。""这一研究是将基因组学、信息学与计算机模拟技术相结合的一个极好的例子。"文章的共同作者、华盛顿大学生物系教授Barbara A.Schaal说："水稻有着与人类相关的复杂进化史，并随着人类的迁移遍及全亚洲。这项工作揭示了人类迁移所带来的遗传后果。"（PNAS：水稻起源于中国，基因组研究人员作出结论。作者：towersimper，原文出处：PNAS，May 2，2011 DOI：10.1073/pnas.1104686108）

是对全人类做出的杰出贡献！而开辟了登峰造极梯田艺术的哈尼人，是向古越民族的后裔学习了稻作与垦田技术。

九、稻作改变了中国和世界文明史

我们所熟知的黄河华夏文明，由于缺乏稻作条件，粮食作物主要是麻、黍、稷、麦、菽五谷。[①]《诗经》中描写的食物都是这类五谷，如说“彼黍离离，彼稷之苗”。

黄河流域开始人工栽培时，谷子（稷）就是首要作物，在新石器时代遗址中发现的粮食主要也就是谷子。东汉班固公元1世纪在《汉书·郊祀志》里说：“稷者，百谷之主，所以奉宗庙，供粢盛，人所食以生活也。”说明谷子是当时的主粮。公元6世纪的北魏贾思勰《齐民要术》里，仍然把谷排在最前面，而且“种谷”篇的篇幅远远超过其他作物。谷子的首要地位大约一直维持到唐中叶。

东汉时，南方人口渐多。汉末及西晋以后，北方遭受了长期战乱，“五胡乱华”、晋室南迁，中原人民大量地逃入长江流域，开始向南方人民学习种稻，南方生产力和粮食产量提高，带来生活富庶。相对比，当时中原人口被大量杀戮，生产力遭到极大破坏。

隋、唐在北方立都，生产的粮食难以供养国都，故隋炀帝开运河漕运东南之稻米，支撑起北中国的文明。

中唐以后，全国经济重心已有向南方推移的迹象，到北宋时就肯定移转到南方了。在南方经济的发展中，水稻的大量增产起着主导作用。我们现在虽然没有唐宋时代的粮食统计，但是可以肯定地说，至迟到北宋时，稻的总产量已经上升到全国粮食作物的第一位。因而宋代就有“苏常足，天下熟”和“苏湖足，天下熟”的谚语；明代又有“湖广（今湖南、湖北两省）熟，天下足”的说法。

北宋有了南方漕米的支持，汴京创出了商业繁华，但1127年被金人打破，中原文化从此失守。明清经济和文化重心挪到南方，稻作的支持功不可没。明

① 参见《史记·天官书》。

末宋应星《天工开物》（1637）说，当时水稻占到了全国粮食总产量的70%，麦豆谷等其他作物一共才占30%。①

今天，水稻种植在中国和世界上占据重要位置。

就中国来说，水稻面积占我国粮食作物总面积的30%左右，稻谷产量占粮食总产量接近一半，稻米是我国60%人口的主食。我国是世界上的水稻生产大国，种稻面积居世界第二位，总产居第一位，单产居第三位。

就世界来说，从北纬53°到南纬35°，遍布水稻的足迹。水稻的主要生产国是中国、印度、日本、孟加拉、印度尼西亚、泰国和缅甸，其他重要生产国有越南、巴西、韩国、菲律宾和美国。

今天水稻总产量占世界粮食作物的第三位，前两位是玉米和小麦。全世界有一半以上人口食用稻米，实际上整个东亚人口都以稻米为食。

养育着今天地球上70亿人的三大农作物，玉米是美洲的贡献，小麦是西亚的贡献，而水稻，则是中国的贡献！

一生培育杂交水稻的袁隆平院士，对中国农业乃至整个世界生活的影响巨大而深远。

从一般杂交稻的研究成功到超级杂交稻一期、二期再到三期，他和其他农业工作者将我国水稻的产量从平均亩产300千克左右先后提高到500千克、700千克、800千克，2014年创下水稻大面积亩产1026.7千克的世界纪录。

优种杂交水稻已占中国水稻种植面积的50%，平均增产20%。从推广种植杂交水稻以来，已累计增产稻谷3500亿千克。

袁隆平的杂交水稻还被推广到全球30多个国家和地区，越南、印度、菲律宾都成为大面积生产杂交水稻的国家，增产效果十分显著，他因而被诩为“杂交水稻之父”。

世界称颂这位“当代神农氏”培育杂交水稻是“第二次绿色革命”，是中国继指南针、火药、造纸、活字印刷之后，对人类作出的“第五大贡献”。1999年10月国际小天体命名委员会批准，将新发现的一颗小行星命名为“袁隆平星”。

---

① 宋应星《天工开物》：“今天下育民人者，稻居什七，而来牟、黍、稷居什三。”其中“来牟”指大小麦，“黍”指糜子，“稷”指谷子。

袁隆平的毕生梦想，就是让所有的人远离饥饿。

2006年4月袁隆平当选美国国家科学院外籍院士时，世界著名科学家、诺贝尔化学奖获得者、美国科学院院长西瑟罗纳说：袁隆平为世界粮食安全做出了杰出贡献，增产的粮食每年为世界解决了3500万人的吃饭问题。

世界杰出农业经济学家唐·帕尔伯格的名著《走向丰衣足食的世界》里称：袁隆平的成就击败了饥饿的威胁，他正引导我们走向一个丰衣足食的世界。

袁隆平，让中国水稻更加造福于人类。

十、哈尼梯田的企盼

哈尼梯田至今仍然是一个充满生命活力的系统，是哈尼人物质和精神生活的根本。

前来观赏哈尼梯田天光映现的游客，也都希望它能够长久地流传下去，传给我们的子孙，传给现代后的人类。

但是，梯田的主人们却遇到了麻烦。

寨神林曾大片毁掉。

新中国成立后破除迷信禁止祭拜，去除了寨神林的神圣感。1958年大片森林被砍伐了去大炼钢铁。几十年时间里，这里人口增长了若干倍，住房需求、燃料需求的增加，促使村民毁林开荒、伐树建屋。森林减少的后果是水源缺少，一些水田变为旱田甚至撂荒，原来长年山泉不断的地方，甚至出现人畜饮水困难。幸而近年地方政府觉悟，采取了有力措施，森林面积开始回升。

延续千余年的稻作方式，新中国成立后不断遭到行政命令的干扰：告诉你应该怎样种田，要求你怎样种田！

1959年元阳县为提高复种指数增加粮食产量，要求农民把休耕养田期的梯田放干水，插种小麦、蚕豆、豌豆、薯类等。1966年当地政府推广使用化肥，村民不肯使用，政府就购买后无偿发放。然而，许多哈尼群众把肥料倒在路边，把化肥袋子拿回了家。1994年元阳县农业局工作人员在新街镇黄草岭寨强行推广水稻矮秆良种，村民把砍刀架在了他脖子上。2007年元阳县为控制稻飞虱，免费提供农药和喷雾器，要求村民打药。新街镇箐口寨六户人家轮流守田，坚决不让农技人员施药。[1]

干田期致使梯田干裂，再灌水时渗漏、倒埂，影响插秧时限，而没有养田期地力减弱，不得不追施化肥。上化肥和施农药，会杀死稻田里的鱼、鸭、螺蛳、泥鳅、黄鳝、虾巴虫，而没有了它们吃水稻害虫，近年来虫害日益严重。矮秆稻作尽管能够增产，却需要更多的化肥，而高秆稻作的减少，使得哈尼人苫盖蘑菇房顶缺少了稻秸，牛缺少了饲草。

社会转型的冲击更巨。

由于水稻生产效益较低，人们转种经济作物和经济林，如甘蔗、茶叶、神明果、草果、印楝、膏桐、芭蕉芋、橡胶、棕榈等，减少了水梯田，蚕食了生态林。

梯田种植辛劳低酬，哈尼年轻一代拒绝这种生产和生活方式，开始加入各地农民的外出打工大军。如今45岁以下的人很少肯种田了，哈尼梯田日渐乏人耕种，水浸苗长延续1200多年从未断绝的生产线有终止的危险，这也是当下各地古代梯田共同遇到的严重问题。

哈尼族的蘑菇屋原始朴素，但缺乏现代居住条件，而且不防火，经常需要苫顶和维修，于是逐渐被新盖起的四方块钢筋水泥房取代。

村民生活中随手使用洗涤剂、清洁剂等化学物品，而且既无畏神意识又缺乏环保意识，使得传统的水源过村下田方式，把无机物与重金属废弃物弥漫性地送入梯田，开始对千余年来始终保持自然洁净的大山进行污染。

长期处于自循环系统的哈尼稻作梯田，正在被现代农业科技颠覆，哈尼传统的生产和生活方式，也在急速消失之中。

更有开发性的破坏在危及哈尼梯田的命脉。

一些地方政府急于引进外资开发旅游经济，而外引资本只寻求高额回报，不惜以毁坏梯田为代价，却对原住民没有丝毫帮助，反而刺激起村民的抵触情绪和经济欲望，带坏了民风。

某些地方政府为吸引开发商投资，默许毁坏传统梯田改建度假村，既掘毁了祖宗的千年根本又破坏了梯田的自然景观。

---

① 严火其、李琦：《自然主义的哈尼稻作及其可持续发展》，《中国农史》2008年第3期。

开发商把适合观赏梯田的地方建起观景台，收取门票，同时垄断旅游区经营收入，在哈尼人心里打起一道墙。

不断有哈尼村民愤然对我说："我们祖祖辈辈开了梯田种稻，游客来看。我们累死累活，却让别人赚了钱，我们一分钱也没得。不种了！"

我想起五更黑天起早卖食品的学生，想起多依树景区栅栏门外背孩子卖鸡蛋的妇女，想起菁口不依不饶跟随我讨钱的小姑娘——他们是在自卫和自为。

我心口堵在了一起。

我还听到一个故事，说是某开发商放出豪言：我把大山梯田整个租下来，改种经济作物，给哈尼人点租金就行了。或者干脆直接开发旅游，把梯田放满水，不种稻子，就用于参观照相。

社会再变，难道可以资本对一切都颐指气使、指手画脚，包括老祖宗的遗产，包括老百姓的命运？人心再变，难道可以人们趋利毫无顾忌、胆大包天，管什么山清水秀，管什么后代子孙？

哈尼梯田是哈尼人的梯田，是中国人的梯田，是世界人的梯田，它不能被谁玩弄于股掌之中。

哈尼梯田的"世界遗产"命名，也是可以被收回去的。举头三尺有神明，身后也有监督的眼睛。

欣喜的是，近年来社会和各级政府在保护农耕文化遗产上投注了很大的力量，一些取得很好的成效。

如何既维护哈尼人的传统梯田稻作生产方式、保护他们种植水稻梯田的积极性，又用增加有机稻作产品附加值的方法提高他们的经济收入？如何对哈尼梯田进行较好的保护与旅游开发、使村民受益于旅游经济，而他们的生产和生活方式又不受外来资本的干扰？如何使哈尼族的原始生态和文化习俗得到较多保留，又使村民在向游客演示农耕习俗中得到经济实惠？如何使房屋新建改建满足新生活水准的需要，又得以维持原始蘑菇房的建筑风貌？如何使村民生活质量现代化，又能提高他们的环保素质使其自觉维护传统生态的延伸与繁衍——都是时代迫切需要解决的问题。

而这一切的结果，应该是哈尼村民的幸福指数都能得到提升。

自然，困难是很大的。

哈尼梯田地处深山之中，交通不便，游客难至，旅游经济无法很快发展为规模产业。梯田的覆盖面积又过大，多为公共景观，想通过旅游经济使所有的哈尼人和当地百姓都受益十分不易。在哈尼族聚居区大力发展有机农产品生产，于保持传统生产和生活方式的基础之上，建立起成规模的有机农产品生产基地，还是一个需要长期奋斗的蓝图。

然而，我们只要在心里牢牢记住：哈尼梯田是农耕文化的奇迹，是中国稻作文明的典型案例，是中华生态文明的典范，是中华民族世代智慧的杰作，也是人类文明的绚丽奇葩。它已经近乎完美地自在生存了一千多年，承载了世世代代的智慧和贡献，承载了哈尼人祖祖辈辈的光荣与艰辛。它不容我们在决策时有任何的轻视、忽视、近视，我们可以关爱它、保护它、支持它，但却不容许任何人对它有非分之想，它神圣不可侵犯！

这样，我们就还有哈尼梯田，还有梯田中国，还有稻作中国。

农耕文化遗产是中华民族的基因来源。

在五千年甚至一万年的漫长岁月里，中华先民创造了丰富多彩、形态各异、充满智慧、与自然和谐共态的深厚农耕文化。只是在最近的一百年，尤其是在近几十年里，随着大面积现代化机械耕作对传统手工耕作方式的取代，特别是伴随着城镇化步伐的加快，原来广为覆盖国土的传统农耕文化只剩下点屑的遗留，从而变成了我们的民族记忆。

哈尼梯田为我们提供了完整的农耕文明生产与生活系统，保留了在顺遂自然中开发农耕环境的宝贵历史经验，是中华先民辩证处理人与自然关系，在维护生态和谐中求得自身的依附繁衍，从而保证了耕种生生不息、繁衍世代不绝，成为人与自然共生共育、互为依存的传统典范，也为我们今天的可持续发展寻求借鉴保留了活体模本。

我们有责任在全社会提高对农耕文化遗产的认识，形成全民共识，动员政府和全社会的力量，帮助仍然生活在遗产内部、保留传统农耕生产与生活方式的农民，既得到现代生活的福利，又自觉自愿维护原始基因的延续。

留下稻作中国的模本。

留下梯田中国的模本。

留下五光十色山的湖。

留下经千年雕塑而成的活的大地艺术。

元阳县老虎嘴梯田的美丽大地图案里，有一匹振鬣扬蹄、仰天长啸的古老骏马，它正积聚力量、蓄势待发，等待着乘势一跃、腾空而起。

哈尼梯田，正憧憬着美好的未来。

千年丽江

一

近年来，似乎传媒时而提起两个名词：东巴象形文字和纳西古乐。那是文字学家和音乐家们的事情，与我关系不大，没有引起注意。偶然，我有云贵高原之行，并在滇西北地区不经意地撞进一座纳西族的千年古镇——丽江大研镇。与熙熙攘攘飘荡在世界上的许多现代游客所经常遇到的一样，我突然发现自己置身于一个悠久的传统之中，面对着一种显示出强大承传力的古代文明，而且这个文明还活着——生活着，生活在我的周围，我也在其中生活了几天。我于是感到心底莫名的惊愕和悸动。

在这里，我看到了东巴文——一种绘成鸟兽虫鱼形状的奇特文字，也是在这里，我遭遇了纳西古乐——一种包蕴着千年音乐成分的纳西族民间器乐。

二

汽车开近丽江，我发现自己置身于群山环抱中的一片坝坪上，纳西人用葱翠和乳绿的田块铺满坝子，将瓦灰色的村落点缀其间。正是夕阳余晖把山川涂抹得亮丽的时候，田园、村落、炊烟，共同氤氲成一首牧歌。坝子北方横亘着皎洁的玉龙雪山，用它的冰清玉洁将绿洲映衬作翡翠。

这是在喜马拉雅山的东麓、横断山脉的南端，北来的金沙江突然发生剧烈折转后以湍急之势向东泻入长江。对于生长在中原地区的我来说，这个从地图上看山脉与水系纵横交错、处于西南边陲而与缅甸毗邻的地方，大概是一片原始森林遮天蔽日、野兽和蛇蝎终日出没的边鄙蛮荒所在，这里的土著居民大约都属于穿鼻黑齿一类。可是我完全错了。

这是一座边陲小镇。当我踏进它的时候，我并没有意识到我正在步入一种淳厚的文化。

白石铺就的粗糙街道将我引向它的纵深。两侧是纳西人特有的双层板门店铺，精致的雕花窗棂、格扇门与斜翘的屋角使人联想到中原旧铺市，但似乎味道又不同。街面很窄，因而铺房接檐斗跳、犬牙交错。里面出售的，过去有本地手工做的铜器、藏靴和酒，马帮翻山越岭驮来的布匹和细毛呢，现在大多变成招徕游客的劣质工艺品了。只有一幅幅东巴文的悬挂物透示出特色：那用红黄绿三基色填涂的各种动物形象以及一批神秘符号的有机组合，似乎在向世界传递着神奇的异质信息。

稍稍离开街面，随路拐进一条狭窄的巷弄，会看到一座一座的门楼，这些就是纳西人的住宅。门楼通常普普通通，向里面探探，当门就是一堵被烟火和岁月熏得漆黑的照壁，显示着空间的逼仄和生活的压抑。但是如果你不为此而止步，继续保持好奇心，转过照壁就会突然显豁，一个虽显老旧但却精美绝伦的四合院赫然在目！三面是双层木楼，漆成暗红或栗色的柱子和楼廊，精工雕刻的门楣和窗棂，天井里石板铺地，刻意点缀着圃种或盆栽的扶疏花木，如果向屋内探探头，或许还能看到雕梁画栋，黑檀香木家具、精美瓷器和文房四宝，以及精心悬挂的书画条幅。这些一起烘托出一个温馨而儒雅的天地。绝不比北京的老四合院逊色，应该说它们还更加有味道些，但情调又绝不相同。我惊讶在这纳西人的边陲小镇，竟然有着如此浓郁的传统文化氛围！

顺着小巷一个一个门楼走过去，一个发现更是让我感到意外：门框上照例都贴有对联，那上面的字迹一律是毛笔手写体，而不是近年来见惯了的计算机造字的印刷品，字迹或苍郁遒劲，或绢工秀丽，内容则或古诗或今对。纸色竟然又有红的有白的！找到一副白对联，试着读一读：

金山长吟恩不尽，玉水久默情永怀。

横批为：“读礼。”

又一副：

风号鹤唳人何在，月落乌啼霜满天。

横批："哀饯。"

我正在为一个想法而踌躇，另一个白色横批证实了它："二年斋期。"我愕然。汉族的儒文化与纳西民俗竟然组合成这样一种结构方式，在民居上显现。出于一个读书人的痼疾，我虽然略对对联组词感到默笑，但马上就被这种民俗的内在意蕴所吸引。纳西人居然有三年守丧、户门张贴白色对联的习俗，并保留到现在，由对联内容即可以猜知户主的守丧阶段。

对联上的汉字书法，街面上随处看到的东巴象形文字，开始在我脑海里搅和成一种奇怪的映象，引起我心底的某种迷惘。

三

这种迷惘在继续加深。

晚上，我们被带入大研古乐会的演奏厅观看纳西古乐。台上坐的，不是通常见惯了的靓丽演员，竟然大多是年龄70岁到90岁的纳西老人。他们一个个皓发白髯，脸上留着岁月沧桑和人世忧患的深深刻痕。他们的衣着却是典型汉族式的：上面是大金钱纹黑色绸马褂，下露暗红长袍，脚着白边黑布鞋。有几位戴着金丝边眼镜，气质颇像绅士。

我事先没有想到，这台演奏竟是那样的感人肺腑。

铮铮锹锹的丝竹声似乎是从历史的深处开始响起，它平缓、宁静、安详，像是在诉说什么，像是要告诉我们什么。演奏的老人一个个凝神闭目，似乎在尽力捕捉久远的回声。我们的耳边听到了宣科的解说，这是一位71岁的纳西族学者，他报出的一些曲目，让我惊讶不已。这里有我从文学史与音乐史书中熟悉了的名字，但它们都早已经在时间的长河中沉寂：【浪淘沙】，一个著名的唐宋词牌；【山坡羊】，一个同样著名的元明曲牌。这些曾经在中原地区家传户颂、各自盛行过几百年的历史名曲，竟然躲在这偏僻闭塞的角落，在纳西人的木楼里潜藏。还有更古老的，但我不大敢相信了：《八卦》，唐玄宗开元二十九年（741）二月，长安太平宫落成典礼，明皇御制《紫薇八卦舞》之曲。《偈子》，印度佛教传入中国之初的汉魏梵乐遗留。宣科说，它们是在明朝洪武年间，随着道教的洞经音乐传入丽江的。那么，这些曲牌音乐已经在当地保存了六百余年。它们是怎样穿透漫长的时间屏障，躲过那些历史所必然发生的一次次文化厄运，艰难而顽强地传承下来的呢？

我注视着那些专心弹奏的老人，想从他们身上找到答案。古筝淙淙，如玉龙山上的行云流水；碰铃清脆，像虎跳峡中的飞鸟啼鸣。我看到，坐在前边的几位老人怀抱着古旧的琵琶，这些乐器虽都失了漆色但却被时光淘染成漆黑，带有明显的指爪痕，老人鹤皮鸡形的手在上面抚弄，就像是历史在抚弄日月。乐器中有一些是不常见到的。高高立放在圆形座基上的大鼓，整体造型呈倒葫芦状，我立刻想到汉代的建鼓。云纹状的悬磬，与汉族民乐里的磬造型也绝不相类。老人们一个个专心致志，神色庄严，石雕泥塑一般，时光似乎凝固了，只听见松涛、江波在他们手底下无休无止地回荡。我渐渐进入一种幻觉，仿佛这支乐队几百年前就开始了演奏，乐声从未停止。

宣科的解说声在继续。这种杂有唐宋元明音乐成分的古乐，在纳西上层社会的木楼里一代代流传，父子兄弟们组织成古乐团，花朝月夕、风清气朗的时候，时时演奏，感受音乐的天籁。若干个世纪就这样平静地过去了。到了19世纪末，古乐的承传开始受到社会动荡的威胁。它遇到几次中隔，或是由于战争，或是因为灾荒。1949年以后，古乐的旋律彻底终止。人世上所发生的变化太大了，它几乎彻底摧毁了古乐的生命根基。那些弹奏古乐的手，开始去从事他们所不熟悉的各种人间劳作。坐在台上的这些老人，许多都在年轻时经历了人生从峰巅到波谷的巨大转折，然后劳碌了一生。宣科本人，一个受过良好传统文化与英语教育的牧师的儿子，在狱中度过了20年的光阴。

古乐的延续差一点断绝。当这些劳作的手重新操起乐器时，已经是颤颤巍巍，几乎弹不成调了。

四

今天的观众，对于唐宋元明词牌和曲牌的感受，恐怕和我一样，主要还是由其文学脚本而来，大家记住的是一些著名词作，感受到的是词作的历史内蕴和人文情愫——毕竟它们的音乐旋律早已听不到了。宣科知道这些。他于是为［浪淘沙］［山坡羊］两支曲子各自填配了其最为人稔知的历史名词，教给纳西女孩子，让她们伴随着古乐的旋律而歌唱。

[浪淘沙]自然是丧国辱家的南唐后主李煜的伤逝之词。纳西女孩直亢而清丽的声音响起：

> 帘外雨潺潺，春意阑珊，罗衾不耐五更寒。梦里不知身是客，一晌贪欢。

肉声似乎过于质朴，但与[浪淘沙]的古朴旋律相配，若合符节，像是从历史的幽谷里发出的声音。那凄清的意象、哀婉的情调，与悠缓的丝竹之音缠裹在一起，立即形成一股强大的情感冲击力。我坐在暗隅里，独自唏嘘：多年不遇，不承想在这里听到了消亡的历史名曲。台上的老人们沉浸在静默与遐想中，仍然是那样的表情平和、心无旁骛地弹奏着。不知他们此时心中作何感受。或许，一次次的重复演奏，早已减弱甚至抚平了他们心中的悲怆？或许，他们的心底还保留着童年时候的火烬？

> 落花流水春去也，天上人间。

我的心底突然起了一种大的感动，眼泪涌流下来。

[山坡羊]是元朝张养浩的《潼关怀古》：

> 峰峦如聚，波涛如怒……伤心秦汉经行处，宫阙万间都做了土……兴，百姓苦。亡，百姓苦。

这是一种沧海桑田式的深沉历史感喟，一种悲悯天下众生的博大情怀。但此刻我感觉到的却是一种文化倾覆的悲哀。纳西古乐，也几乎变作了土。即使是现在，我们耳朵里仍然听到它的旋律，眼睛里却看到台后悬挂的一排25位古乐老人遗像，他们都是近年间陆续逝去的。当他们一个个都做了古，负载在他们身上的纳西古乐会不会也就一去不复返了呢？

那一次，84岁的老人王华山像往常一样，吃过晚饭，沿着他熟悉的巷道，踏着石板路，跨过绿树荫映的小桥，早早地来到演奏厅。他将心爱的曲项琵琶拂拭干净，坐在那里静静地等待开场。他已经习惯了这种生活节奏。既然，这样可以让他继续耽于一生钟情的古乐，既然，古乐可以不至失传并传播给世人，既然，他还能从中有一点点收入，他也就顾不得在大庭广众之中抛头露面了。这总比过去不能弹奏强。但他今天觉得身体里什么地方有些不适，在哪里呢？且不去管它，要开演了，台下观众已经坐满，等演完以后再说。他屏息静气，调匀了呼吸。随着领曲老人孙子鸣的一声长吟："《笃》——"一管笛子开始吹出如抽如咽、如泣如诉的旋律。这是纳西族一支古老的安魂曲，原为白沙细乐的一章，它平和而安详、略带伤感情调。王华山老人感到有一种抚慰在弥漫自己的全身，他难以察觉地微笑着，开始加入到演奏中去。他一边认真地弹奏，一边回想起自己的童年：水清的夜，在那木楼环绕的庭院中，杜鹃花开得正旺，他和父亲、兄弟几人一起坐在石板上弹奏，美妙的旋律升起，引领着他飞向寂静的夜空，在那太虚境界里翱翔……乐声终止了，他坐在那里一动不动。大家这才发现，他已经悄然逝去了，脸上浮现出一丝满足……

这时，台上正演奏到《笃》的结尾。管弦终止，大锣大钹交相缓慢叩击，发出古朴而单调的黄铜撞击声，长久地持续后，戛然而止。剧烈的鼓掌声响起，台上的老人们似乎充耳不闻，那一副副布满岁月风霜的脸，保持着安详与平和，他们早已将世事荣辱看作身外之物，听着人间的喧嚣恍如隔世之音。这反使坐在台下观看的我，无端平添了一缕惆怅。

五

走在街道上，发现小镇的古乐演出竟然如此活跃，同时有好几个乐团在营业。大研古乐团演奏厅的斜对门，又是一个古乐团的演出场。它的门口立着一位装束奇特的纳西老人，穿戴成东巴——纳西族祭司的模样，头戴五佛冠，上插野雉翎，身穿红色法衣，手持法杖，正被入场观众簇拥着照相。原来，他被当作了一个招徕观众的景观。进去看看，也是一座类似的演奏厅，不同的是墙壁上装饰了许多东巴图腾物和象形文字，这里营造的是另外一种氛围，更为粗莽原始而远离儒文化。开场后，那位东巴老人又成为主演，表演的是古朴而节奏迟缓的东巴仪式舞蹈。

我原来的印象，纳西古乐应该是古藤遮天、瘴气袭人的深山老林中，一座被烟火熏得漆黑的木屋里，在昏暗的火塘边上演奏的乐章。时代却把它当作一件窥秘炫奇的旅游纪念品给我献上。

爬上小镇背倚的狮子山，登上万古塔下望，是一幅令人称叹的人间墟里景观：绿色的山凹间，平铺开一大片密密麻麻的灰黑色民居瓦顶，接垄叠檐，栉次临比，如细细鱼鳞，像粼粼水波。它们在这玉龙雪山下的平坝上，结为一处东巴圣境。

在这里，最原始的东巴文化与深厚的儒文化奇妙地嫁接成一种结构，生存着，传衍着，一直延续到现代社会。这里就是《楚辞》所说的用人肉祭祀、人骨做酱的“雕题黑齿”之地吗？这里就是诸葛亮所说的不习王化的不毛之地吗？这里就是杜甫所说的“水深波浪阔”，里面有蛟龙害人的“江南瘴疠地”吗？古籍里所传授给我的这种文化信息太强烈了，致使我无法将它们与眼前这片秀丽的山川和这座现实的古镇连接起来。

这座古镇是那样地充满生机。它的所有街道都有水渠伴行，从黑龙潭的地下融洞里涌出的雪山水在里面湍急地流淌，每家每户都将支渠引入院落，在院子里就可以有活水使用。于是水渠将镇子织成绵密的水网。走在路上，永远都听得到淙淙的流水声。闲步小镇，你需要不断从青石桥、木板桥上跨过，那挂满青苔的拱砌石桥或许已经经历了悠久的岁月。桥头的树荫下，偶尔会有一位头裹蓝布包头、身穿蓝色筒裙、背负日月七星羊皮护身的纳西族妇女，把她的扁担斜靠在桥栏上，篓子放在脚旁，里面装满翠绿的青菜。她并不叫卖，只是悠闲地立在那里等待，自然会有需要的人前去认购。铺路的长方石高高低低，边缘处已经磨作圆角，一阵细雨飘过，它们显得晶莹滑润，泛着微光。一条条街道都通向中心广场——四方街，一个五色石铺成的小型商贸广场，过去从茶马古道过来的马帮，都在这里集中，从四外山区来赶集的山民，也在这里出售山货，现在这里是小镇最繁华拥挤的旅游中心。每天清晨，上游的水闸打开，会有一层清冽的雪水整个漫过四方街，将头一天贸易的残屑灰尘冲洗一空，让那些五色石永远晶莹闪亮。这种生活方式已经没有变化地延续了几百年，它还能向现代社会里延伸多久？

与罗马的庞贝古城不同的是，丽江是活着的历史。庞贝展示的是逝去的古代文明，丽江展示的则是仍在延续的古代文明。我们虽然感觉得到它的古风古貌，同时也感受到它鲜活温馨的生活气息。当然，因为其延续，也就有现代文明的成分掺杂进去，我们眼中看到的，是古老与现代的糅合状貌，晚上，我入住一个双层木楼构成的四合院客栈。由木梯登上二层，楼板承受着我的重量，发出“轧轧”的声音。楼上三面有木廊，互相勾连，由此可以下眺天井，与院子里的人搭话。躺在木屋里，透过板壁可以听得见整座木楼的动静，有人重重地登楼，有人在隔壁窃窃私语。一种奇怪的感觉升起来，我似乎置身于时下流行的某类武侠影片里，标名为“××客栈”的，有不速之客随时都会由屋顶上向天井飘临。外面的流水声近了，又远了，我懵懵懂懂地睡去。

六

参观了设在镇旁的丽江土司府后，我的迷惘开始化释。

出乎意料，这座土司府并非更大规模的纳西木楼，而是一座地道的中原式宫殿！门口有高耸的牌坊、照壁和雕栏玉砌的白石拱桥，内里有巨大的殿堂楼阁、五进六重的院落、重山复水的花园和曲径通幽的厢房旁苑，房屋完全是汉式建筑，飞檐挑角，雕梁画栋，充分透示着富丽华贵。我可以说，它比我在北京见到的任何一座王府宫殿都更加规模宏伟。无怪乎明朝崇祯年间，旅游家徐霞客来到这里，曾经惊叹其“宫室之丽，拟于王者”。徐霞客大约也会像我一样出乎意料，只是他的游记写得过于简约、惜墨如金，没能把他当时的震惊留在纸上。

我在土司府徜徉，寻找能为我做出解释的征候。和内地的情形一样，这里的宫室建筑也都被诸多的牌匾、楹联装点着、衬托着。竟然有那么多的匾额题字，出自明朝历代皇帝的手笔。例如嘉靖皇帝题有“辑宁边境”“乔木世家”“忠孝文武”匾，万历皇帝题有“西北藩篱”匾，天启皇帝题有“益笃忠贞”匾，崇祯皇帝题有“位列九卿”匾。丽江土司与明王室的关系竟然如此密切。似乎在明朝诸帝的眼中，这个地处边鄙的小小土司府，其地位却是非同小可。

在书摊上找到一本旅游书，里面提到《明史》这样的记载：洪武十四年（1381），朱元璋遣军30万征讨云南（当时天下已平，朱氏志在一统），大军到处，大理拒战被平灭，丽江酋长阿甲阿得投降并随军作战，被朱元璋赐以木姓，授以世袭土官知府，并赐“诚心报国”银字金带一条，给予了特殊的眷顾。我想，其实朱元璋很清楚，与大理的实力相比，丽江只是地处边远的一支偏师，本不足以支撑云南局面，难当所谓的“辑宁边境”“西北藩篱”“威镇北番”重任。但是，大理对于中央皇朝的离心力极强，历史上曾经长期独立，唐代为南昭国，宋代为大理国，蒙古蒙哥二年（1252）忽必烈征大理，经历了一场血战，明师同样在这里耗军惨重。丽江的情况就不同了，由于实力弱小，自古以来就处于依附的地位。南昭盛时，这里是一些分散的么些部落，大理国将这些部落征服，置于自己的直接控制之下。么些酋长们在坚壁与夹隙间讨生存，养成了逢迎强者和小心翼翼谋求发展的心理惯性，这正是朱元璋所需要的。当时丽江南有大理，北有吐蕃，朱元璋精明地制定了用丽江牵制南北两翼的策略，于是对丽江土司恩宠有加。这种政策实效显著，因而被明朝历代帝王所沿用，统贯了有明一代，甚至还变本加厉。从嘉靖皇帝开始，恩赐木氏官居三品、位列九卿，以后小小木氏土司的政治地位就居高不下。我们看明王室赐予木氏土司的褒奖题词，什么“诚心报国”“益笃忠贞”“忠孝文武”，都鲜明地表示了对他们的政治期待。

明皇室对丽江实行绥靖政策，丽江土司则对明王朝奉行韬晦战略。就在降明一年多以后的洪武十六年（1383），已经年近70岁的木得，竟然采取了一个惊人的效忠举动，亲自率领晋见团，越过万水千山，长途跋涉到南京去朝觐，向朱元璋进献宝马玉龙驹，这使得55岁的朱元璋深受感动，亲自接见，上述“诚心报国”金带就是这次赐予木得的。以后，历代木氏土司都想尽办法向明王朝作姿态，千方百计表示自己的服帖降顺，例如反复向中央皇廷进贡，承担明王朝的众多差发、征调、贡赋重担，积极参与中央政府平定叛乱的征剿行动等等。木高（1515～1568）就曾在一次军事行动后，于金沙江畔铸石鼓刻文自诩：

> 木氏世世代代为明国藩篱，一方重镇，滇南鸡犬不惊，军民安妥，聊有赖欤？

他另有律句云：

官拜五朝扶圣主，世居三甸守规恢。

木高的自恃与明皇廷的期待恰恰相吻合。

木氏土司所采取的一个卓有成效的措施，则是拼命吸收汉文化，努力学习诗书礼乐，把自己装点成文质彬彬的中原儒人，从而缩小民族差距，把心理隔阂减弱到最轻最微的程度。含有唐宋曲牌的道教洞经音乐，就是在这种背景下传入丽江并成为木氏土司的保护与倡导物的。还应该说，明代木氏土司中有六位都是相当好的诗人，后人称之为木氏六公。良好的诗歌训练，为木氏土司提供了一个向中央皇权委婉表态的工具，例如木泰（1455～1502），作为纳西族第一位用汉文从事创作的诗人，留存有一首《两关使节》诗，其中有句：

凤诏每来红日近，鹤书不到白云闲。
折梅寄赠皇华使，愿上封章慰百蛮。

这种以比兴起喻、伴随着诗情画意和翰墨浓香的隐写，比赤裸裸的效忠言辞不知要高出几百倍。当然，木氏的韬晦战略取得了成功，收敛羽翼而蛰伏在明皇权下的结果，自然是木氏政治权力的稳固和统治地位的加强。历代木氏土司都利用明王朝的势力拼命扩充自己的实力和地盘，“拟比王侯”的木氏土司府的建立，以及渠水环绕的大研古镇的繁荣，就是最明显的征候，它向直至今天的人们夸示着木氏政权的稳固与昌盛。

七

然而，学习汉文化的结果，却远远超出了木氏的韬晦本意。木氏实实在在地成为汉文化的被征服者和同化者。例如木泰之孙木公（1494～1553），已经成为真正意义上的诗人，他与当时云南一批诗人结为诗友，往来唱酬，自己刻有六部诗集，共收诗作1400多首。嘉靖时期被贬到云南的著名才子杨升庵，曾出面为他编辑一部《雪山诗选》，这部诗选流传到中原地区，杨升庵并在序里称赞他“以文藻自振，声驰士林”，推奖之意溢于纸面。明末文章泰斗钱谦益编选《列朝诗集》，收有他的诗作，也称赞他“性好读书赋诗”，说是“中土贤士大夫无以过也”。生活于明代万历年间的木增（1587～1646），是木氏土司中汉化走得最远的一位。他“博学通禅理”，曾特意挥斤动土，在土司府中加盖了一座三层读书楼，题名“万卷楼”，广为搜集中原各类经史子集著作，储藏其中，聘请汉人塾师，在里面教授子弟读书。他也曾将父亲木青的诗集拿到当时最好的刻书作坊之一——江苏常熟毛家的汲古阁去刻印，又在芝山上设立自己的印书所，聘请内地工匠，刻印历代木氏诗文。他本人与乃祖木公一样，有诗文千余篇，诗文集六部，犹有过者，他还追赶当时内地时髦，创作有数十首词曲与歌赋。我们看他的［浪淘沙］词：

> 遁隐雪山幽，罕接宾俦，披吟杜句却生愁，不信吾身都是客，寄影蜉蝣。白发喜驯鸥，坐对江楼，夕阳远浦数渔舟，细柳新蒲无限感，宫殿江头。

颇有一种文思逸致、史绪禅心，且染有浓郁的文人情怀。

我顺步踏入近年重建的木氏“万卷楼”。这是一座三层木结构的宽敞建筑，里面随处飘散着书画的清芬和翰墨的幽香。楼名仿自中原藏书家，题名“万卷”，自然是木增的愿望也是自诩。第一层就是木氏家塾，宽敞明亮，为当年塾师讲授汉文化之所。有木楼梯通向上面二三层，里面曾经珍藏有从各地搜集来的汗牛充栋的中原史籍，以及六公土司诗集、名士书画、百卷大藏经《甘珠尔》等，现在这些文献都已经焚毁流失了。我在黯淡的阁楼里面寻觅，看到贴壁放着许多红木书橱，走近去，借着板壁间透出的光线细看，橱门上刻有隶字：“先秦诸子百家。”原来是复制的木氏藏书分类橱柜。一个个看过去，“汉代部籍”“唐代诗文论丛”“宋元词曲文艺部籍”“明代诗史书部籍”，至此而止。木氏藏书分类没有采取中原通行的经史子集方式，而是按朝代排列，这或许体现了当年木增的一种思考。对于长期缺乏纪年概念的纳西族人来说，分清典籍产生的时代恐怕是首为重要的。另外，对于集腋成裘的藏书来说，这样分类也许更为便当。

丽江的汉文化基础，就是这样奠定的。

清代雍正元年（1723），丽江执行清廷政策，在云南率先实行“改土归流”，木氏土司把世袭特权交还给朝廷任命的“流官”，自己降为土通判，此后，便日益沉湎于琴棋书画、诗书礼乐中。木氏“万卷楼”的藏书止于明代，当然是这种政治制度的变更所致。进入纳西地区的汉族“流官”，开始在这里创办书院、义学，将汉文化普及向民间子弟当中。那些很快被儒化了的纳西读书人，一个个走上了科举之路，他们当中出了 7 个进士，约100个举人、副榜和拔贡，100多个生员，当然，也出了不少诗人、画家、书法家和古乐师。

纳西男人不再需要在部族战争中显示勇气与力量，他们因而变得游手好闲，于是去钟情于一种儒雅文化。父亲传给儿子，儿子又传给孙子。反正按照传统分工，有女人在从事繁重的劳作，他们不必担心生计。当然，儒文化的中心在丽江大研镇，至于那些山区村寨，仍然是东巴祭司们的天下，他们的祭祀舞乐是不进城的，就像唐宋遗音也只在大研镇传习一样。

这就是儒文化渗透到丽江的历史。我不得不感叹儒文化的强大和居高临下，它始终保持着对周边地区的辐射力和渗透压，而几千年的时间里，它的辐射区域早已越过了云贵，延伸向遥远得多的地方。它摧毁了一切横亘的堡垒，在它的笼罩区内早以不存在独立的封闭王国。

我登上“万卷楼”顶，沿外廊绕行一周，向下俯瞰木府的宫室壮丽和周围民居的重瓦叠檐。今日的丽江，早已不是（原本也不是）楚辞、诸葛亮、杜甫印象中的模样了。

八

以后，丽江被中原遗忘了。

历史就是这样无情。当一个部族强大的时候，你无法蔑视它。南昭国、大理国永远是唐宋的枕边之忧。朱元璋还需要利用木氏土司，不能不重视它。可是清代“改土归流”的成功，使丽江成为家中顺帖的臣民和仆隶。此时，中原文化的优越感膨胀起来，无暇再去看丽江一眼，看一眼这远处偏鄙而需费力推行王化的小镇。

丽江被隐蔽起来，隐蔽在主流文化的边缘盲区，按照自己的方式固执不变地生活着。大研镇的女人们背负着日月，操持着店铺里的买卖交易和外面的一切辛勤生理。男人们待在屋里抽鸦片烟，看看孩子，煮煮茶，然后赋诗作画，或聚在一起弹奏古乐，一代一代自得其乐。

孔子曰：“礼失而求诸野。”文明总是在中心流失，而在边缘保存。今天有这样多的儒文化痕迹，保存在这“边鄙”之地，也就很容易理解了。

我看到几个头戴蓝布帕、身穿蓝色筒群、背负日月七星羊皮的纳西族老妇人，闲坐在临街铺面雕花板门前的石阶上晒太阳。我停下步来悄悄端详。岁月的江河在她们脸上冲出深深沟壑，生活的重负使她们的脊背佝偻，但她们的神色显得悠闲安逸。她们并不交谈什么，只是静静地坐在那里，看街上川流不息的人群。这些支撑了纳西日常岁月的老人，该停下来歇一歇，坐在一旁靠一靠了。

九

然而，20世纪这一个世纪中，丽江在世界上的知名度和文化地位却大大超过国内。

我们忽视了一条殖民主义者的捷径。英国人1757年征服印度，1886年吞并缅甸，掘开了一条通往中国后门的隐秘通道。于是，那些虔诚而富有殉道精神的西方传教士们开始付诸行动，把在云南门外的探头探脑顽强变成深入其山川河谷的探险。对丽江这大清皇帝鞭长莫及、不屑一顾也无法顾及的遥远坪坝，西方探险家们显露出极其浓厚的兴趣。

丽江首先是以它的植物资源著称于西方世界的。在这地形地貌复杂多样，气候瞬息万变的高原植物王国，丽江拥有世界上少见而保护完好的原始植被、品种丰富而繁多的森林和草场。从1873年到1930年，先后有法、英、美、德、奥、瑞士等国的十几位植物学家来此探险，发现了上千的植物新种和变种，采集了数以十万计的植物标本和大量种子。种子在欧洲种植出改变西方园艺史的奇丽花卉，标本成为欧美国家自然博物馆里的珍藏品，探险家收获了众多的著作、勋章和荣誉，丽江则得到“世界园林之母”的美誉，大家各有所获。

西方人类学家不失时机地赶了来。1922年 5 月，一位名叫约瑟夫·洛克的美籍奥地利人闯入丽江。他一下就被这里的神奇地理和人文景观迷住了，流连忘返，一住就是28年。洛克在这里发现的是一个丰富之极而又未经开采的资源宝藏，资源是全方位的，山川地貌、物种民族、民俗风情、宗教文化……洛克比他的先行者幸运的地方，在于他多了一架相机，这使他得以在美国《国家地理杂志》上连续十年进行滇西北神奇风光与风情的报道，很引起了西方世界的惊诧。他还曾弄来一架螺旋桨飞机，航拍了玉龙雪山与金沙江虎跳峡，并在白沙天然坝坪上着陆，这是丽江第一次领略飞机的风采。洛克功成名就，成为受西方崇拜的探险家、科学家和学者，而丽江则成为西方世界神往的地方，这是丽江待在家里所不了解的。

丽江不了解的还有自己在西方的另外一个轰动效应。洛克系列报道的最重要的连带作用，是1933年英国人詹姆斯·希尔顿影响很大的小说《消失的地平线》的产生。这是在洛克所提供的自然背景基础上虚构出来的故事：深深的群山之间，有一条长长的蓝月亮峡谷，它的旁边矗立着洁白无瑕的美丽雪峰。那是一个与世隔绝的静谧世界，一座和平神秘的世外桃源，它的名字叫作香格里拉。那里的人们与自然和谐相处，幸福地生活在田园古镇的精致庭院中。几个西方人偶因飞机失事进入香格里拉，与那里的人们一道度过了一段美好的宁静生活，当他们离开以后，就再也找不到这片乐土。希尔顿还在书中故布迷阵，称述这是一个在地图上任何地方都不可能发现的神奇峡谷。从那以后，香格里拉就成为众多西方人心目中美好而神秘的人间仙境，成为他们的理想之梦。1937年这部书被意大利裔美籍导演费兰克·卡普拉拍成电影，香格里拉的向往在世界上迅速弥漫。

对于自己的国际知名度，丽江并不知道，也不关心，她仍然我行我素地照常过日子，听着雪水与松涛的欢笑，听着东巴经咒与儒学书声的合奏。

但是有一段时间里，丽江忽然热闹起来了。天上经常有飞机轰鸣着从西南向东北斜插过去，撕裂了丽江几千年的宁静。她大约不知道，1942年美军援华志愿航空队“飞虎队”，开辟了被称作空中禁区的著名驼峰航线，这条航线成为当时中国接受国际救援物资的唯一补给线，对中国的抗战发挥了巨大的支撑作用，而玉龙雪山，则成为这条航线上永远不灭的航标灯。这条航线要飞越喜马拉雅山脉和横断山脉，地理环境和气候十分恶劣，加上日军飞机的偷袭，飞行充满了危险，几乎成为死亡飞行。三年间，在这里丧失飞机六七百架，牺牲飞行人员2000余人。有时候，飞机掉在了附近的山里，丽江人组织登山抢救，抬回黄头发蓝眼睛的受伤者，捡回摔得七零八落的碎尸。但那毕竟不是经常要做的事情，丽江的日常精力和注意力还放在另外一件事情上。

几乎是在一夜之间，丽江忽然变成了一条重要商道的中转站，那是从印度的加尔各答经拉萨至丽江直到昆明的一条迂回物资补给线。由于缅甸陷落于日军，中国的后门只剩下西藏。十万头马匹和牦牛组成的商队，源源不断地从这里向内地输送日用品，英国和美国产的高级香烟、威士忌、杜松子酒、罐头、纺织品、棉布、缝纫机、化工品、染料、煤油、火柴、梳妆品等等，都被打作大包，驮上马背牛背。大研古镇成了浩浩荡荡商队的旅馆、酒店和货物集散地，四方街则成了“国际贸易中心”，着实火了一把，富了一把，也乱了一把。由马帮带来的各式各样的轶事奇闻和流言蜚语，使得丽江的眼界开阔多了。只是，这很短暂，战后一切都迅速消失了，就像一阵风吹过去一样。丽江又平静了下来。

但是，战争期间，有一个叫作顾彼得的俄国人来到丽江，他是为宋庆龄参加领导的国际援华组织——中国工业合作协会工作。他在丽江待了九年，一度促成当地毛纺业的繁荣。他尽力使纳西人和其他少数民族人信任他，成为他的朋友，以便顺利地开展工作。他为他们医疾疗伤，拜访他们，和他们一起喝酒，深入到寨子里去了解他们的日常生活和习俗，他也因此广为领略了丽江的神奇山川风光。1950年离开后，他写出《被遗忘的王国》一书，1955年在英国出版。这本富有文采与情调的书，用深厚的感情和细腻的笔触，真实描写了丽江社会的生存状况与活力。结尾处，顾彼得称丽江为“几乎完全被人遗忘了的中国西南部古纳西王国”。这本书再次引起西方世界对丽江的向往。

早期的传教士、植物学家和洛克，让西方人听说了神奇的丽江，希尔顿使西方人产生对香格里拉的神往，顾彼得则向西方揭示了一个自然民族的真实生存方式。前后长达数十年的连续报道与描写，诱发起西方对丽江越来越浓厚的好奇心。但是，中国的革命，彻底阻断了西方通向丽江的道路，让这种好奇心在长期的隔绝中潜埋。

十

独立的中国坚强起来。在恶劣的国际局面下，她建立了牢固的边防线，把世界挡在外面，把丽江包在里面。在这大一统的铁打江山中，丽江又成了偏远的处所。

丽江的社会结构不因偏远而停止发生天翻地覆的变化，丽江的古老传统与独特民俗则被偏远悄悄遮盖与保存。尽管，“文化大革命”中纳西人也组织起造反队伍，一条宽大的柏油马路一直修进大研古镇的心脏——四方街。毕竟，远离震极的边缘地区感受到的，只是不那么强烈而损害性较小的地震余波。

1977年，中国又翻过一页日历。一个牧师的儿子从关押20年的牢房里放了出来，20年的铁窗阻隔使他年轻时封存的记忆强烈而完整。回到熟悉又陌生的丽江大研古镇，他感受到那里传统氛围的支离破碎，他想做点什么。一天晚饭后，他在永远水声潺潺的街巷里盲无目的地溜达，忽然，几声丝弦飘入耳内。那是从滞涩的旧弦上颤出的声音，但在他听来却是那么亲切，那是他孩提时代就已经熟悉了的乐音。他几乎一下就知道自己要做什么了。于是，一群早就为世界所遗忘的古董老人被他聚拢在了一起，他们此前一直在做各种苦役，过去濡墨挥毫、抚弄丝弦的手变得粗糙胼胝。只听到一声召唤，他们便拆楼破壁地取出深藏多年的老旧乐器，一个纳西古乐队很快组建起来。牧师的儿子那些好动的幻想一个一个变成了现实：唐宋古乐开始在大研古镇奏响，然后走进北京、香港，继而漂洋过海，到英国、挪威、法国的音乐堂去登堂入室。他卓越的演讲口才与流利的英语，为这一古乐行动辟路开道、推波助澜。他使纳西古乐与自己的名字连在了一起，他使20世纪末的丽江在世界上搅得沸沸扬扬——他，就是宣科。

世界真的改变了。丽江人哪里想得到，他们会在1997年12月 4 日得到联合国教科文组织的“世界文化遗产”命名，一夜之间成为世界文化名城！

中国这次是真正对世界敞开了大门。就像从云雾中霍然显形的玉龙雪山一样，丽江一下子呈现在世界面前。于是，西方几十年来形成的丽江情结可以松扣了，就像因阻隔而蓄势的湖水，闸门忽然拉开，急流倾泻而出。各种肤色的人们从世界向丽江涌来，入住她的双层木楼客栈，闻听纳西古乐这人类古老的音乐天籁，在古城的街道与小桥流水间徜徉。他们是来寻找心中圣洁神秘的香格里拉，圆一个早年的旧梦？还是仅仅作一次休闲的现代旅行？

丽江出名了。丽江出名出得让内地人莫明其妙。他们怎么也想不到，中国竟然有这样一座美丽的古城！这座美丽的古城竟然不在汉文化的腹地，而是位于西南边陲，在山脉与水系交错纵横的边鄙之地！而当我们把目光朝它瞬过去的一刹那，我们忽然发现，一个大的文化忽视已经形成。

早在19世纪末20世纪初，西方探险家撞进这个文明古国的时候，就已经发现她用象形文字写成的浩瀚宗教密籍，因而一个类似于敦煌卷子的掠夺性发掘早已在这里发生。我们今天知道，散落在世界各地的东巴经书和文献有一万余卷，另外约一万卷在国内，其中有世界上最早的舞谱——东巴舞谱，有罕见的艺术珍品——长达几十米的东巴神路图，而书写东巴经书的象形文字是世界上迄今唯一还活着的象形文字。在过去数十年中，纳西学已经崛起为一门国际显学，成就了众多的人类学家、民族学家和文字学家。但是，这里的掠夺远远没有像敦煌那样在我们心里刻下如此深重的历史伤痕，因为被掠去的只是东巴文字经卷，一种对于汉文明来说原始得多落后得多的东西，一种与原始崇拜、宗教迷信混杂在一起的巫教文化生成物，一种我们不了解也不需要了解的东西，它不值得我们对之投入太多的关注。我们的好东西多得是，用不着什么都把着，让他们拿去一点好了。老实说，我们甚至很长时间都不知道这里究竟发生了什么。

历史的偏见早已在中原文化中形成，成为我们潜意识里的先天性存在。

十一

今天的丽江成了国际知名的旅游城市，再也不能在群山大川间藏匿了，飞机航道和互联网把她跟世界上任何地方便利地联结起来。世界变得这样小，因地理隔绝而形成的保留文化迅速消失。丽江把自己裸袒出来，奉献给了旅游业，她从这种现代生存方式中索取回报。

当地人为了取媚游客，新漆了大门与板壁，添建了损坏的铺面和桥栏。仅仅从维护古镇的角度说，这些也是应该做的事。

只是，随着丽江的日益引起瞩目，这里也开始受到现代商业文明的侵蚀。东巴象形文字图案被当作一种招徕游客的促销品，在纳西古乐表演场上由东巴祭司当场书写，或绘作条幅在机场出售。给我开出租车的纳西族司机说，他的族人不再认识这些字。当一种文字成为装饰品时，它也就寿终正寝了，东巴文已经成为学者案头的研究对象而不再在生活中存活。

纳西古乐也被当作吸引游客的手段，演奏于是改变了味道。小镇里一下子涌出了如此多的古乐团，甚至把村寨里的东巴祭司拉来当主角，他们或许在饭店里表演并领取薪水。培养出的新一代青年乐手，已经成为真正的演员，他们身上多了表演成分，而失去了木楼火塘边父传子授的神圣承传韵味。这样的纳西乐是否还能称作“古乐”，我不知道。

历史文物一旦出了土，就不可避免地要走向风化。现代文明在用高新技术处理和保护它的同时，展览也在毁坏它。

文明似乎总是悖论。未被发现的古老文明，受到贫穷愚昧的侵蚀，自然消亡。发现了的得到技术保护，却无力抵御现代商业文明的加速侵蚀。现代旅游业需要用开发古老来满足文明世界的好奇心，于是古老就一片片地逝去，现代文明覆盖的地域越广阔，能给后代子孙保留的古老文明就越少。酸雨已经将埃及4000年的裸露文明侵蚀得斑驳，毕竟还有地下遗址。可活着的古代文明，由于要走入现代生活，只得付出消亡的代价。

我的眼前再次闪过老乐人弹奏古乐时的闭目沉思形象。这时我想到，他们的心灵体验，或许是一种更为复杂深沉的历史悲怆！

徘徊在古镇街头的黄昏，我久久不愿离去。透过店铺的飞檐，我抬头望了望丽江暗下来了的红色天空，那里正是岚霭弥漫。

焦作秋迹

太行山自华北一路迤逦南行，到黄河拐了个弯，开始向西延伸，岔出王屋山、中条山，好像有意给黄河让出路来。

就在拐弯那儿的山根处，有一个地方叫焦作。

31年前我到过那儿，一座中原煤城。马路上尽是煤面儿，拉煤块的巨型卡车一辆接一辆，车一过煤粉眯眼，风一吹煤灰漫天，到处怎一个“焦”字了得。

近些年，不知道从哪天开始，电视上经常飘出焦作奇山殊水的画面，十分诱人。打听一下，说是焦作煤炭资源枯竭，但经济转型成功，已经建设成著名的自然山水与文化旅游城市。焦作变了，青山绿水回来了。

秋风飒爽，带着好奇，我再次踏上了焦作的土地。

一

焦作最著名的自然景观是云居山。云居山在修武县境。“修武”，当年周武王伐纣，走到这里遇雨，暂住修兵练武——地名就是历史。

修武县翠绿的平原北侧，拔地而起一座峰屏，仰之落帽，鸟飞不至，这就是云居山。云居山是太行边峰，山势险峻，峰壑嶙峋，稍微进入，一峰一世界。

峰屏背面就是一道裂谷，这就是云居山著名的红石峡谷了。沿峭壁台阶逐级而下，地裂扩展，红壁突兀，深罅处处奇峰怪石。人在陡壁中间凿道上行，两面是壁立千仞，脚下是悬崖千寻，头顶曲天一线，罅底绿水一湾。

转过一个谷口，迎面云台天瀑飞泻而下，飘作一壁白练银丝。凛水凝作碧潭，潭清映天。潭畔流连，清心净意，真可谓出尘绝世、凝思殚虑之境。难怪当年汉献帝刘协避暑于此，并在山边归葬。

登上茱萸峰顶，北眺群山层峦叠嶂、烟霞雾霭尽收；南望怀川平原绿野千里、一缕黄河如带。

二

云居山向西，乘车沿山间公路盘旋而进，到达太行腹地的青天河水库。弃车登船，分波前行，水面碧酿凛冽，两岸绝壁陡耸。

导游指点两侧峰峦：左阙通太行陉，北出山西上党。当年曹操北征乌桓出此道，有《苦寒行》诗传世："北上太行山，艰哉何巍巍！羊肠坂诘屈，车轮为之摧……"右侧连峰，酷似天然长城——果然，峰脊恰如城垣连绵，其间座座烽火台历历。

纵绝水库登岸，盘桓而上。两山夹径，中流一溪。溪源多泉，泉出两侧石壁。堵石成坝，聚水为淖，三步一潭，五步一瀑。潭边苇花抛絮，水面野凫剪飞。傍水之侧，驿道怵然，青石光滑，车痕凿凿，为北魏古丹道遗迹也，尽显太行旅途沧桑。

中一陡峰，状似天然大佛。佛腹处峭壁，有北魏永平二年（509）匠人悬索凿刻的摩崖字画，为瘦骨清象留须的男身观音像和妙法莲华经普门品第廿四。只是崖刻高居百米悬崖之上，而其题字却称："欲令路人憩息之暇，因生礼诵，敬拜赞读。"不知作何理解。难道路人歇息之时，还攀爬峭壁上去顶礼膜拜不成？上有摩崖石刻，我们今天因路示而知，古时路人又如何得晓？

靳家岭登顶，眺万山红叶如海，经霜了的叶红已经转绛，在深秋中萧瑟。

返程时景区主人向我索字，挥毫题写"一水上青天"五字。

三

青天河再向西，是神农山，因峰顶有神农坛得名，据言神农在此山中遍尝百草。

右侧巨壁连绵，结体成阵，裸岩直立，状若展屏。屏上横纹纵列，密匝齐整，细看如棋枰对弈、佛像坐崖，人工雕锲一般。左侧奇峰突兀，直上天穹，有梯蹬盘旋而上，达顶即至神农坛，然而我膝软难登了。有索道升云可至，但山风凛冽，悬车摇摆，为安全计停用，只好怀憾而止。

壑集灌木，内多猕猴。饲人唤食，群猴呼应，长啸短唳，此起彼伏于崖壁之间。

四

瞥罢山水，回访田园。太行脚下，黄河北岸，有沃野千顷。这里背倚太行，面南而倨，许是背风向阳的缘故，土厚壤丰，有丹河、沁河、黄河水系滋哺，自古乃天下粮仓。

温县，地平如镜，田整如棋盘。冬小麦已经分蘖，将陇畦茸茸挤满，铺展开去，大地一片青葱翠绿。

这是全国第一个吨粮县，小麦主产区。31年前麦熟季节我来这里，就为切蛋糕一样的麦阵而惊讶，密密匝匝的麦穗组成整齐的方块，遍铺大地。今天整个焦作都是吨粮田了。

县长不无自豪地告诉我，精耕细作是当地种田的传统法宝。不用他讲，看看大地绿毯上，那些整齐排列的蔚蓝色机井房——60亩地一眼井，纵横成系列，就知晓。

正是温县名产铁棍山药收获季节，田间地头，欢声笑语。小型掘土机先挖出一条深沟，把土抛向一侧，然后妇女下沟，用小方铲从另一侧小心翼翼地掏挖山药，老半天才挖出几根。同伴兴起，持铲试掘，挖出皆断茎。

农妇告诉说，山药选地，首要胶土，地越硬越好吃。又费地力，种一年须停数年，故有五年山药、十年山药之说。想想看，吨粮田，选上好地块，每隔几年才能种一茬山药，还要耗费地力，劳动强度又这么大——铁棍山药成本何高？从此食山药我将珍惜。

五

太行脚下的博爱县境，有万亩竹林葱郁，竟然还是千年竹林，竟然还是东晋“竹林七贤”隐居游闲之地，这颇引起我的兴趣。

竹不耐寒，通常在北方无法过冬，罡风一吹，竹叶飘零，竹子即枯萎。然而得背山向阳水沃之地利，这里自古多竹。《山海经·北山经》说太行山此处：“其上多金石，其下多竹，多青碧。丹水出焉，南流注于河。”

因其多竹，引出西晋“竹林七贤”故事。《世说新语·任诞》说，阮籍、嵇康、山涛、刘伶、阮咸、向秀、王戎七人，常在此地竹林之下饮酒清谈，成为天下佳话。而七人之结识实因山涛。山涛是本地（河内郡）人，又担任河内郡功曹，相当于今天的焦作市长助理，行权方便，于是召集其他六人相聚，时为竹林豪饮，给这一自然景观涂染上人文色彩。

七贤之后，竹林在此地依然衍生不衰，唐朝于此设司竹监，宋代在这里置竹园，明时此地村庄称竹坞……直至今天，博爱竹林仍为北半球纬度最北的大片竹林，亦可谓人间奇迹。

然而，因在商业社会里经济价值不高，万亩竹林近年面积迅速缩小。最终，新兴绿色经济的发展势头遏制了其颓势。

放眼望，竹木萧萧，万茎葱茏。

六

追索文化脉络，焦作绝非只有煤炭可挖。

焦作古为河内地，河内则为古“三河”之一，“三河”各为夏商周王畿之地。《史记·货殖列传》说：“昔唐人都河东，殷人都河内，周人都河南。夫三河在天下之中，若鼎足，王者所更居也，建国各数百千岁。”夏畿河东（山西），商畿河内（包括焦作在内的中原黄河北部一带），周畿河南（中原黄河以南一带）。“三河”为天下之中，所谓中原腹地也。

既为殷商王畿，多少历史故事于此发生。焦作所辖孟州，有周武王伐纣渡过黄河，与诸侯筑坛会盟此地，其后一举下殷。东周都洛阳，这里隔河相望又成为王畿。但晋文公助周襄王复位，周襄王荒唐地把此地作为礼物送给他，从此原本无多的王畿之地更为狭小，而晋国势力却过了太行山进入黄河中游。三家分晋，这里为魏、韩轮番持有。秦将白起攻魏、攻韩，这里成为征战杀伐场，杀人如麻、血流成河。曹魏都洛阳，权臣司马懿为温县人，这里成为朝士来往穿梭之地，“竹林七贤”所以于此而隐。

焦作所出历史名人，令人肃然起敬者有“文起八代之衰”的唐代文豪韩愈，孟州人，今天韩庄村古冢萧瑟。有与李白、李贺并称“三李”之一的唐代诗人李商隐，出沁阳，其名句“相见时难别亦难，东风无力百花残”摹尽千古怨情。有宋代山水画家郭熙，温县人，他能总结出山的四季神色："春山淡冶如笑，夏山苍翠如滴，秋山明净如妆，冬山惨淡如睡。"画山推崇"高远、深远、平远"的意境，得力于其在家乡对太行山的观摩。

还有国人不大熟悉而世界敬仰的明代朱载堉，首创音乐十二平均律。他的人生非常之处，在于自辞王爵。朱载堉本为郑王世子，按惯例该继承王爵。但他因看腻了朝廷翻覆、人事倾轧，又曾亲历父亲被朝廷软禁十九年，因此上疏七次恳辞王爵，终于完成了从王爷向学者的彻底身份转变。正是这种精神路径，成就了他数学和乐律学的天才创造，其十二平均律成为西方钢琴五黑七白十二键的音高基础。

我个人特别想提到的，还有武陟县嘉应观这一治理黄河的重要史迹。清康熙六十年，黄河口决武陟，水泛华北，危及京津。时为四阿哥的雍正指挥堵口筑坝成，即位即拨巨银建此观，以祭神纪功。武陟眺黄河对岸为荥阳邙山，1962年毛泽东登顶题写"要把黄河的事情办好"条幅赠黄河水利委员会。无巧不成书，新中国成立初黄河水利委员会主任王化云为修人民胜利渠，即在嘉应观旁侧平房内住宿办公。见到早已仙逝的王化云简朴居室和照片，"文革"在该委员会小学毕业并参与揪斗王化云的我神情黯伤，沉默良久。

旁边的人民胜利渠渠首闸是1952年第一期竣工的引黄灌溉大型自流工程，1965年我还是小学生时曾来此参观。时隔49年后站在这里，闸门依旧，发已染霜，仰望长空是秋高天爽。

七

主人殷殷向我诉说，煤炭枯竭并没有阻止发展的步伐，今天焦作已经转型成为知名旅游城市，每天国内外游客云集，并且开有火车北京专列、武汉专列，还有韩国包机，观光客络绎不绝。

这表明焦作正在实现"黑色印象"向"绿色主题"的转变。

焦作是变了。这种变化是外在的，看得见，从徒消耗自然资源向培植山水文化胜景跨越。更是内在的，看不见，感觉得到，从满足温饱向追求精神愉悦深入。

这个变化，使焦作人日益平稳、开朗、阳光起来。

临走，在本地工作的大学同学李长起，坚持要我提走一箱直溜瓷实的铁棍山药，说是咬一口，就能记住焦作的土地。

回望太行山头，深秋的苍霭在弥漫。

烟花三月见扬州

向往扬州、向往烟花三月的扬州，很久了。

现在的高铁真是神速，刚才还在春花初绽的北国，一忽儿就来到草长莺飞的江南了。

沿途一派清丽气色，越近市区越是如此，尤其瘦西湖附近，真正是满目秀色可餐。我想，扬州西湖之冠以“瘦”，大约有其审美的通感功能。古人品石，强调“瘦、皱、透、秀”。要秀，先须瘦。朱自清心里惦着的江南曲曲折折的荷塘，就像瘦西湖一样瘦瘦的吧！

我一直从古诗词里感知着扬州，头脑中挥之不去的就是两个字：清秀。

你想，当年李白烟花三月送故人下扬州时，眼睛里盈盈流动的，是一派对清朗、秀丽的向往和憧憬吧。宋词泰斗姜夔则在［扬州慢］里袒露着留恋：“淮左名都，竹西佳处，解鞍少驻初程。”我最爱唐人张若虚《春江花月夜》一诗里清净澄明的时空、邃远无垠的心境，原来他是扬州人，这就不奇怪了。后来识得几位扬州秀士，更加重了这一印象。在中国艺术研究院读研究生时，同班的孙玫、陈小鲁都来自扬州，让人眼睛一亮：原来这就是“秀才”。唱扬剧的名小生李政成，让人想到柳梦梅。

在我的印象里，扬州是和下述关键词连在一起的：扬一益二、唐诗、史可法和扬州十日、扬州八怪、京杭大运河、盐商、乾隆下江南、戏曲。

“扬一益二”是唐代形成的一个说法。唐都长安，东都洛阳，为什么不是“长一洛二”？扬州文物兴盛，成都物产富饶，两家成为全国最繁华的城市，经济地位超过了长安、洛阳，足见“安史之乱”以后，中原经济地位下降，长江流域地位上升。当时还有“天下之盛扬为首”的说法，所以才有诗人杜牧的“十年一觉扬州梦，赢得青楼薄幸名”“二十四桥明月夜，玉人何处教吹箫”，所以才有诗人徐凝的“天下三分明月夜，二分无赖是扬州”。

扬州有幸，唐宋一批著名诗人都和它有缘：除张若虚、杜牧外，白居易、欧阳修、苏轼也都在此居住或做官多年。或者反过来说，著名诗人常常和美丽城市有缘。上有天堂下有苏杭，苏州有山塘街，又称白公堤，白居易任苏州刺史时发民夫所筑；杭州西湖有苏堤，苏轼任杭州太守时所建。扬州呢？刘禹锡有一首七律，叫作“酬乐天扬州初逢席上见赠”。乐天即白居易，唐敬宗宝历二年（826）罢苏州刺史返回洛阳，刘禹锡也罢和州（安徽和县）刺史返回洛阳，两个大诗人在扬州初次相逢，多高兴啊，于是喝酒欢宴。白居易在宴席上作诗赠予刘禹锡，刘禹锡也写诗作答，就是“巴山楚水凄凉地，二十三年弃置身”那一首，名句还有“沉舟侧畔千帆过，病树前头万木春”。为什么去洛阳要经过扬州呢？大运河水陆码头嘛，江北第一站嘛，所以诗人来来去去。我的小城开封，唐代李白、杜甫、岑参也都来来去去。诗人净去好地方，好地方招诗人。

史可法、扬州十日就是扬州的骄傲了：清军南下，势如破竹，一路上没有遇到像样的抵抗。但明弘光元年四月（即清顺治二年，1645）到达扬州时，我的开封老乡、南明兵部尚书史可法率领扬州军民坚决抵抗，誓死不降。清军损失惨重，恨得咬牙切实，因此城破后，展开了惨无人道的十天屠城，死难八十万人，史称“扬州十日”。原来扬州不只有秀丽，还有顽强和不屈，它撑起了民族的脊梁。知道这个史实之后，我对扬州人更是敬重十分。

清代画坛扬州八怪，就是我们可以直接触摸到的艺术才杰了，金农、郑板桥，代表了中国艺术新的审美风气和趋势，影响到近现代。扬州一应博物馆、文化馆和各种楼堂馆所里，都悬挂着他们的作品，这里一幅、那里一幅，或原作或仿品，都给这座城市增添文雅之气。

京杭大运河，是扬州繁华的前提。唐宋时期建都中原要倚重东南漕运，明清建都再北的北京更是如此。“苏湖熟，天下足”，东南漕米成为封建中国的经济支柱，南北贯通的大运河则成为中华帝国的主动脉。大运河和运河文化繁盛，作为江北第一重镇，扬州成为其骄子。明冯梦龙《醒世恒言·小水湾天狐诒书》描写说：“那扬州隋时谓之江都，是江淮要冲，南北襟喉之地，往来樯橹如麻。岸上居民稠密，做买做卖的，挨挤不开，真好个繁华去处。”

运河的东关古渡口，就在今天修复的扬州古城东门外。进入门楼，脚下都用玻璃隔着古代墙基，标记着唐、五代、北宋、南宋不等，透示着古老与今天的骄傲。进来就是东关街，一条布满商铺的古街，那些商铺的历史或可一直追溯到唐宋吗？我不知道，反正今天熙熙攘攘，蓬蕴着市井繁华气。在东关街吃汤包、听扬州评话，市意浓浓。一声界木，老艺人杨明坤拉开架势，如数家珍地将扬州“水包皮”的泡澡过程说得天花乱坠，让你听得云里雾里，恨不能立马进入澡堂子一褪陈皮。

漕运的便利，使扬州又成为盐业都阜。“扬州繁华以盐盛”。[①]清政府的财政收入主要包括三块：田赋、盐税和关税。扬州附近淮河沿岸的两淮盐场是全国最大的盐场，征收盐课几乎占全国盐课总量的一半，所产之盐行销苏、皖、赣、湘、鄂、豫六省。尤其在康乾盛世时，两淮盐业发展到最高峰。顺治二年（1645），清廷在扬州设立两个盐业官衙进行管理：两淮巡盐察院署、两淮都转盐运使司。设的两个官职，两淮巡盐御史无定品，两淮都转盐运使从三品。《红楼梦》作者曹雪芹祖父曹寅，康熙年间就任江宁织造兼两淮巡盐御史，曾奉旨在扬州天宁寺开设扬州诗局，刊刻《全唐诗》。

扬州盐商因而富可敌国，成了中国社会最为显赫的阶层，过着纸醉金迷的奢靡生活。清李斗《扬州画舫录》有载：婚嫁丧葬，饮食车马，动辄花费数十万金。吃饭时，夫妇并坐堂上，厨子准备数十道菜，由侍者一道道抬到跟前，不吃就摇一下脑袋，马上抬走，再换其他。蓄马数百，每马日费数十金，早上出城，晚上回城，蹄踵交道，观者聚睹。以木作裸体女人，动以机关，酷似真人，客来见之，惊避不及。运金箔至金山塔上，向风抛撒，随人哄抢。好美者，门口侍女以至灶头丫鬟，皆由十几岁清秀女子承应，长大就换。好大者，用铜做成五六尺高尿池，人尿尿须力就之。

盐商许多是徽商。徽商到扬州开辟事业，发了财，娶回扬州太，到家乡建屋宇、建祠堂、建牌坊。据说建牌坊的作用之一是为了震慑住扬州太的心性。扬州女生长于水陆码头，见多识广，性格也较为开放。徽商担心自己在外

① （清）黄钧宰：《金壶浪墨》卷一。

经商，扬州太在家里不守妇道，于是用牌坊来旌表那些守节义的扬州太给她人做榜样。

今天徽州的古村落许多与盐商和扬州有关。我参观歙县堂樾村牌坊群时，听到乾隆后期扬州盐务巨商鲍志道的故事。鲍志道11岁为生计所迫，离村一个人出外谋生，20岁时搭乘一条商船到了扬州。最初在豆腐店记账、在盐场帮工，后为扬州盐业大贾、歙县人吴尊德当经理，十年而使吴氏盐业骎骎中兴，鲍志道也成为在扬州享有盛名的盐策经营家。乾隆三十八年（1773），鲍志道辞去吴家差事，开始独立经营淮南盐业，依赖过去建立起来的良好信誉和关系网络，不数年一跃而成扬州盐商巨户，后又被推举为两淮盐务总商，掌握了巨大的财经命脉。此时，鲍志道开始着手经营家乡。他回村办书院、建祠堂、置义田、搭桥梁、疏浚河床、开辟道路、扩建村东的牌坊群。但是，《扬州画舫录》说，鲍志道不同于上述奢靡盐商，他拥资巨万，平素生活却十分简朴，妻妇子女，平时自己下厨、打扫房院，门不容车马，家中不演剧，淫巧之客不留于宅。成由俭败由奢，这是鲍志道成功的诀窍。

有了大运河与江南富庶，于是就有了乾隆六次下江南。其实下江南不从乾隆始，康熙也曾六下江南，只不过康熙不像乾隆那样张扬。康熙下江南，可能带有巡视震慑的意思，乾隆下江南，就只剩下游山玩水、享用富贵了。于是，扬州开始逢迎乾隆，将天宁寺改造为他的行宫，又在寺前搭建一座豪华的大戏台，供他观戏赏乐用，这就让扬州和戏曲又扯上关系了。当时扬州是戏都，昆腔外，京腔、秦腔、弋阳腔、梆子腔、罗罗腔、二黄调各路戏班来来往往、争奇斗艳，而拥有巨大经济力量的盐官盐商，更是专门为乾隆驾临早早准备好了上等戏班子，李斗《扬州画舫录》卷五曰："两淮盐务例蓄花、雅两部以备大戏。"

我们从御码头登船游瘦西湖前，先参观了旁边的天宁寺。叫寺，其实大殿都空空如也，里面一座佛像也没有。导游疑惑这个奇怪现象时，我告诉她："这里是乾隆的行宫，如果释迦住了，他住哪儿？"但是有一座大殿不空，那就是万佛楼。何止是不空，简直是汗牛充栋，整殿楠木地板上满满地排列着一水儿的楠木书架，上面放满楠木书匣，散发着浓郁的木质清香——里面是一整套原大原色原样复制的文津阁本四库全书！

乾隆二十八年（1763）设馆，集中了纪晓岚等一大批专家学者编纂，历时七年编成的《四库全书》，一共誊写七部，一部即放在扬州天宁寺文汇阁，不幸咸丰年间被太平军付之一炬。扬州人不能没有《四库全书》。于是有许多人站出来，为维系文脉而不知疲倦地八方呼吁、四处奔走，用12年时间最终实现了这一惊天壮举。当戴眼镜的馆长把五色本线装书摊开在我面前，充满激情地介绍其产生过程时，嗅着充盈的书香，望着这个瘦削的扬州汉子，我的眼睛湿润了。

游瘦西湖，时逢三月三，水面船只如梭，岸上游人如织。杜甫吟过“三月三日天气新，长安水边多丽人”，扬州水边丽人更是红红绿绿。转过五亭桥畔，一座白塔赫然在目，和北京北海的白塔十分相似。于是听到了一个传说：乾隆游瘦西湖，船到此处，举目四望，说：“似极京城北海之琼岛春荫，惜差一白塔耳。”随行盐商听者有心，不惜挥霍万金，连夜堆起一座盐塔，至令次日重过此处的乾隆目瞪口呆。过后，两淮盐政即集资仿北海白塔建造了这座扬州白塔。瘦西湖荡舟，四望红白斗彩、绿荫重重，却没有通常都市的现代高楼干扰视线，十分惬意。于是又听到一个建设的故事：扬州凡兴建新厦，皆须隐藏于瘦西湖视线之下。先在新厦基地升起一个红气球至设计高度，然后站在瘦西湖四个观测点观望，若是看见了气球，新厦即须削去一层。

古建新建，总要给瘦西湖添彩就好。

呼伦贝尔——芳草天涯

傍晚时分，飞机即将降落。舷舱外，西边天尽头处仍残留着一线鱼肚白，其余天地都笼统成黑灰色。草原黑黝黝地平展在下面，只有一条曲曲弯弯的伊敏河，仍然反射着天光，在大地上划出美丽的银色弧线，鼓动着目光后我心中的隐隐激情。大地上一团黄灿灿的星云飘过来，海拉尔到了。

这是我与呼伦贝尔草原的最初相遇，尽管为这个相遇我曾经设想过许多不同的场景。

在宾馆度过了一个沁凉的夜晚，清晨，汽车急不可耐地驰向城市外的大草原。最初还有一些屋舍、烟囱映入眼帘，随着公路切进草脯的深处，渐渐地所有其他景色都不见了，剩下的只是铺天碧绿向着你压过来、压过来，塞满了所有的空间，然后又向着远处延伸开去，漫过了山冈，又漫过了山冈后面的山冈，一直铺到了天边外。在这充塞的草色中间，你觉得自己是浮游在浩瀚的绿色大海里，随浪升沉。

7月初的呼伦贝尔，刚下过几场雨，草色青得出油。到处只给人一种感觉：芳草碧连天。四周的清新空气裹着发甜的草青味，沁入鼻孔，那么轻松柔软，轻轻拂去你都市喧嚣的疲惫，丝绸滑过一样抚慰着你的心灵。以往到内蒙古其他草场采风，收获的都是对沙壤裸露的失望与沮丧，这一次我终于找到了草原的真正感觉。

这里是陈巴尔虎草原。地势渐高，视野也变得开阔起来。漫坡上点缀着白色的蒙古包，散落着的点点白色羊群、褐色马群和花色牛群在静谧中游漾。草原中央的莫日格勒河九曲十八弯，像银链般闪着亮光，清澈而安详。远处的山色红绿相间，再上面是亘古不变、永恒的蓝天白云。

登上金帐汗敖包山。这是一座自鲜卑人开始即世世代代祭祀的神山。山顶用石块垒成拱形的敖包，上面扯满了白色、红色的经幡。身穿法服的萨满师引着人们顺时针绕行敖包，嘴里念着古老而神秘的咒语。这里是距离上天、距离神灵最近的地方。躲开别人，旁边找一块草坪悄悄躺下，一个人凝望空中悠闲飘动的白色云朵，你会感到天空很低很低，低到伸手就能够着。只有在这里，你才真正体会到什么是辽阔、什么是悠远、什么是苍茫、什么是永恒。

呼伦贝尔草原是中国今天面积最大、仍然保存了较多自然繁衍面貌的草原，在世界上也堪称最肥美的草原之一。它的面积接近山东省和江苏省的总和，人口却不足270万，是典型的地广人稀自然带。然而，就是在这里，匈奴、鲜卑、室韦、契丹、女真、蒙古，一个又一个历史上著名的游牧民族孕育成形，然后走出去，向南、向东、向西、向北，铁血征战，改变了中华民族史乃至整个世界的历史。成吉思汗曾率领十几万蒙古铁骑从这里出发，每个骑兵配备两到五匹战马，奔驰时换马不换人，疾速神勇，先后征服了世界上几十个国家和地区，占领了当时已知世界五分之四的面积，创建了迄今最为庞大的蒙古帝国。

呼伦贝尔草原是游牧民族之母。20世纪60年代历史学家翦伯赞先生曾生动描述：假如整个内蒙古是游牧民族的历史舞台，那么，呼伦贝尔草原就是这个历史舞台的后台。

然而，这个伟大的历史舞台曾经失去，沦陷为日本关东军的囊中物。关东军在海拉尔北山用钢筋混凝土建起庞大的军事要塞，坚固的环形防御工事与巨大炮阵，虎视眈眈地俯瞰着、威慑着呼伦贝尔广袤的草场，使之构成与强大的苏联红军对抗的前沿阵地，而它沦为奴隶的主人却被极大地忽略了。好在，这已经成为记忆，要塞遗址也被永远钉在了历史的耻辱柱上。

继续驾车向北。这是额尔古纳河右岸与大兴安岭之间的开阔地带，根河在其中蜿蜒流过。草原逐渐过渡为山地。长满翠绿色草毯的平缓山坡上，铺着一大块一大块长方形的油绿小麦、嫩黄油菜花，和漫无边际的草场相映成趣。那是在难得的三个月无霜期间农垦机耕的杰作，透示着游牧与农耕文明的现代交织。山谷间根河网状的水系，则蕴成湿地浓郁的葱绿。山的背阴处开始出现一片片的白桦林，像人脑后长出的头发，森森剑戟矗立。随着车轮的北进，白桦林漫向山的前坡，逐渐把山地挤满，形成了连片森林。草原在这里与森林接壤了。

恩和民族乡好客的俄罗斯村民用泛着浓郁清香的烤列巴、鲜奶酪、红肠和红酒招待客人，伴随着欢快的民族风情舞，这已经演绎成固定的旅游待客项目。

呼伦贝尔的游牧民族多是从大兴安岭山林里走出来。南北朝时期曾经统一了黄河流域，建立起北魏政权的鲜卑拓跋氏，即出自大兴安岭北端的嘎仙洞，那里发现了公元443年北魏太武帝拓跋焘的祭祖碑文。可惜我们没有时间继续前去了。

回返到鄂温克旗。这里是呼伦贝尔草原最平坦的地方。天圆似盖，地方如镜，极目之间，芳草天涯。在这至广大和尽辽阔的地方，一切东西都显得那么遥远，又那么渺小。下车一个人步入草场深处，你能体会到阳光下的极致静谧。在这里，时光是凝固的，自然是恬静的，所有事物似乎亘古以来即如此，从来没有发生过变化，只有微微拂过面颊的风，告诉你空气的流动。你感觉这里时间的韵律变得很慢很慢，而如果用脚步去丈量距离，那恐怕要用上一生一世呢。

然而，变化已经发生了。自由自在逐水草而居的游牧方式被放弃，当地牧民已经改为定居生活。广袤的草场上可以看到统一规划的一方方醒目的白色栅栏，围出一个个整洁的牧家院落。院中有三开间红墙蓝瓦尖顶平房，牧民坐在家里就可以通过电视了解世界，通过网络获取信息。旁侧是厨房，外面有简易压水器在草地上钻眼取水。后面有小小的菜地，种着油菜之类。菜地后面有一个用铁丝网拦起的干牛粪堆，以备冬季烧火使用。散淡的牛羊在各家的铁丝围栏里游荡吃草。

走进德布库家，受到这位善良牧民和他妻子的热情款待。聊起生活，他们时而喜悦，时而忧愁。他家承包了几千亩草场，蓄养了几百只牛羊。政府帮助在院子里建起供游客使用的蒙古包和三间可拖拉式缩微旅馆，里面功能齐全，不时会有游客来租住，这增加了他们的收入。但是，圈养比放牧的成本成倍增加；羊因可吃的牧草种类大大降低而不上膘，容易生病；遇到旱灾、雪灾时不能游牧避灾而损失加大；特别是羊群固定在草场上啃食，草场难以自然恢复，导致草原生态急剧恶化。更要命的，是不断涌入开发者进行掠夺性经营，使大片草场迅速报废。而大量外来人口连续二十几年搂发菜、采蘑菇、挖药材，搞得草原遍体鳞伤！

我想起看到过的材料：近一个世纪以来，内蒙古五大草原里的鄂尔多斯、科尔沁、乌兰察布已经蜕化成沙漠和生态恶化带，其余两个也正在遭受破坏。呼伦贝尔水草丰茂是因为有着丰富的水系，然而新千年以来呼伦湖的水位已经大幅度下降。开矿更使草原生态遭受灭顶之灾，毁掉了草原的根脉。而今天呼伦贝尔地下已经探明拥有大量矿藏，煤的储量达2000亿吨，还有丰富的石油和有色金属！

我无语走到门外，看到一个圈养的马群。有着万众奔腾脚力的彪悍蒙古马，已经没有了野性奔跑的欲望，静静地立在那里啃食草皮。德布库跟过来，轻轻叹口气说：这些马也退化了。

世世代代养育了众多游牧民族的呼伦贝尔大草原，还能维持多久的芳草绿色？

苹果年年透亮红

胶东半岛多仙山妙景，南有崂山仙居，北有蓬莱仙境。中间丘陵地带，盛产花木果蔬，烟台苹果莱阳梨、平度葡萄乳山樱桃。这大约与山、水、土和海洋气候有关。

10月苹果红时，来到地处胶东屋脊的栖霞。这里山好水好土好，是著名的苹果之乡。清晨霞起，立在高处打一望，山川如画屏，果树似盆景。漫山遍野的苹果树，棵棵硕果累累，树树挂粉垂朱。苹果又大又红，把树枝挂满，把树棵压弯，像珍珠一串串，像灯笼一排排。正是收获季节，兴高采烈的果农们，把一筐筐艳色丽珠汇聚到车上，把一车车流光红璀拉往集市，从那里转运全国和海外，撒向家家户户的水果盘。

众多果农在果园里劳作，摘下的苹果堆在地上如山，收获的喜悦挂在脸上似霞。技术员小伙告诉说，栖霞苹果种植面积已达100万亩，每年收果20亿千克，果农家均收入10万元，已经切切实实成为“中国苹果第一市”。旁边的果农大嫂说，栖霞苹果不愁售。这不，眼下市里正搞苹果节，来了恁多国内外客商！都搞了11年了，今年又增加了啥“互联网+”，你不出门在家都能卖苹果。小伙说，种苹果没税收，市里完全是为了富民而大力推行果品产业化战略，苹果远销日本、韩国、新加坡、俄罗斯等十几个国家和地区，真正给农民办了好事。望着山脚下村落里一座座漂亮簇新的瓦房，我们实实在在看到了高新技术种苹果给农民带来的好处。

低头钻进密不透风的树棵里，眼前脑后，尽是密匝匝的果实，一个个晶莹剔透，一个个红润流丹。伸手想采一个，拽几拽却下不来。大嫂教我，一手扶树枝，一手将苹果轻轻向上一端，竟然毫不费力就擎在了手中。咬一口，脆甜水蜜、清香四溢。

小伙说，栖霞苹果是1871年美国传教士引进的，今日品种以个大色丽、甜脆可口著称，已经成为远销亚欧的中华名果。我才知道，原来苹果产自欧洲，后来引入美洲，散布到世界各地。原来150年前中国还不栽培苹果。想想看，那时我们北方人吃水果只有梨、枣、柿子、板栗，都是些应季的果蔬，无法新鲜久放。今天，苹果成了我们的长年用果，家家户户不可或缺了。

怎么有些树上的苹果全都套着黑袋子红袋子，有的果树挂一树白果？小伙细心解释：套袋可以为苹果保鲜保洁、隔虫隔农药。袋子都是双层，苹果长成，先去掉外面的黑袋子，红袋子再套一周，能促进苹果着色。而刚摘掉红袋子的苹果是青白色的。那苹果林里满地亮亮的又是什么？是铺的反光膜。反光膜可以使阳光反射到底部，苹果就能整个红透。这还不够，还要挨个把苹果再拧转个方向，以避开枝条和树叶的阴影。

那果农得多忙啊？这么跟你说吧，一年忙到头。比如着花时要人工授粉，成千上万亩果树，靠昆虫授粉根本顾不过来。种苹果的工序有覆草覆膜、配方施肥、整形修剪、疏花疏果、苹果套袋、摘叶转果、铺反光膜、喷洒果型剂、施无公害农药等综合配套的十几项，这才能保证送到你们嘴边的苹果是高质量的绿色果品。

这么辛苦啊？我还以为种下果树，每年就等着收苹果了。引来一片笑声。小伙还不忘补充：果袋、反光膜都是用可溶解材质制成，避免了土壤污染。怪不得这里的村落、道路、田野都干净整洁，让人看了心里舒坦。

美丽的红苹果，美丽的新农村，栖霞正在展开满天彩霞。

图书在版编目（CIP）数据

政协委员履职风采·廖奔/廖奔著. —北京：中国文史出版社，2016.11
ISBN 978-7-5034-8621-0

Ⅰ.①政… Ⅱ.①廖… Ⅲ.①政协委员—生平事迹—中国②廖奔—生平事迹 Ⅳ.① K820.7

中国版本图书馆 CIP 数据核字（2016）第 275251 号

责任编辑：全秋生

出版发行：**中国文史出版社**
网　　址：www.chinawenshi.net
社　　址：北京市西城区太平桥大街 23 号　邮编：100811
电　　话：010—66173572　66168268　66192736（发行部）
传　　真：010—66192703
印　　装：北京地大天成印务有限公司
经　　销：全国新华书店
开　　本：787×1092　1/16
印　　张：15.25　插页：6
字　　数：240 千字
版　　次：2017 年 1 月北京第 1 版
印　　次：2017 年 1 月第 1 次印刷
定　　价：35.00 元
